缘于变化的
技术创新论

YUANYU BIANHUA DE
JISHU CHUANGXINLUN

王文亮 冯军政 吴静 等著

中国财经出版传媒集团

图书在版编目（CIP）数据

缘于变化的技术创新论/王文亮等著. —北京：
经济科学出版社，2019. 8
ISBN 978 - 7 - 5218 - 0834 - 6

Ⅰ. ①缘…　Ⅱ. ①王…　Ⅲ. ①企业管理-技术革新-
研究　Ⅳ. ①F273. 1

中国版本图书馆 CIP 数据核字（2019）第 185483 号

责任编辑：申先菊　赵　悦
责任校对：杨　海
责任印制：邱　天

缘于变化的技术创新论
王文亮　冯军政　吴静　等著
经济科学出版社出版、发行　新华书店经销
社址：北京市海淀区阜成路甲 28 号　邮编：100142
总编部电话：010-88191217　发行部电话：010-88191522
网址：www. esp. com. cn
电子邮件：esp@ esp. com. cn
天猫网店：经济科学出版社旗舰店
网址：http：//jjkxcbs. tmall. com
固安华明印业有限公司印装
710 × 1000　16 开　19. 25 印张　330 000 字
2019 年 8 月第 1 版　2019 年 8 月第 1 次印刷
ISBN 978 - 7 - 5218 - 0834 - 6　定价：198. 00 元

前　言

“进入21世纪以来，全球科技创新进入空前密集活跃的时期，新一轮科技革命和产业变革正在重构全球创新版图、重塑全球经济结构。科学技术从来没有像今天这样深刻影响着国家前途命运，从来没有像今天这样深刻影响着人民生活福祉。”

——2018年5月28日，习近平总书记在中国科学院第十九次院士大会、中国工程院第十四次院士大会上的讲话

当今世界，创新已经成为时代“宠儿”，无论是西方发达国家还是以中国为首的发展中国家和新兴市场国家，都意识到创新对促进全球经济发展、保障社会福利和就业、解决贫困等重大挑战的重要性。为此，许多国家纷纷制定和出台国家创新发展战略和产业创新发展战略，以不断提升国家国际竞争力和产业国际竞争力。对于我国来讲，一方面，政府前所未有地重视创新，明确提出建设创新型国家、坚持走中国特色自主创新道路和实施创新驱动发展战略；另一方面，重要产业关键共性技术难以取得突破，导致缺乏自主知识产权的核心技术和自主品牌，进而成为我国赢取国际竞争优势和产业全球价值链高端攀升的掣肘性因素。习近平总书记在党的十九大报告中进一步强调，加快建设创新型国家，创新是引领发展的第一动力，是建设现代化经济体系的战略支撑。

1978年实施的改革开放政策使我国步入经济发展的快车道，但在很长一段时期内，我们的经济增长模式主要是“三高一低”粗放式发展模式，即“高投入、高污染、低效益”。2001年，我国正式加入世界贸易组织（WTO），标志着我国进一步深度且广泛地嵌入全球经济一体化的进程，在全球价值链分工体系中处于技术含量低、附加价值低的加工制造环节，在全球市场竞争中处于不利地位。根据瑞士洛桑国际管理开发研究院发布的数据，2002年我国国际竞争力全球排名第41位，我国科技竞争力全球排名第38位。由此，我国必须转变经济发展模式，“大力推进科技进步和创新，带动生产力质的飞跃，推动我国经济增长从资源依赖型转向创新驱动型，推动经济社会发展切实转入科技发展的轨道”。2006年1月9日，胡锦涛总书记在全国科技技术大会上首次提出“坚持走中国

特色自主创新道路”和“建设创新型国家”战略，并出台《国家中长期科学和技术发展规划纲要（2006—2020 年）》以促进科学技术创新发展、增强自主创新能力和建设创新型国家。

2007—2009 年爆发的全球金融危机无疑又一次为中国经济传统粗放式发展模式敲响了警钟，一些学者也对投资驱动型经济和出口导向型经济提出了质疑。根据 Wind 资讯有关数据，2009 年后投资对我国 GDP 增速的拉动作用日渐式微，出口对 GDP 的拉动作用甚至为负。随着劳动年龄人口绝对量的下降导致劳动力成本上升，加上土地、原材料和融资成本上升，我国经济结构调整、产业转型升级和新旧动能转换到了非常紧要的关口。2012 年 6 月 12 日，胡锦涛总书记在中国科学院和中国工程院院士大会上进一步指出，“实现创新驱动发展，最根本的是要依靠科技的力量，最关键的是要大幅度提高自主创新能力。”2012 年 11 月 8 日，胡锦涛总书记在党的十八大报告中明确提出“实施创新驱动发展战略”。

2012 年后，我国经济发展进入“新常态”，经济发展动力从要素驱动、投资驱动转向创新驱动。2014 年 9 月，李克强总理提出要在 960 万平方公里土地上掀起“大众创业”“草根创业”的新浪潮，形成“万众创新”“人人创新”的新势态，即“双创”，试图在全社会形成创业创新的氛围，激发起整个民族的创业精神和创新基因。2015 年 10 月，习近平总书记在十八届五中全会上提出，“坚持创新发展，必须把创新摆在国家发展全局的核心位置，不断推进理论创新、制度创新、科技创新、文化创新等各方面创新，让创新贯穿党和国家一切工作，让创新在全社会蔚然成风”，并将创新视为我国未来五大发展理念之首（“创新、协调、绿色、开放、共享”）。在中国特色社会主义发展新时代，在逆全球化和贸易保护主义背景下，习近平总书记进一步强调科技创新、自主创新的重要性，并将其视为是“影响着国家命运”“影响着人民生活福祉”以及实现“两个一百年奋斗目标”和实现中华民族伟大复兴中国梦的关键。

在不同类型的创新中，技术创新扮演着基础作用和核心角色，是建设创新型国家和实现自主创新的有力支撑。党的十九大报告指出，突出关键共性技术、前沿引领技术、现代工程技术、颠覆性技术创新，为建设科技强国、质量强国、航天强国、网络强国、交通强国、数字中国、智慧社会提供有力支撑。以美国为例，作为世界头号经济强国，其具有创新性、前瞻性和前沿性的研发以及以技术创新为先导的产业发展对经济的带动起到了至关重要的作用。与此同时，美国还大力推动制度创新，如先后出台《国家 1979 年技术创新法》《史蒂文森—怀德勒技术创新法》《拜杜法案》《美国技术卓越法》《联邦技术转移法》《国家技术转移促进法》《技术转移商业化法案》等，为美国全社会开展技术创新起到了积极的推动作用。

目前，企业是技术创新的主体已经成为全社会的共识。但在现实中，由于我国众多企业技术能力不强，技术创新水平不高，具有自主知识产权的核心技术缺乏，导致企业难以真正成为技术创新主体，在全球价值链的价值创造和价值分配中处于被支配地位。由此可见，企业技术创新能力不足，是我国企业乃至产业在国际市场竞争中被“卡脖子”的深层次阻碍因素。为此，本书围绕“如何提升企业技术创新能力”这一主题展开探讨，系统梳理了王文亮教授研究团队在技术创新领域的创新性研究与贡献，分别从创新环境、创新能力、创新网络、创新机制和对策建议五个方面进行整合归纳，全面探索促进企业技术创新能力提升的环境特征、能力特征、网络特征和机制特征四个方面的基本规律。

本书是从王文亮教授研究团队近百篇论文中选出的，按照主题一致和内容相关原则进行了取舍和分类，在一定程度上代表了王文亮教授在技术创新领域的研究经历和研究成果。本书展现了王文亮教授研究团队在技术创新领域研究的一些概念、发现、创新和贡献，主要包括：①描述了国际技术创新的研究前景，阐述了技术创新研究的趋势以及持续创新的概念、内涵与驱动因素；②让读者明白企业技术创新能力的提升是包含政府、高校、科研院所、企业，乃至金融机构长期不断交互协同的结果；③让读者了解科学研究的不同范式，并强调机制研究的重要性，以期使研究发现更好地服务企业技术创新实践，指导企业技术创新实践，实现“让我们的研究与周围的世界联系得更加紧密”这一宏大战略目标；④向读者强调提升企业技术创新能力是一个动态、复杂的过程，需首先从顶层设计高度提出对策建议体系，统一目标、统一思路，协调关系、协同行动，共同发力。

目 录

第一篇 创新环境篇 / 1

第二篇 创新能力篇 / 29

第三篇 创新网络篇 / 97

第四篇　机制效应篇 / 157

第五篇　对策建议篇 / 251

第一篇　创新环境篇

我国研发产业成长的投入—产出分析

王文亮　王丹丹[*]

研发（R&D）支出水平是国家科技实力比较与未来生产力发展趋势的一个重要指标。本文结合1991—2005年我国研发活动的发展情况，从研发产业投入与产出的时间序列分析和研发产业投入与产出的关联度分析两方面对15年间我国研发产业成长的投入产出进行了研究，以期发现我国研发产业投入与产出中存在的问题，为我国研发产业的健康发展提出对策和建议。

1. 引言

从20世纪80年代中期开始，伴随着市场化进程，中国有步骤地对科技体制进行了改革，以促进科技与经济的结合。经过20年左右的改革和发展，中国的科技活动已初具规模，中国的研发产业也逐步发展起来，但于美国、日本和英国等发达国家相比，我国的研发投入与产出水平仍与国际先进水平相差甚远。研发投入与产出水平是国家科技实力比较与未来生产力发展趋势的一个重要指标，当前对研发投入的分析主要是从研发经费投入和科技活动人员投入两方面来体现的，研发产业的产出主要是论文、各类专利、新产品和专业技术。产出的形式多种多样，它们是无形的，可以转化为可消费的产品。转化的过程一是直接通过中介机构或相关的市场进行技术的转让和许可；二是通过企业内部的交易转化为新产品。因此，技术市场的统计是获取研发产业发展相关数据的核心来源。本文在借鉴诸位学者（罗亚非，2005；许庆瑞，范保群，陈劲，1997）关于研发投入与产出指标研究的基础上，依据科学性、易操作性和数据可得性原则分别选取研发

* 王文亮，河南农业大学信息与管理科学学院。王丹丹，郑州大学西亚斯国际学院。本文发表于《技术经济》2009年第9期。

经费、研发经费投入强度、研发经费支出占财政支出的比重、研发人员数量、科学家与工程师数量来反映我国研发产业的投入情况。选取国外主要检索收录科技论文数、重大科技成果数、专利授权量、专利申请量、发明专利申请量占专利授权量比重、技术市场成交额来反映我国研发产业的产出情况。依据此指标体系，本文通过对《中国科技统计年鉴》、《中国统计年鉴》中关于研发活动相关数据的整理（见表1），从研发产业投入与产出的时间序列分析和研发产业投入与产出的关联度分析两方面对15年间我国研发产业成长的投入—产出进行了分析。

2. 研发产业投入与产出状况的时间序列分析

分析研发产业的投入—产出状况，不仅是宏观调控与决策的需要，而且是提高我国科技管理水平的必然要求。本文采用时间序列数据，通过对1991—2005年我国研发活动的整理，研究了我国研发活动发展的15年历程。

2.1 研发产业的投入状况分析

从表1中可以看出，中国研发活动经费和科技活动人员都呈增长趋势。从1991年至今，我国研发总经费以年均10%以上的速度持续递增，其中，“十五”期间（第十个五年计划），我国的研发总经费年均增长速度高达18.6%，5年累计研发总经费是“九五”期间（1996—2000年第九个五年计划）的4.05倍，“八五”期间（1991—1995年第八个五年计划）的12.44倍。2005年研发总经费首次突破2000亿元，达到2450亿元比上年增加483.7亿元，增长24.6%，占当年GDP的1.34%。研发经费持续多年的高增长，使得我国研发活动的国际地位逐年提高，科技投入总量与美国、日本等发达国家的差距进一步缩小，由2000年的世界第九位升至2004年的世界第六位。研发总经费占世界主要国家的比重由2000年的1.7%提高到2004年的2.7%。全国科技大会以来，形成倡导和推进自主创新的良好局面，全国科技投入有了进一步提高。2006年研发经费支出2943亿元，比上年增长20.1%，占国内生产总值的1.41%。

科技人力资源队伍是建设创新型国家的重要保障。在“八五”期间，我国研发人员投入总量变化不大，在1995年甚至还出现了负增长，但随着我国对科学技术的重视，“九五”、“十五”期间我国科技人力资源队伍总量增长迅速（图1），2005年我国科技人力资源总量达到了3500万人，位居世界第一位；全时研发人员136.5万人年，位居世界第二位。“十五”期间我国研发人员总量增加了44.3万人年，年均增长8.2%，约为“九五”期间年均增长率的2倍；科学家

表 1　中国研发产业投入—产出情况

	1991年	1992年	1993年	1994年	1995年	1996年	1997年	1998年	1999年	2000年	2001年	2002年	2003年	2004年	2005年
X_1（亿元）	125.43	160.72	196	222	286	404.48	509.16	551.12	678.91	895.66	1042.49	1287.64	1539.63	1966.33	2450
X_2（%）	0.71	0.67	0.62	0.5	0.57	0.6	0.64	0.65	0.76	0.9	0.95	1.07	1.31	1.23	1.34
X_3（%）	0.04	0.04	0.04	0.04	0.04	0.05	0.06	0.05	0.05	0.06	0.06	0.06	0.06	0.07	0.07
X_4（万人年）	67.05	67.43	69.78	78.32	75.17	80.4	83.12	75.52	82.17	92.21	95.65	103.51	109.48	115.26	136.4
X_5（万人年）	47.14	47.19	48.92	55.2	52.2	54.8	58.87	48.55	53.11	69.51	74.27	81.05	86.21	92.62	111.9
X_6（万篇）	1.18	1.57	2.02	2.46	2.64	2.76	3.53	3.5	4.62	4.97	6.45	7.74	9.34	11.1	12.86
X_7（万件）	3.27	3.33	3.29	3.02	2.62	3.1	2.86	3.06	3.11	3.29	2.84	2.67	3.05	3.17	3.29
X_8（万件）	2.46	3.15	6.21	4.33	4.51	4.38	5.1	6.79	10.01	10.53	11.43	13.24	18.22	19.02	21.4
X_9（万件）	5	6.71	7.73	7.77	8.3	10.27	11.42	12.2	13.42	17.07	20.36	25.27	30.85	35.38	47.6
X_{10}（%）	0.46	0.46	0.32	0.44	0.48	0.65	0.66	0.53	0.37	0.49	0.55	0.62	0.58	0.68	0.81
X_{11}（亿元）	94.81	150.89	207.55	228.87	268.34	300.24	351.37	435.82	523.45	650.75	728.75	884.17	1084.67	1334.36	1551.37

资料来源：根据《中国科技统计年鉴》整理。

工程师总量年均增长9.98%，显著高于研发人员的增长速度，从而使得我国研发人员中科学家工程师所占的比重逐年提高，科学家工程师人数达到111.9万人年。

因此，从研发经费和研发人员投入总量来看，我国研发产业已具有一定的规模。但从表1也可以看出，我国研发经费支出占财政支出的比重在这15年里一直维持在0.04%～0.07%，数值较低。研发经费投入占GDP的比重从1991年至今变化也不大，在1992—1994年甚至出现了负增长，1995—2005年的10年间我国一直在增加研发经费的投入强度，2005年我国研发经费投入占GDP的比重达到1.34%。研发投入强度可以反映一个国家重视科学技术的程度，既反映了政府是否有适量的投入，也体现了政府在科技投入政策上的协调能力。经济与科技的结合紧密，经济增长越来越依赖于科技的发展。作为创新的重要来源和创新链条上的重要环节，加强研发已经成为各国提高经济竞争力和增长潜力的重要措施，世界各发达国家对研发活动的经费投入都有较大的增长。其中，日本的研发投资占GDP的比例已经高达3%，韩国的研发经费支出占GDP的比例有1991年的1.72增至2004年的2.85%。我国在最近几年对研发的投资也在不断增加，研发经费支出额已经从1991年的增加至2003年1966.3亿元，根据统计资料显示：1991—1993年，我国研发经费支出占GDP的比例基本不变，导致目前中国研发投入强度还远低于美国、日本等发达国家，而且与韩国、印度等新兴工业发展国家相比也具有很大的差距，韩国政府投入的研发经费从2003年的4.8%预计将要增加到2007年的7%。印度政府在2004年的研发支出达到1520亿卢比（约合33亿美元），比2003年增加了20%，几乎所有的政府资助项目都增加了15%的经费，且在2005—2006年继续保持快速增长的势头。因此，为了促进我国研发产业的快速成长，今后还应加大对研发产业的经费和人员投入力度。

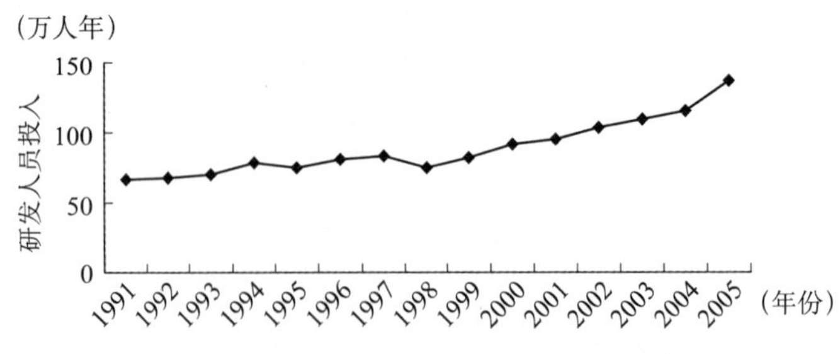

图1　中国1991—2005年研发人员投入情况

资料来源：根据《中国科技统计年鉴》和《中国统计年鉴》的相关数据整理。

2.2 研发产业的产出状况分析

从图2中可以看出，1991—2005年，国外主要检索机构收录中国科技论文数大幅度提高，发明专利的数量和质量也得到了明显提升。“十五”期间国外主要检索机构收录中国科技论文数总量达到了47.49万篇，是“九五”期间总量的2.45倍，“八五”期间总量的4.81倍。2005年国外收录我国科技论文总数已达12.86万篇，比2004年增长了15.85%，占世界总数的比重接近7%。科技论文奖励政策的实施，使得2000—2005年我国国际科学论文数从世界第八位提升到第四位。在最活跃的生物、纳米等前沿学科领域，我国科学家发表的论文数量迅速增长。其中，2005年纳米领域是世界第二位，生物领域是世界第六位。这些情况表明，中国受世界同行关注的基础研究成果正在快速增长。从国内专利申请和授权量在过去15年的变化看，“十五”期间的申请总量为128.5万件，比“九五”期间高出147.69%，比“八五”期间高出349.06%；“十五”期间的授权总量为83.31万件，比“九五”期间高出126.32%，比“八五”年间高出303.24%。2005年我国专利申请和授权量更是出现迅猛增长，专利的申请和授权量都达到了历史最高水平。2005年我国专利申请总量达47.6万件，较上年增长34.6%，两年内增长16万余件。

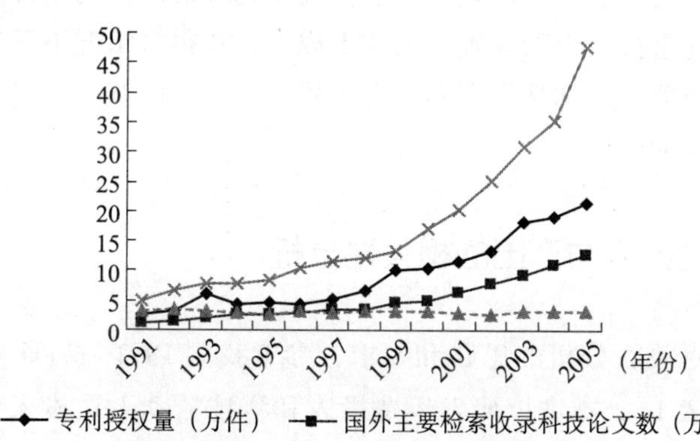

图2 1991—2005年中国研发活动产出的论文、重大科技成果、专利变化情况

资料来源：根据《中国科技统计年鉴》和《中国统计年鉴》的相关数据整理。

我国的技术市场交易额在1991—2005年也在呈现快速增长趋势，“十五”期间技术市场成交额达到了5583.32亿元，比“九五”期间高出146.87%，比“八五”期间高出487.43%。“十五”期间我国技术市场成交额的增长更是显著，平均达到了19.55%的增长幅度。基于上述在科技论文、专利申请和授权和技术转化方面上的数据分析可以看出，1991—2005 年我国原创性的技术突破正在迅速增加。但我国的研发产出也存在一定的问题，从重大科技成果数来看，在 1991—2005 年的变化不大，近 15 年一直浮动在 2.62 ~ 3.33 万项之间，在 2001 年、2002 年还出现了明显的下降趋势。

从以上关于我国研发产出与投入两方面对研发活动现状的统计分析可以看出，15 年我国研发产业的规模从总体上看发展迅速，但目前与国际先进水平相比还有很大的差距，尤其是在研发经费的投入数量和强度上，虽然自 20 世纪 90 年代以来我国的研发经费支出额呈逐年递增的趋势，平均增长速度也在两位数以上，但从数量看，我国研发投入增量只相当于日本或美国的 2% 左右。而且近 15 年来，我国研发经费投入强度平均水平为 0.71% 左右，只相当于发达国家的 20%，差距较大。另外，企业是研发活动的重要主体，但中国科学院院士徐冠华指出目前我国企业规模还不算大，企业的技术创新能力还比较薄弱。据统计，目前全国规模以上企业开展科技活动的仅占 25%，研究开发支出占企业销售收入的比重仅占 0.56%，大中型企业仅为 0.71%；只有万分之三的企业拥有自主知识产权。依靠我国企业目前的技术实力和能力，要与基础雄厚的跨国公司进行技术创新较量还是有相当的难度（王文亮，李晔，冯军政，2006）。同时，大学和科研机构往往对市场需求缺乏深刻的了解，其研究开发活动的目标经常表达为先进的技术指标，注重技术上的突破，不注重成本，在很多情况下不具备市场竞争力。加强企业创新能力、加强大学和研究机构与企业间的互动，是中国研发产业今后发展亟须解决的问题。

3. 研发产业投入与产出的相关性分析

根据灰色相对关联分析的思路和要求，参考我国 1991—2005 年度研发活动的有关数据（见表 1），本文以研发经费投入和科技活动人员投入为基量，分别对研发产出的指标、论文、重大科技成果和专利以及技术转化指标进行相关性分析，① 从而找出本文选择的研发产出指标与研发经费投入之间的内在联系和相互影响，以期为促进我国研发产业的健康成长、建立我国研发投入产出的合理结构和科技与经济协调等问题提供决策借鉴。

分别以国际上收录的论文数、专利申请量、专利授权量、技术市场成交额为因

---

① 由于研发经费投入强度、研发经费支出占财政支出的比重、发明专利申请量占专利授权量比重都是均为比率性指标，不易于做关联分析，因此没有进行关联分析。

变量，分别考察它们和投入指标研发经费、研发人员和科学家与工程师数量的关联性分析，得出表2，它反映了我国研发产出各指标与研发投入因子之间的相关系数。

表 2　　1991—2005 年度我国研发投入与产出指标相关系数表

投入指标 / 相关系数	国际上收录的科技论文数	全国重大科技成果数	专利申请量	专利授权量	技术市场成交额
研发经费	0.806	0.167	0.896	0.906	0.809
研发人员	0.553	0.158	0.732	0.854	0.761
科学家与工程师	0.562	0.261	0.672	0.544	0.771

资料来源：根据《中国科技统计年鉴》和《中国统计年鉴》的相关数据整理。

通过表 2 的相关性分析可以发现，研发投入因子研发经费与研发产出因子国际上收录的科技论文数、专利申请量、专利授权量及技术市场成交额指标之间存在显著相关关系（均在 0.8 以上）。这说明研发经费的投入对于提高我国在国际上的学术地位、高技术竞争能力能至关重要，为实现我国向科技强国的战略目标，必须对加强研发经费的投入。研发人员投入与专利授权量存在显著的相关关系，但与专利申请量、技术市场成交额以及国际上收录的科技论文数之间的相关性一般。科学家与工程师的数量是反映研发人才队伍建设的质量性指标，但从表 2 可以看出科学家和工程师与研发产出指标的相关性也不高，以此我们认为在研发投入方面，目前我国研发经费投入对研发产出的激励作用比研发人员投入明显。今后我国应加强对研发人员的管理和培养，在注重经费投入的同时，更应注意留住人才，吸引人才，优化人才结构，充分发挥科技人才的专长，合理配置人才资源，充分调动人才的主动性，使研发人员的投入能发挥更强的作用，进一步推进我国研发产业的发展。全国重大科技成果奖应当是研发投入的直接产出，但通过上述分析也发现，我国在研发人员与经费上的投入对其影响不大，相关系数均在 0.27 以下，这说明全国重大科技成果奖与研发投入的经费和人才建设之间的相关程度较低。决定国家竞争优势的高技术产业领域里的原创技术，尤其是原创性核心技术，大多源于定向基础研究。1991—2005 年我国基础研究投入占研发经费的比例一直在 5.18% ~6.6%，而发达国家这一比例基本上在 10% ~20%。这从另一侧面反映了我国研发经费和人才队伍分配的状况，很明显基础研究投入的比例偏低，以至直接影响了与基础研究密切相关的国家重大科技成果奖的产出（许庆瑞，范保群，陈劲，1997）。

4. 结论

通过以上两部分对中国研发产业成长的时间序列分析和投入产出相关性分

析，本文发现，虽然自1991年至今我国研发产业的规模和科技水平得到了极大的提升，但还存在不少问题，主要是：①研发投入强度不高，这说明虽然我国很重视科学技术的发展，但政府在科技投入政策上的协调能力还应提高；②全国重大科技成果奖与研发投入的经费以及人才建设之间的相关程度较低，反映了我国研发经费和人才队伍分配，在基础研究投入中的比例偏低，以至直接影响了与基础研究密切相关的国家重大科技成果奖的产出 。因此，为促进我国研发产业的快速发展，为企业提升自主创新能力找到出路，我国政府和企业还应多渠道增加研发投入，并且在今后较长时期内政府仍要担当研发投入的主体角色，保持较大的投入力度，以使研发投入水平尽快达到与经济发展水平相适应。同时也应积极培育企业成为研发投入的主体，多层面激励政府和企业对研发产业的投资力度，从而提升我国研发投入强度（王文亮，王丹丹，2008）。另外，政府还应调整对研发产业的投资范围，提高政府对基础研究的投资力度，积极培育研发产业人才，加强我国研发产业人才队伍的素质建设，实现我国研发投入的持续增长。

参考文献

[1] 国家统计局．中国统计年鉴［M］．北京：中国统计出版社，1996－2006.

[2] 国家统计局，科学技术部．中国科技统计年鉴［M］．北京：中国统计出版社，1996－2006.

[3] 罗亚非．R&D产业发展的评价指标初探．研发产业初探［M］．北京：北京科学技术出版社，2005.

[4] 王文亮，李晔，冯军政．基于R&D联盟运行阶段的稳定性分析与缓解机制［J］．现代管理科学，2006（7）：60－63.

[5] 王文亮，王丹丹．研发产业的生命周期特征及发展策略分析［J］．技术经济，2008（3）：60－64.

[6] 许庆端，范保群，陈劲．我国研究与发展投入产出的相关性分析［J］．科技管理研究，1997（5）：28－32.

基于灰色 DEA 模型的河南省科技创新投入—产出效率研究

徐　蒙　王文亮　沙德春*

本文构建了科技创新投入产出指标体系，为弱化不确定性因素对实验结果的影响，运用灰色 DEA 模型对河南省 18 地市 2011—2015 年科技创新效率进行了测算。结果表明，剔除冲击扰动因素对效率的影响之后，测算结果更为合理和精确；河南省各地市科技创新效率处于中等水平，开封等 6 地市的效率达到相对最优，其他各地市均存在资源闲置和产出不足情况。本文最后对各地市存在的不同问题，提出了相应的政策建议。

随着经济发展进入新常态，以往主要依靠资源等要素投入来推动经济增长和规模扩张的粗放型发展方式难以为继，要跨越中等收入陷阱，突破资源瓶颈，实现发展方式转变，急需依靠创新驱动发展。为抢抓当前科技创新这一难得的历史机遇期，北京、上海提出要建设全球有影响力的科技创新中心，江苏、广东等省份要创建区域重要的科技创新中心，各地争相释放科技创新潜能，打造区域创新发展的新引擎。

近年来，河南省支撑经济发展的主要要素发生了深刻变化，经济发展的传统优势减弱，而新的动力尚未完全形成，河南省科技创新“十三五”规划中明确指出必须紧紧抓住机遇，突出科技创新在全面创新中的核心地位，以科技创新引领带动全面创新，使创新真正成为河南经济社会发展的强大动力源。在此背景下，政府科技经费投入是否与科技人力资源相适应、科技创新投入产出是否有效等问题成为政府和学者关注的要点。

目前已有很多学者对科技创新投入—产出效率进行了研究，李（Lee H.）等

---

* 徐蒙、王文亮、沙德春，河南农业大学信息与管理科学学院。本文发表于《河南科学》2018 年第 1 期。

学者基于DEA模型对亚洲27个国家和地区的科技创新效率进行了排序，发现中国、韩国等国家的科技创新效率相对较低（Lee，Park ，Choi，2009）。朱鹏颐、刘东华基于动态视角运用超效率数据包络分析视窗模型对福建9个地市的科技创新效率进行评（朱鹏颐，刘东华，黄新焕，2017）。游达明、邸雅婷（2017）采用产出导向的非径向的基于松弛变量的效率测度模型，结合马姆奎斯特（Malmquist）生产率分解指数深入探讨导致我国科技创新资源配置效率低下的本质原因。尤瑞玲，陈秋玲运用超效率DEA对北京市及我国沿海地区12个省（市、区）2004—2015年的科技创新效率进行评价，并运用马姆奎斯特（Malmquist）指数分解及Ward聚类法深入探讨效率变化的省域差异及原因（尤瑞玲，陈秋玲，2017）。陈震、尤建新利用科技创新资源配置模型，对沿海地区科技资源投入结构进行了优化，实现了帕累托最优（陈震，尤建新，2010）。童纪新、陈继兴、蔡元成（2011）等运用灰色关联分析法，对江苏省各城市的科技创新效率进行了实证分析。曹振全、汪良兵等（2012）通过超效率DEA模型对技术研发和技术应用两个子系统进行区域创新效率测度。曾胜、雷鸣、张明龙（2016）基于金融视角，运用马姆奎斯特（Malmquist）生产率指数分析方法，对中国科技创新的全要素生产率进行测算。金怀玉、菅利荣（2013）综合考虑了科技创新效率存在的滞后效应、环境因素和统计噪声，采用三阶段DEA模型和无效率影响的SFA模型对创新效率的外部影响因素进行了研究。

综合我国区域科技创新效率研究的现有文献，在研究方法方面，主要有单阶段DEA方法、三阶段DEA方法、SFA方法、马姆奎斯特（Malmquist）生产率指数分析、Ward聚类法和灰色关联分析法等；在研究主体方面，主要集中于对全国各地区的总体科技创新效率进行测算及省域间对比分析，同时有部分文献聚焦于各行业科技创新效率，如工业、农业和高新技术产业等，但对省内科技创新效率进行纵向及横向分析的文献相对较少。在实际工作中，因为统计噪声的存在，得到的数据不可避免存在误差，且研究对象的投入产出效率存在滞后性并受环境影响的因素较大，用常规DEA方法难以对此做出准确和有效的评价。本文通过运用灰色DEA模型，减弱数据的随机波动和误差，克服了以往研究方法上的不足，使测算结果更加科学合理。

1. 河南省科技创新投入—产出指标体系构建与数据收集

本文运用DEA方法从投入和产出的角度对河南省18地市的科技创新效率进行评价，在构建投入—产出指标体系时参考已有文献资料，综合考虑指标数据的科学性和易得性，选取了 3 个投入指标和 4 个产出指标。

1.1 投入指标

科技创新活动的投入要素包括人、财、物三个方面，本文选取的投入指标分别为 R&D 活动人员折合全时当量（人年）、研发经费内部支出（万元）、研发机构数（个），分别记为 X_1、X_2、X_3。研发活动人员折合全时当量是全时人员数加非全时人员按工作量折算为全时人员数的总和，代表了人力资本的水平；研发经费内部支出和研发机构数代表了研发的资金投入和基础设施投入。

1.2 产出指标

用发明专利申请量（项）、发表科技论文数（篇）、技术市场成交额（万元）和新产品销售收入（万元）4 个指标，分别记为 Y_1、Y_2、Y_3和 Y_4。发明专利申请量反映了科技产出的数量和质量；发表科技论文数反映了科技创新的潜在产出情况，是相对稳定的产出形式；技术市场成交额直接反映了区域的技术研发能力以及被市场接纳的科技成果的价值，是衡量一个地区科技创新和转化能力的重要指标；因为创新的产出由于涉密性会存在放弃申请专利、直接转化为成果形成新产品销售的情况，考虑创新产出的完整性，选取新产品销售收入作为产出指标。所有指标数据来源于《河南统计年鉴》（2016）与河南创新创业发展报告（2017）（喻新安，杨雪梅，2017）（见表 1）。

表 1　　科技创新投入产出指标体系

一级指标	二级指标	三级指标
科技创新投入	人力投入	X_1：R&D 活动人员折合全时当量（人年）
	财力投入	X_2：R&D 经费内部支出（万元）
	机构投入	X_3：R&D 机构数（个）
科技创新产出	创新成果产出数量	Y_1：发明专利申请量（项）
		Y_2：发表科技论文数（篇）
	交易活跃度	Y_3：技术市场成交额（万元）
	新产品产值	Y_4：新产品销售收入（万元）

资料来源：作者整理。

2. 河南省科技创新投入—产出效率评价方法及模型

2.1 灰色 GM（1，1）模型的基本原理

GM（1，1）模型是根据研究对象有限的数据挖掘出新信息，通过模型技术展示研究对象内部变化趋势和基本规律，是灰色系统理论中重要的预测方法，在

农业、工业、医学等领域被广泛使用（邓聚龙，2002）。

GM（1，1）模型建模机理（刘思峰，党耀国，2010）：

设系统某行为特征序列的观测值

$X^{(0)} = [x^0(1), x^0(2), \cdots, x^0(n)], X^0(k) \geqslant 0(k = 1,2,\cdots,n)$。

$X^{(1)}$ 为 $X^{(0)}$ 的 1 - AGO 序列，$X^{(1)} = [x^1(1), x^1(2), \cdots, x^1(n)]$，

其中，$x^1(k) = \sum_{i=1}^{k} X^{(0)}(i)(k = 1,2,\cdots,n)$。$Z^{(1)}$ 为 $X^{(1)}$ 的紧邻均值生成序列，

$$Z^{(1)} = [x^1(2), x^1(3), \cdots, x^1(n)],$$

其中，$Z^1(k) = \frac{1}{2} x^1(k) + z^1(k-1))(k = 2,3,\cdots,n)$。

GM（1，1）模型的基本形式是

$$x^0(k) + a z^1(k) = b \tag{1}$$

式中，a 为发展系数；b 为灰色作用量。

参数计算，$\hat{\alpha} = [a, b]^T = (B^T B)^{-1} BY$，其中，

$$B = \begin{bmatrix} -z^{(1)}(2) & 1 \\ -z^{(1)}(3) & 1 \\ \vdots & \vdots \\ -z^{1)}(n) & 1 \end{bmatrix}, \quad Y = \begin{bmatrix} x^0(2) \\ x^0(3) \\ \vdots \\ x^0(n) \end{bmatrix} \tag{2}$$

白化方程为：

$$\frac{dx^{(1)}}{dt} + ax^{(1)} = b \tag{3}$$

时间响应式为

$$x^1(t) = \left[x^0(1) - \frac{b}{a}\right] e^{(-at)} + \frac{b}{a} \tag{4}$$

时间相应序列为

$$\hat{x}^1(k-1) = \left[x^0(1) - \frac{b}{a}\right] e^{(-ak)} + \frac{b}{a}, k = 1,2,\cdots,n \tag{5}$$

还原值为

$$\begin{aligned} x^0(k+1) &= \alpha^1 x^1(k+1) = x^1(k+1) - x^1(k) \\ &= (1 - e^a)\left[x^0(1) - \frac{b}{a}\right] e^{(-ak)}, k = 1,2,\cdots,n \end{aligned} \tag{6}$$

2.2 DEA 模型的基本原理

DEA（Data Envelopment Analysis）是著名运筹学家查恩斯（Charnes）等

(1978) 提出的一种评价方法，能够对拥有多输入和多产出指标的不同决策单元的相对有效性进行综合评价。相对有效表示输入指标相对于输出指标的有效利用程度高，称为 DEA 有效。该方法的优点是不需要假设具体生产函数，在避免主观因素、简化运算过程和降低误差等方面存在优越性，被国内外管理科学、系统工程和评价技术等领域广泛使用（Leon et al.，2003；宇仁德，张宏宾，李大龙，2007）。DEA 模型包括 CCR、BCC、ST、FG、和 CCW 等多个模型（魏权龄，2004），根据需要，本研究采用 BCC 模型。

BCC 模型为：

$$\min_{\theta,\lambda}[\theta - \varepsilon(e^t s^- + e^t s^+)]$$

$$\text{s. t.}\begin{cases}\sum_{i=1}^{n} \lambda_i y_{ir} - s^+ = y_{or} \\ \sum_{i=1}^{n} x_{ij} + s^+ = \theta x_{oj} \\ \sum_{i=1}^{n} \lambda_1 = 1, \lambda_1 \geqslant 0; s^- \geqslant 0; s^+ \geqslant 0\end{cases} \tag{7}$$

式中，i = 1，2，…，n；j = 1，2，…，m；r = 1，2，…，s；n，m，s 分别为决策单元数、输入和输出变量个数；x_{ij} 为第 i 个决策单元的第 j 种投入要素；y_{ir} 为第 i 个决策单元的第 r 个产出要素；θ 为决策单元 DMU 的有效值。若 θ = 1，且 s^+ = s^- = 0，则决策单元 DEA 有效；若 θ = 1，且 s^+ ≠ 0 或 s^- ≠ 0，则决策单元为弱 DEA 有效；若 θ < 1，则决策单元非 DEA 有效。

2.3 灰色 DEA 模型方法

灰色 DEA 模型是灰色系统模型和 DEA 模型在理论上和应用上相互渗透的成果，杨印生教授最早提出灰色 DEA 模型，此后该模型在城市交通运输有效性评价、工程方案评估、银行效率排序和农业生产效率评价等方面被广泛应用（杨印生等，1995；Hosseinzadeh et al.，2007）。本研究克服了单一方法和模型的缺陷，首先运用灰色 GM（1，1）模型对各指标原始数据进行处理，消除扰动影响，然后将所得数据与 BCC 模型结合使用，构建科技创新效率灰色 DEA 模型，该模型弱化了数据随机波动和误差对实验结果的影响，实现了优势互补，使评价结果更合理。

2.4 河南省科技创新投入—产出效率评价模型

选取河南省 18 地市 2011—2015 年科技创新投入产出指标，为消除冲击扰动影响，先对各指标的原始数据进行 GM（1，1）处理，然后运用 BCC 模型进行分析，得到经调整后的各决策单元的效率值，取 2011—2015 年各决策单元效率值的平均值进行分析（见表 2，表 3）。其中，综合技术效率反映了实际产出水平与最优随机产出水平的平均比例，是纯技术效率与规模效率的乘积；纯技术效率代表投入的有效利用程度；规模效率反映的是当前决策单元的科技创新和研发是否在最适规模下开展（闫淑霞 等，2015）。当综合技术效率、纯技术效率和规模效率的结果均为 1，表明科技创新投出产出效率达到了相对最优水平，科技创新的投入要素得到有效利用，同时科技创新和研发是在当前生产的最适规模下进行的。irs 代表未达到最适规模且规模报酬处于递增趋势，此时增加投入会提高规模效率，进而提高综合技术效率。drs 表示未达最优水平且规模效率处于递减趋势，此时进一步增加投入并不会提高规模效率和综合技术效率（唐雯，孙慧珍，惠红旗，2011）。若科技创新的投入松弛变量 S^- 不为零，则表明资源投入对创新产出没有充分发挥作用，资源存在冗余情况；若科技创新的产出松弛变量 S^+ 不为零，则表明产出成果存在不足情况。

3. 结论分析及政策建议

3.1 结论分析

结合表 2 和表 3 的结果可知，开封、洛阳、鹤壁、南阳、驻马店和济源 6 地市的科技创新综合效率、纯技术效率和规模效率均为 1，处于生产前沿面上，科技创新投入产出比例合理，效率达到相对最优。这些地市的科技资源数量和质量在全省占据优势，科技创新氛围浓厚，绩效显著。济源作为规模较小的地市，各类总量指标较低，而经济社会发展的人均水平和效益较高，因此科技创新效率达到相对最优水平。

其他 12 地市均为非 DEA 有效，其中周口和三门峡处于规模报酬递增阶段，其他 10 地市均处于规模报酬递减阶段。周口和三门峡虽处于规模递增阶段，但是在研发活动人员投入上存在冗余现象，因此可以加大研发经费和研发机构的投入，使这些地市的科技创新产出在“十三五”规划期间为经济社会发展提供更强的支撑和动力。在处于规模报酬递减阶段的 10 个地市中，郑州、安阳和新乡是由于规模效率偏低导致，郑州和新乡地处郑洛新国家自主创新示范区，依托政策优势对科技创新的投入规模较大，但由于科技产出存在一定的滞后性，因此这些地区的效率暂时未达到最优，但是随着时间的推移，科技创新效率将会进一步提高；其他地市的原因主要是存在投入冗余和产出不足现象，投入冗余主要表现在研发人员闲置和研发经费使用效率不高，产出不足表现在创新成果化及创新成果产业化的效率偏低，因此这些地市应加强管理，缩小区域科技创新效率存在的差距。

表 2　　河南省 18 地市科技创新投入产出效率

决策单元	综合技术效率	纯技术效率	规模效率	规模收益
郑州	0.908	1.000	0.908	drs
开封	1.000	1.000	1.000	—
洛阳	1.000	1.000	1.000	—
平顶山	0.700	0.787	0.889	drs
安阳	0.906	1.000	0.906	drs
鹤壁	1.000	1.000	1.000	—
新乡	0.805	1.000	0.805	drs
焦作	0.863	0.999	0.864	drs
濮阳	0.614	0.630	0.973	drs
许昌	0.719	0.912	0.788	drs
漯河	0.467	0.495	0.944	drs
三门峡	0.299	0.305	0.979	irs
南阳	1.000	1.000	1.000	—
商丘	0.334	0.394	0.849	drs
信阳	0.377	0.411	0.917	drs
周口	0.768	0.773	0.994	irs
驻马店	1.000	1.000	1.000	—
济源	1.000	1.000	1.000	—
平均值	0.764	0.817	0.934	

表 3　　BC^2 模型投入冗余项 S^-，产出不足项 S^+

DMU	S_1^+	S_2^+	S_3^+	S_4^+	S_1^-	S_2^-	S_3^-
郑州	0	0	0	0	0	0	0
开封	0	0	0	0	0	0	0
洛阳	0	0	0	0	0	0	0
平顶山	332.20	0	0	14801.65	0	202585.89	0
安阳	0	0	0	0	0	0	0
鹤壁	0	0	0	0	0	0	0
新乡	0	0	0	0	0	0	0
焦作	5.74	763.50	0	0	0	0	24.63
濮阳	0	2040.60	0	17330.92	1164.58	0	10.14
许昌	124.45	2291.57	0	0	0	9198.17	0
漯河	0	2129.87	0	0	422.98	0	6.63
三门峡	0	2015.70	0	17928.98	1210.22	0	0
南阳	0	0	0	0	0	0	0
商丘	4.45	0	103926.30	27032.34	0	5849.56	12.60
信阳	52.51	0	23176.17	25951.37	748.09	3371.83	0
周口	0	328.98	0	6052.03	410.75	0	0
驻马店	0	0	0	0	0	0	0
济源	0	0	0	0	0	0	0

3.2 政策建议

河南省各地市科技创新投入产出效率总体处于中等水平，创新驱动战略取得一定成效，但区域内科技创新效率存在较大差距，具有很大的提升空间。开封、洛阳等科技创新效率相对最优的地市应保持创新发展的优势，带动区域科技创新实现整体跨越。针对其他地市存在的科技创新投入冗余和产出不足的情况，提出以下几点建议：

在资源投入环节，针对研发人员投入冗余的地市，如濮阳、三门峡和信阳等，一方面从科研人员自身需求出发，优化创新氛围，重视科研人员的实际需要与劳动成果，鼓励支持研发工作，组织科研人员与其他创新主体的交流和学习，提高科研素养；另一方面从体制机制出发，建立长效机制，引进先进管理体制，制订有效考核方式，最大程度降低人员闲置。针对 R&D 经费投入冗余的地市，如平顶山、许昌和商丘等，一方面制订有效的经费管理办法，保证经费的科学有效使用，避免浪费情况；另一方面及时对科研基金预算进行统计与规划，发现资金分配的不合理之处，为进一步优化资金配置提供依据。针对 R&D 机构投入冗余的地市，如焦作、商丘和濮阳等，强化对于机构资源的管理，提高单位科研效率，更大程度地发挥已有资源的价值。

在成果产出环节，针对发表科技论文数和发明专利申请量产出不足的地市，如许昌、焦作等，政府应该鼓励基础研究，支持高校及其他科研机构的科研人员自由探索，提高本区域科研成果数量和质量，改善产出不足的现象；针对技术市场成交额和新产品销售收入产出不足的地市，如商丘和信阳等，应尽量避免由于专利、技术等无法适应市场需求而导致成果滞留和流失的现象，政府和相关主体应该提高对成果转化环节关注力度，在追求成果数量的同时关注市场需求，共建产学研合作平台，鼓励信息和技术中介机构的发展，实现科技创新链和产业链的有效结合，进一步加快科技成果转化，提高创新绩效。

参考文献

[1] 曹振全，汪良兵，王博，冯锋．两系统协同演化视角下区域科技创新效率影响因素研究——基于 29 个省区面板数据的实证检验 [J]．科技管理研究，2012，32 (23)：46 - 51.

[2] 陈震，尤建新．沿海地区科技创新资源投入效率测算及优化设计研究 [J]．科技进步与对策，2010，27 (15)：47 - 50.

[3] 邓聚龙．灰理论基础 [M]．武汉：华中科技大学出版社，2002：87 -

121, 251 - 258.

[4] 金怀玉，菅利荣．考虑滞后效应的我国区域科技创新效率及影响因素分析［J］. 系统工程，2013，31（9）：98 - 106.

[5] 河南省统计局．河南统计年鉴［M］. 北京：中国统计出版社，2016.

[6] 刘思峰，党耀国．灰色系统理论及其应用［M］. 第五版．北京：科学出版社，2010：146 - 149.

[7] 唐雯，孙慧珍，惠红旗．基于 DEA 模型的科技资源配置效率分析［J］. 科技管理研究，2011，31（13）：194 - 198.

[8] 童纪新，陈继兴，蔡元成．基于灰色关联分析的区域科技创新效率评价研究——以江苏省为例［J］. 科技进步与对策，2011，28（10）：108 - 110.

[9] 魏权龄．数据包络分析［M］. 北京：科学出版社，2004.

[10] 闫淑霞，刘慧敏，孟凡琳，陈振，李炳军．基于灰色 DEA 模型的河南省 18 市农业生产效率研究［J］. 河南农业大学学报，2015，49（6）：866 - 870.

[11] 杨印生，李长红，李树根，等．灰色 DEA 模型及其白化方法［J］. 系统工程，1995，13（5）：63 - 68.

[12] 游达明，邸雅婷，姜珂．我国区域科技创新资源配置效率的实证研究——基于产出导向的 SBM 模型和 Malmquist 生产率指数［J］. 软科学，2017，31（8）：71 - 75.

[13] 尤瑞玲，陈秋玲．我国沿海地区科技创新效率的省域差异研究［J］. 技术经济与管理研究，2017（5）：119 - 123.

[14] 宇仁德，张宏宾，李大龙．基于 DEA 理论的交通安全评价模型［J］. 系统工程理论与实践，2007，27（8）：159 - 166.

[15] 喻新安，杨雪梅．河南创新创业发展报告（2017）［M］. 北京：社会科学文献出版社，2017.

[16] 曾胜，雷鸣，张明龙．金融视角下中国科技创新效率及区域差异研究［J］. 世界科技研究与发展，2016，38（4）：731 - 738.

[17] 朱鹏颐，刘东华，黄新焕．动态视角下城市科技创新效率评价研究——以福建九地级市为例［J］. 科研管理，2017，38（6）：43 - 50.

[18] Charnes A. , Cooper W. W. , Rhodes E. Measuring the efficiency of decision making units [J]. European Journal of Operational Research, 1978, 2 (6): 429 - 444.

[19] Lee H. , Park Y. , Choi H. Comparative evaluation of performance of national R&D programs with heterogeneous objectives: A DEA [J]. European Journal of

Operational Research, 2009, 196 (3): 847 -855.

[20] Leon T. , Liern V. , Ruiz J. L. A fuzzy mathematical programming approach to the assessment of efficiency with DEA models [J]. Fuzzy Sets and stem, 2003, 139 (2): 407 -419.

[21] Hosseinzadeh F. , Lotfi M. , Navabakhsh A. , Tehranian, et al. Ranking bank branches with interval data the application of DEA [J]. International Mathematical Forum, 2007, 9 (2): 429 -440.

河南省农业信息化水平评价

王　勇　王文亮*

综合国内外学者的农业信息化评价研究成果，结合河南省农业信息化发展的实际情况，遵循数据可得性等原则，构建了包括5个一级指标、14个二级指标的河南省农业信息化水平评价指标体系，建立了河南农业信息化水平测度模型，计算了2005—2010年河南省农业信息化水平总指数。最后指出推动和制约河南省农业信息化水平提高的因素。

1. 研究背景

信息化是世界经济社会发展的重要趋势，是我国加快实现现代化特别是农业现代化的必然选择。以信息化推进农业现代化，大力推进农业技术提升，全面提升农业产业质量，促进农业可持续发展，是时代发展的必然。农业信息化是指在农业和农村经济各领域中广泛应用现代信息技术，深层次开发和利用信息资源，将先进的信息技术成果广泛应用于农业生产中，实现农业生产技术与信息技术广泛、深入的结合，形成发达的农业信息产业，实现农业、农村经济社会全面发展的过程。农业信息化的内涵包括农民生活消费信息化、农业生产管理信息化、农业经营管理信息化、农业科学技术信息化、农业市场流通信息化、农业资源与环境信息化、农业科技教育信息化、农村经济社会信息化（蔡东宏，2007；刘丽伟，2009；郑红维，李颢，2010）。农业信息化的主要特征是高投入性、开放性、高效性、差异性、竞争性（李莉，2007；牛建波，2002；杨顺江，2004；易练红，2005）。

国内外学者针对农业信息化的评价方法进行了大量研究。美国经济学家马克卢普（Macluph）和波拉特（Porat）（2011）等是最早对信息化水平进行量化测

---

* 王勇、王文亮，河南农业大学经济与管理学院。本文发表于《技术经济》2013年第4期。

度的学者，其研究开创了信息化水平量化测算的新时代。国际上关于社会信息化水平测度的方法有两种：一种是马克卢普、波拉特等提出的以信息经济为测度对象的宏观计量法；一种是由日本学者提出的信息化指数模型，即从社会的信息流量、信息能力等方面反映社会的信息化程度（王爽英，童泽霞，2008）。我国最早关于农业信息化的评价方法是2001年由国家信息产业部推出的“国家信息化指标框架”。近年来，很多国内学者研究并构建了农业信息化水平评价指标体系（耿红军，2008；刘世洪，许世卫，2008；卢丽娜，2007；王栋，2007；王利农，2007）。河南省是我国重要的粮食生产基地之一。随着中原经济区建设上升为国家战略，河南正在探索一条不以牺牲农业和粮食、生态和环境为代价的“三化”协调发展之路。河南正在逐步成为我国实现工业化、城镇化和农业现代化协调发展的重要示范区。深入研究河南省的农业信息化发展现状，探讨提升和制约其发展的因素具有十分重要的意义。

2. 模型建立

2.1 河南省农业信息化水平评价指标构建

根据《国家信息化“九五”规划和2010年远景目标（纲要）》，可将信息化综合测评模型中的各要素归为5个子系统——信息资源的开发利用、信息网络和信息技术应用、信息化人才、信息技术和产业发展、信息化政策法规和标准。5个子系统对农业信息化水平的作用机理具体表现为：信息资源的开发利用在很大程度上依赖于农村信息化基础设施建设，农村信息化基础设施建设的发展程度主要由农村每百户拥有固定电话数、移动电话及电视机数、家用计算机以及收录机数等各项指标所体现；信息网络和信息技术应用是改变传统农业的重要手段，主要用于实现农业自动化生产、自然环境实时监测、科学化管理，提高农产品的经济效益，推动农业科学技术的研究与开发，加速农业科技信息传播，不断提高农业生产信息化水平；农业信息化人才能够及时、准确地把握农业生产规律和农产品市场运行规律，有效提供农业生产方面的科学技术和信息；信息技术和产业发展有助于发挥市场在信息资源配置中的调节作用，能够促进信息市场秩序和规则的建立和完善，能够敏感地反映市场变化，及时发现消费者需求，促使信息供给者主动按需转变生产和经营方向；地区政府可以考虑出台农业信息化政策，将之作为当地农业和农村信息化工作的总纲，并以此为抓手，分解具体任务、明确具体责任单位，加快推进农业信息化各项工作的开展。

借鉴有关学者的研究成果，结合河南省农业信息化发展的实际情况，并考虑农业信息化相关指标数据的可得性等，本文构建了由 5 个一级指标、14 个二级指标构成的河南省农业信息化水平评价指标体系（见表 1）。

表 1　　　　河南省农业信息化水平评价指标体系

一级指标	权重（基于变异系数法）	权重（基于熵值法）	二级指标	权重（基于变异系数法）	权重（基于熵值法）
农业信息资源开发与利用（反映河南省农业信息资源规模及农业信息用户利用信息水平）	0. 138439	0. 301352	平均每周广播播出时间（小时，X_1）	0. 083908	0. 076149
			平均每周电视播出时间（小时，X_2）	0. 051106	0. 076146
			电视覆盖率（X_3）	0. 001487	0. 074551
			广播覆盖率（X_4）	0. 001938	0. 074508
农业信息基础设施（反映各地区农村在发展信息化建设方面的硬件基础设施）	0. 197048	0. 197043	农村家庭平均每百人拥有计算机数量（台，X_5）	0. 120633	0. 054482
			农村家庭平均每百人拥有电视机数量（台，X_6）	0. 01670	0. 072289
			农村家庭平均每百人拥有电话数量（台，X_7）	0. 059715	0. 070271
农业信息化人才（反映农村信息化建设中的人力资源以及农民素质状况）	0. 026873	0. 138883	农村每百人中专以上学历人数比重（X_8）	0. 021581	0. 065501
			农业信息业从业人员（万人，X_9）	0. 005292	0. 073382
农业信息化效用（反映农业信息投入产出的基本情况）	0. 124888	0. 148779	农业发明、实用新型专利申请量（项，X_{10}）	0. 059714	0. 074574
			农业发明、实用新型专利批准量（项，X_{11}）	0. 065174	0. 074206
农业信息化发展政策（反映当地政府实际对农业信息化建设的投入水平）	0. 512753	0. 213943	农业科技三项费用（亿元，X_{12}）	0. 134938	0. 074707
			农业支出占财政支出比重（X_{13}）	0. 054479	0. 065587
			农业基本建设支出（亿元，X_{14}）	0. 323336	0. 073649

资料来源：根据 2005—2010 年的《河南统计年鉴》《中国统计年鉴》《中国互联网发展状况调查统计报告》《中国互联网络信息资源数量调查报告》《中国农村统计年鉴》以及全国及各地区科技进步统计监测结果中的数据整理。

2.2 河南省农业信息化水平测度模型

根据表 1 所示的评价指标体系，构建如下农业信息化水平的计算公式：

$$HNI = \sum_{i=1}^{n} \left[\sum_{i=1}^{m} A_{ij} W_{ij} \right] W_i$$

式中，HNI 为河南省农业信息化水平总指数；n 为农业信息化水平构成要素的个数；m 为第 i 个构成要素的指标个数；A_{ij}为第 i 构成要素中的第 j 个指标的无量纲化后的值；W_{ij}为第 i 个构成要素中的第 j 个指标的权重；W_i为第 i 个构成要素的权重。

3. 指标权重计算

确定农业信息化评价指标权重的方法有多种，归纳起来主要有主观权重确定法和客观权重确定法。主观权重确定法主要有专家调查法、层次分析法、模糊评价法等（杜栋，庞庆华，吴炎，2008）。此类方法是基于人们的实际生活经验，通过主观判断确定不同指标的权重。客观权重确定法主要有主成分分析法、变异系数法、熵权系数法。此类方法是基于客观数据并依据一定的规则对指标进行赋权。本文利用 2005—2010 年的《河南统计年鉴》《中国统计年鉴》《中国互联网发展状况调查统计报告》《中国互联网络信息资源数量调查报告》《中国农村统计年鉴》以及全国及各地区科技进步统计监测结果中的数据，估算部分指标的数据，并对数据进行无量纲化处理。采用两种客观赋权法——变异系数法、熵值法确定指标权重，分别计算相应的河南省农业信息化水平总指数，结果如表 1 所示。

4. 河南省农业信息化水平计算

利用式（1）和各指标的权重，可计算得出 2005—2010 年各指标的加权指数（见表 2）以及河南省农业信息化水平总指数（见表 3）。表 4 列示了以 2005 年为基期的 2005—2010 年河南省农业信息化水平总指数（见表 4）。

表 2　2005—2010 年各评价指标的加权指数——基于变异系数法和熵值法

二级指标	年份					
	2005	2006	2007	2008	2009	2010
平均每周广播播出时间（小时，X_1）	0.066076 （0.059966）	0.073383 （0.066597）	0.074329 （0.067456）	0.075411 （0.068436）	0.106451 （0.096607）	0.0107799 （0.097831）
平均每周电视播出时间（小时，X_2）	0.052943 （0.078882）	0.0054968 （0.081911）	0.056276 （0.083848）	0.057336 （0.085428）	0.042639 （0.06353）	0.042474 （0.063284）
电视覆盖率（%，X_3）	0.001924 （0.073983）	0.001928 （0.074137）	0.001938 （0.074521）	0.001942 （0.074675）	0.001946 （0.074829）	0.001948 （0.074906）
广播覆盖率（%，X_4）	0.001479 （0.074165）	0.001482 （0.074242）	0.001487 （0.07455）	0.00149 （0.074704）	0.001492 （0.074781）	0.001493 （0.074858）

续表

二级指标	年份					
	2005	2006	2007	2008	2009	2010
农村家庭平均每百人拥有计算机数量（台，X_5）	0.050414 (0.022769)	0.103948 (0.046947)	0.137798 (0.062234)	0.141159 (0.063752)	0.143559 (0.064836)	0.14692 (0.066354)
农村家庭平均每百人拥有电视机数量（台，X_6）	0.015583 (0.067454)	0.016139 (0.06986)	0.01682 (0.072809)	0.016917 (0.073227)	0.017149 (0.074231)	0.017593 (0.076155)
农村家庭平均每百人拥有电话数量（台，X_7）	0.064636 (0.076062)	0.070326 (0.082758)	0.068695 (0.080839)	0.054193 (0.063773)	0.050758 (0.059731)	0.049683 (0.058465)
农村每百人中专以上学历人数比重（%，X_8）	0.019737 (0.059905)	0.020822 (0.063197)	0.021256 (0.064513)	0.022123 (0.067147)	0.022557 (0.068463)	0.022991 (0.06978)
农业信息业从业人员（万人，X_9）	0.005198 (0.072073)	0.005225 (0.072452)	0.005226 (0.073029)	0.005347 (0.074151)	0.00534 (0.074045)	0.005376 (0.074545)
农业发明、实用新型专利申请量（项，X_{10}）	0.0445 (0.055574)	0.05534 (0.069111)	0.058763 (0.073386)	0.062186 (0.077661)	0.06675 (0.083361)	0.070744 (0.088348)
农业发明、实用新型专利批准量（项，X_{11}）	0.049803 (0.056704)	0.057181 (0.065105)	0.061792 (0.070355)	0.071937 (0.081906)	0.070093 (0.079806)	0.080238 (0.091357)
农业科技三项费用（亿元，X_{12}）	0.204755 (0.11336)	0.100333 (0.055548)	0.121213 (0.067108)	0.184134 (0.101944)	0.098537 (0.054554)	0.100657 (0.055728)
农业支出占财政支出比重（%，X_{13}）	0.044699 (0.053812)	0.045737 (0.055062)	0.054652 (0.065795)	0.05911 (0.071161)	0.059171 (0.071235)	0.063506 (0.076454)
农业基本建设支出（亿元，X_{14}）	0.876169 (0.199573)	0.209052 (0.047618)	0.238612 (0.054351)	0.1815 (0.041342)	0.208844 (0.04757)	0.225839 (0.051441)

注：括号外的数值为基于变异系数法得到的加权指数；括号内的数值为基于熵值法得到的加权指数。

表3　2005—2010年河南省农业信息化水平总指数——基于变异系数法和熵值法

年度	农业信息化水平总指数	农业信息资源开发与利用	农业信息基础设施	农业信息化人才	农业信息化效用	农业信息化发展政策
2005	43.86 (20.27)	12.24 (28.70)	13.06 (16.63)	2.49 (13.20)	9.43 (11.23)	34.56 (14.67)
2006	45.29 (19.63)	10.88 (25.30)	10.62 (21.25)	4.97 (12.8)	26.19 (17.85)	35.51 (15.82)
2007	51.73 (20.56)	16.37 (27.99)	10.63 (21.68)	6.06 (14.21)	16.21 (12.59)	41.45 (18.73)
2008	54.43 (21.78)	19.86 (29.70)	9.24 (20.15)	6.41 (14.75)	19.32 (14.90)	42.47 (21.44)
2009	47.29 (20.83)	18.72 (27.69)	9.00 (20.11)	6.75 (15.17)	25.42 (18.18)	36.66 (17.34)

续表

年度	农业信息化水平总指数	农业信息资源开发与利用	农业信息基础设施	农业信息化人才	农业信息化效用	农业信息化发展政策
2010	49.26 (20.67)	18.95 (27.79)	8.98 (20.31)	7.21 (15.79)	17.88 (14.59)	39.00 (18.36)

注：括号外数值为基于变异系数法得到的农业信息化水平总指数；括号内数值为基于熵值法得到的农业信息化水平总指数。

表4　　河南省农业信息化水平总指数（以2005年为基期）

年　份	基于变异系数法	基于熵值法
2005	100	100
2006	103.26	96.84
2007	117.94	101.43
2008	121.82	107.45
2009	107.82	102.76
2010	112.31	101.97

5. 结论

首先，2005—2010年，河南省农业信息化水平的提高幅度较小、农业信息化水平较低、农业信息化建设成效不显著。基于变异系数法得到的农业信息化水平总指数的提高幅度较大——2010年比2005年提高了12.31个百分点；基于熵值法得到的农业信息化水平总指数的提高幅度较小——2010年仅比2005年提高了1.97个百分点。

其次，2005—2012年，随着我国社会主义新农村建设战略、促进中部地区崛起战略的实施，国家和河南省出台了一系列促进农村、农业发展的政策。河南省的农村信息广播和电视覆盖实现了新突破，农业科技三项费用支出、农业支出占财政支出比重、农业基本建设支出不断提高。农业信息资源开发与利用、农业信息化发展政策成为推动河南省农业信息化水平不断提高的重要因素。

最后，农业信息化人才、农业信息基础设施、农业信息化效用发展缓慢，成为制约河南省农业信息化发展的重要障碍因素。基础设施投入不足、信息化体系不健全、缺乏有效的农业信息统一标准、农民受教育程度低且信息观念不强、农业信息化专业人才缺乏等，严重阻碍了河南农业信息化水平的提高。

参考文献

[1] 蔡东宏．热带农业信息化［M］．北京：中国农业出版社，2007.

[2] 杜栋，庞庆华，吴炎．现代综合评价方法与案例精选［M］．北京：清

华大学出版社，2008.

［3］耿红军．县域农业信息化测评及发展路径研究［D］．石河子：石河子大学，2008.

［4］李莉．农村经济发展路径研究［M］．天津：天津古籍出版社，2007.

［5］刘丽伟．农业信息化与农业经济增长［M］. 沈阳：东北大学出版社，2009.

［6］刘世洪，许世卫．中国农村信息化测评方法研究［J］．中国农业科学，2008，41（4）：1012－1022.

［7］卢丽娜．农业信息化测度指标体系的构建［J］．农业图书情报学刊，2007（4）：178－183.

［8］牛建波．知识经济与信息化概论［M］. 北京：中国经济出版社，2002.

［9］王栋．四川省农业信息化测度及其对第一产业的影响分析［D］．成都：西南交通大学，2007.

［10］王利农．中国农业信息化测度与发展研究［D］．北京：北京中央财经大学，2007.

［11］王爽英，童泽霞．我国农业信息化水平的测算及发展趋势研究［J］．农业现代化研究，2008（2）：34－35.

［12］杨顺江．中国蔬菜产业发展研究［M］. 北京：中国农业出版社，2004.

［13］易练红．农业竞争力论［M］. 长沙：湖南人民出版社，2005.

［14］于淑敏，李鹏，朱玉春．我国农业信息化水平的测度及分析［J］．陕西农业科学，2011（2）：45－47.

［15］郑红维，李颙．中国农村信息服务体系综合评价与发展战略研究［M］. 北京：中国农业科学技术出版社，2010.

第二篇　创新能力篇

基于突变检测的国际技术创新研究热点和趋势分析

吴　静　刘　瑞　王文亮　张冬平*

以科学网（Web of Science，WoS）数据库中收录的发表于2006—2015年的技术创新期刊文献为研究对象，利用CiteSpace Ⅲ软件的突变检测功能，绘制出突变词共现知识图谱，探究了2006—2015年技术创新研究的时空分布情况、研究热点和研究趋势。结果表明，技术创新研究热点主要有技术创新政策、企业合作创新战略与企业创业、创新能力与创新绩效、创新系统与技术变迁、组织绩效与知识整合管理；技术创新研究趋势主要有企业、技术创新模式、创新研究方式、创新全球化、技术创新及其影响因素。

1. 问题提出

技术创新被公认为是经济可持续增长的基本动力，也是学术界的研究热点之一。例如，许振亮和郭晓川运用可视化技术和科学计量学方法，绘制了2004—2008年国际技术创新研究前沿知识图谱，通过分析代表性被引文献的内容和施引文献的高频关键词与内容，经计量得出技术创新各知识群的研究主题（许振亮，郭晓川，2011）。许振亮采用计量方法，从高频作者共被引的角度深入剖析了1959—2008年国际技术创新研究的现状（许振亮，2011）。随后，许振亮和郭晓川基于科学知识图谱的视角，借助信息可视化技术，归纳出50年来非线性演进的国际技术创新研究前沿主题，同时将高频词汇作为重点标题词，从引文分析

* 吴静、王文亮、张冬平，河南农业大学经济与管理学院。吴静，郑州轻工业学院民族职业学院。刘瑞、王文亮，河南农业大学信息与管理科学学院。本文发表于《技术经济》2016年第5期。

学和技术创新动力学的角度阐释了50年来国际技术创新研究前沿的演进机制（许振亮，郭晓川，2012）。徐迎和张薇（2014）从载文领域、发表期刊、作者、国家和关键词等角度，对1950—2013年技术创新领域的期刊论文进行计量分析，基于CiteSpace Ⅲ软件生成的文献共引时区视图深入研究国际技术创新理论，归纳出技术创新研究的五大领域——创新经济学、技术创新政策、创新系统、企业技术创新以及技术创新与创新转移，并提出演化路径的四大阶段论——重拾熊彼特创新经济学、解构技术创新领域、整合技术创新系统和开放创新。阿曼卡瓦·阿莫阿（Amankwah-Amoah）以加纳为例，研究了科学、技术与创新政策的演化，并将加纳的科学和技术的发展历程划分为“Nkrumah（1957—1966）、Post-Nkrumah（1967—1990s）、New dawn（2000年后）”3个阶段（Amankwah-Amoah，2015）。党倩娜、罗天雨和曹磊将知识、技术和产业三维视角进行组合，利用知识图谱、专利地图等可视化方法研究大数据领域技术创新研究的演化路径、前沿方向和主要驱动因素（党倩娜，罗天雨，曹磊，2015）。安德森（Anderson）、达西（Dasi）和穆达姆（Mudambi）以《哥伦比亚全球商务杂志》和《全球商务杂志》为国际商业文献来源，分析了50年来技术、创新和知识概念的演化趋势（Anderson，et al.，2016）。

从内容来看，上述研究主要集中在技术创新领域的演化路径、研究前沿、研究热点及研究主题的判定方面；从研究方法来看，多数文献借助可视化工具对技术创新领域的相关文献进行计量分析，尤以图谱分析法较多；从研究对象来看，主要是出现频次高的共被引文献、期刊、国家、研究机构、学科和文献关键词等。在利用知识图谱分析文献的过程中，不管是基于文献的共被引分析还是基于关键词等的共现分析，研究者们大多选择图谱中出现频次高的共被引文献、关键词和作者等进行重点分析，以此确定某一领域的研究前沿、研究热点和研究主题等，忽略了突变术语的存在，从而使得增长势头明显、在揭示科技发展方面更具前沿性和及时性的低频词不能及早地被发现，也使得新兴研究趋势探测具有一定的局限性。鉴于此，本文以科学网数据库为文献来源，运用文献计量方法并结合可视化工具——CiteSpace Ⅲ，对2006—2015年技术创新领域的文献进行统计分析和内容挖掘，在系统分析技术创新研究文献时空分布的基础上，重点利用CiteSpace Ⅲ的突变检测功能，采用突变检测方法深入分析研究期间国际技术创新研究的热点和趋势，以期弥补以往研究多针对高频关键词、高频共被引文献等进行分析的不足，为识别和侦测技术创新领域的研究热点和研究趋势提供新的参考和依据。

2. 数据来源和研究方法

2.1 数据来源

数据的权威性和准确性对分析结果有较大影响，本文所需数据来源于科学网中的三大数据库——SCI、SSCI 和 A&HCI。科学网收录期刊的质量较高，向用户提供的数据准确、有意义且及时，且该数据库拥有超过 100 年的回溯数据，从而确保用户能够对某特定研究领域进行深入而全面的检索（Thomsomson Scientific，2014）。笔者以“technological innovation OR technological invention”为主题，选择“Article”为文献精简类型，选择“English”为语种，以 2006—2015 年为检索时间跨度，在 SCI、SSCI 和 A&HCI 三大数据库中进行文献检索，共检索到 7108 篇期刊文献。

2.2 研究方法

本文主要采用突变检测法和知识图谱法分析检索到的国际技术创新文献。突变检测（burst detection）算法是克莱因伯格（Kleinberg）于 2002 年提出的。他认为，词的重要性体现于词出现的密度而非词出现时间的长短，即出现频次相对增长率突然增加的词——突变词更为重要（Kleinbeng，2002）。利用突变检测算法能够在不受外界因素影响的情况下及时发现未达到词频阈值但具有情报意义的词（魏晓峻，2007）。该方法更加注重领域内有潜在影响的热点因素——不管它是低频词还是高频词，出现频次相对增长率突然增大的词更可能反映研究领域局部热点的变化，识别出这类词有助于发现和推动学科领域中的微观因素（王孝宁，2009）。因此，突变检测算法在探测学科动态发展方面具有明显的优越性，利用突变词作为前沿术语展现学科前沿方便而快捷（方丽，赵悦阳，崔雷，2014）。

CiteSpace 是一款基于 Java 环境的可视化共引网络分析软件，也是一款基于引文分析理论开发的多元、分时、动态的信息可视化软件，常用于分析某研究领域的科学知识结构，获取某领域的知识基础、研究前沿和研究热点等信息，洞察研究的演变过程（Chen，2006）。陈超美设计 CiteSpace 时认为新兴的、处于上升阶段的突变术语更能揭示领域的新趋势和新动态，并利用其突变检测算法检测某学科内研究兴趣的突然增长（Chen，2004）。CiteSpace 的突变检测功能可用于两类变量——施引文献的词频和被引文献的引文频次。针对现有研究中处于低频状态、增长势头不断增加、在揭示科技发展方面更具前沿性和及时性的低频词未能及早被发现的问题，本文借助 CiteSpace 的突变检测功能探测技术创新领域的研究热点和研究趋势，以期得出新结论和新发现。

3. 国际技术创新研究的时空分布

3.1 时间分布

7108 篇国际技术创新文献的时间分布如图 1 所示。从图 1 可知，2006—2015 年国际技术创新研究总体的趋势具有如下特点：第一，已发表文献数量呈增长态势。2014 年的文献数量（997 篇）是 2006 年（403 篇）的 2.47 倍，且 2014 年文献数量的增速明显加快。第二，研究热度持续上升。文献引文量是指文献引用的参考文献条数，引文量的数量体现了文献质量和文献所在领域的受关注程度。从引文量看，7108 篇文献引用文献 66913 次，每篇技术创新研究文献平均引用文献 9.34 次，施引文献是 43471 篇。自 2006 年起，引文量逐年持续正增长。文献数量和引文量均显示出近 10 年国际技术创新领域被学术界持续关注，技术创新研究成果正频繁地被应用和改进。

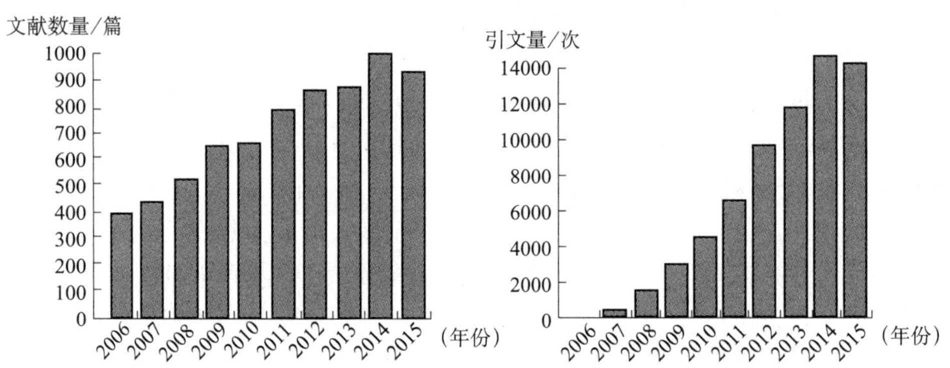

图 1　2006—2015 年国际技术创新领域已发表文献数量及其引文量

3.2 空间分布

利用 CiteSpace Ⅲ软件，通过可视化图谱展现各国的论文数量、合著情况和中心性。可视化视图谱中圆环面积的大小反映了发文数量的多少，年轮的外圈宽度代表中心性。网络节点的类型选择研究机构（Institutuon）和国家/地区（Country），数据的抽取阈值设定为前 70（top70），采用路径搜索（path finder）算法对样本数据进行可视化分析。图 2 所示的知识图谱反映了国际技术创新研究机构和国家/地区的分布情况。由图 2 可知，技术创新领域论文的作者主要来自以美国、英国、意大利、荷兰、西班牙和中国等为研究中心的聚类群，这些聚类群通过高校和科研机构相互联系。图 3 显示了 2006—2015 年技术创新领域的发文总量排名前 10 位国家或地区。从图 3 可以看出，美国在该领域的文献产出贡献最大，检索时间跨度内其发文总量占全球发文总量的 27.07%，远高于其他国家（地区）；其次是英国、意大利、荷兰、德国等欧洲发达国家。不过，结合图 1 可发现，在整个知识谱图中英国的中心性最大，表明英国与共现网络中的许多国家（如美国、丹麦、荷兰和瑞士等）都有直接或间接的联系。与发达国家相比，中国的技术创新研究起步较晚。1989 年国家资助了第一个技术创新领域的研究课题“我国大中型企业技术创新研究”，课题承担者是傅家骥教授，从此揭开了中国技术创新研究的序幕。

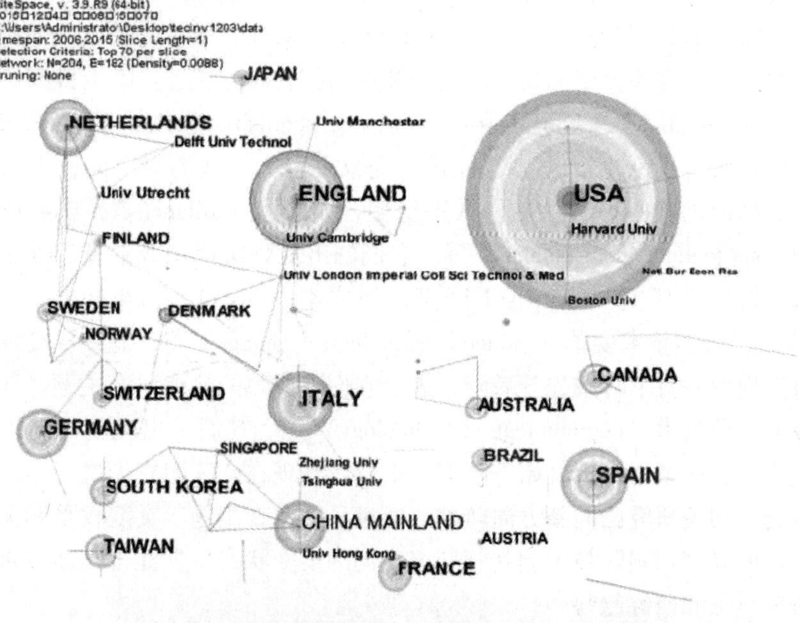

图 2　国际技术创新研究机构和国家/地区分布网络

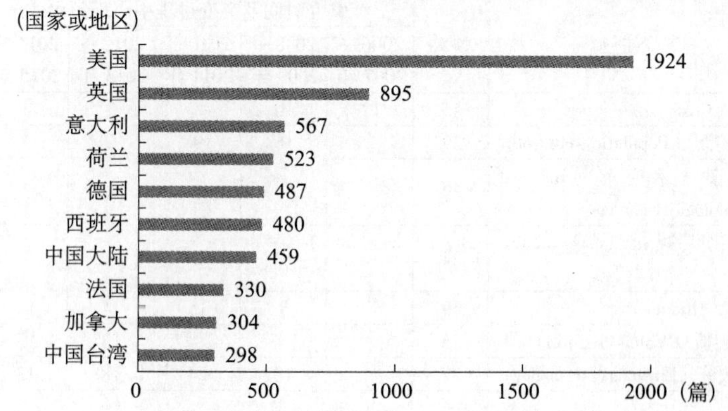

图 3　2006—2015 年技术创新领域发文总量排名前 10 位的国家/地区

4. 国际技术创新研究的热点和趋势

突变词是指可能成为研究前沿或热点的概念，但其能否真正成为研究趋势需要进一步检测（Jie Yang，2012）。本文利用 CiteSpace Ⅲ软件获取知识图谱中技术创新领域的突变词（见表1）——在较短时间内出现频次突然增加（减少）或使用频次增长率明显变化的术语，并对这些突变词进行分类，以此确定技术创新研究的热点和趋势。根据期刊文献中关键词的突变性质、突变频次和突变持续时间，将突变词分为5类：①突现型，如全球价值链（global value chains）、ICT产业（ICT industry）、管理创新（management innovation）等。它们出现的频次不高但突变权重大，这些突变词是技术创新领域的新兴研究主题。②上升型，如价值创造（value creation）、知识获取（knowledeg acquisition）等。2012—2014年它们出现的频次呈不断上升态势，且其突变权重较大。这类突变词属于高频焦点词，也是当前的新兴研究主题。③平稳型，如联盟（alliances）、自主技术变革（endogenous technological change）等。它们的出现频次稳定或下降后处于平稳状态，属于持续性研究热点。④下降型，如成本（costs）、污染控制（pollution-control）、诱致型技术变革（induced technological change）等。这些突变词的出现频率自突现后一直下降或先升后降，表示它们是成熟的热点研究主题。⑤急剧下降型，如通信技术（communication technology）等。它们一出现就马上消失或其出现频率从过去某个时点开始下降但并未持续到现在，表明它们属于逐渐过时的研究主题，相关研究已向新方向转移。通过分析突变主题、突变权重和突变持续时间，可明确判断国际技术创新领域突变词的突变状态，据此可判断技术创新领域的研究热点和研究趋势。

表1　2006—2015年技术创新领域的突变词（部分）

突变权重	突变主题	频次	突变时间及突变过程中出现频次					突变词变化趋势
			2006—2007年	2008—2009年	2010—2011年	2012—2013年	2014—2015年	
7.56	成本（Costs）	45	12	16	8	5	4	下降
5.42	人口控制（Population-control）	39		16	9	6	5	下降
5.32	诱致型技术变革（Induced technolological change）	29		14	4	4	3	下降
5.24	二氧化碳减排（CO_2 abatement）	24		13	2	3	2	下降
4.58	联盟（Alliance）	69	17	8	15	14	15	下降
4.40	价值创造（Value creation）	33				13	15	平稳
3.98	环境政策（Environmental policy）	77		18	24	18	13	先升后降

续表

突变权重	突变主题	频次	突变时间及突变过程中出现频次					突变词变化趋势
			2006—2007 年	2008—2009 年	2010—2011 年	2012—2013 年	2014—2015 年	
3.55	激励（incentives）	58	5	16	18	11	8	下降
3.38	知识获取（Knowledge acquisition）	18				6	11	上升
3.13	合资（Joint ventures）	34	9	6	8	5	6	下降
3.08	跨国公司（Multinationals）	21		9	4	4	2	下降
3.05	技术学习（Technological learning）	21	8	2	1	7	3	下降
2.99	知识溢出（Knowledge spillover）	15		8	2	2	3	下降
2.94	自主技术变革（Endogenous technological change）	31	5	10	4	6	6	平稳
2.81	信息系统（Information-system）	32	9	5	6	1	11	上升
2.81	财务绩效（Financial performance）	32				10	14	上升
2.80	管理创新（Management innovation）	11					6	突现
2.78	实证检验（Empirical-examination）	27			10	9	5	下降
2.74	通信技术（Communication technology）	12			8	2	0	急剧下降
2.73	政治经济（Political-economy）	14			6	7	1	下降

由上述对突变词分类的定义可知，突现型和上升型的突变词是技术创新领域的新兴研究主题，平稳型或下降型的突现词是持续性的或成熟的研究热点，急剧下降型的突变词是过时的研究主题。因此，突现型、上升型、平稳型和下降型的突变词是主要研究对象。

4.1 技术创新研究热点的可视化分析

技术创新研究热点的可视化分析关键词是一篇论文的核心和精髓，凝练了论文研究的热点。平稳型和下降型的突变词是持续性的或成熟的研究热点，在此将之统称为研究热点。在对突变词进行提取和分类的基础上，利用 CiteSpace Ⅲ 软件仅对平稳型和下降型的突变词进行共现分析，得到如图 4 所示的技术创新领域研究热点共现知识图谱。突变词的共现网络能比较直观地展现技术创新领域的研究热点以及各突变词间的关系和其重要程度，通过分析该知识图谱可发现 2006—2015 年期间技术创新领域的研究热点。

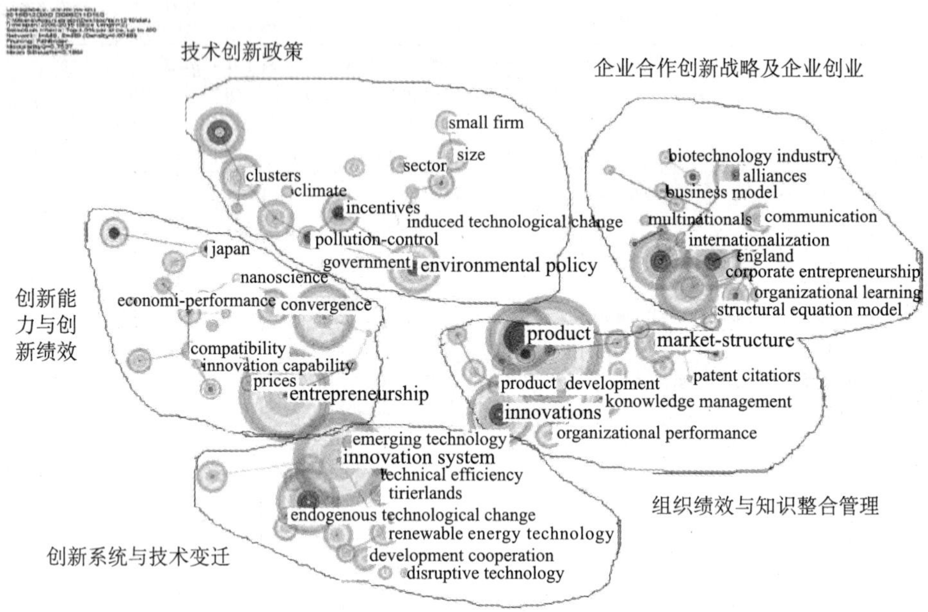

图 4　技术创新领域研究热点共现知识图谱

4.1.1　技术创新政策

创新政策（Innovation policy）、环境政策（environment policy）、区域发展（regional development）、集群（clusters）、激励（incentives）、污染控制（pollution control）、治理（government）、二氧化碳减排（CO_2 abatement）、诱致型创新（induced innovation）和诱致型（induced technologic change）等是技术创新政策研究主题的突变词。这表明，环境污染、区域发展、产业集群以及政策问题在技术创新领域已得到充分关注，同时政府的环境政策和创新政策也为新技术研发提供了良好的环境。政府政策影响各类企业（如中小企业、特定行业）的创新和技术发展（Dolfsmaw，2013），类型学已证明政府政策对技术发展有激励作用。世界知识产权组织总干事弗兰西斯·古里（Francis Gurry）表示，创新在刺激处于不同发展阶段的国家的经济增长方面产生了积极而深远的影响，但是这不会自动实现，每个国家必须找到最佳的政策组合以激发创新和创造的潜力。许振亮等认为，20 世纪 70 年代至 21 世纪初，国际技术创新领域的研究主题是技术创新与政府政策的关系（许振亮，郭晓川，2013）。可见，政策对创新具有重要的导向作用，技术创新的有关政策一直是技术创新领域的研究热点。

4.1.2　企业合作创新战略及企业创业

联盟（Alliances）、商业模式（business model）、国际（international）、跨国公司（multinationals）、通信（communication）、公司创业（corporate entrepreneurship）& 生物技术产业（biotechnology industry）等是企业合作创新战略及企业创新研究主题的热点突变词，表明跨国公司、跨区域创业、企业创新联盟已是较成熟的研究热点。合作创新是企业的一种重要的创新模式，是指企业间或企业与高等院校或科研机构之间的联合创新行为（傅家骥，1998）。有效的合作创新不仅可以有效降低企业风险和缩减成本，而且是企业获取外部知识和能力的重要途径（Badaracco，1991）。战略联盟为技术创业企业提供了一种以资源互补、风险共担、利益共享为基础的合作和发展模式。赵岑、张帏和姜彦福发现，技术创业企业选择联盟战略后，可通过与伙伴企业进行组织间的合作、沟通和学习，实现资源互补，并使战略更加明晰、组织结构更加完善，从而实现成长和绩效提升（赵岑，张帏，姜彦福，2012）。现代的创新模式发生了变化，创新不再是简单的原子式过程，而是一个交互合作过程，也是一个不断形成企业合作创新网络的过程（钱锡红，杨永福，徐万里，2010）。在针对 2015 年全球创新 1000 强企业的研究中，普华永道战略部门（Pwc's Stratrgy）通过分析全球企业研发资金的流向，指出自 2008 金融危机后创新资源呈全球化趋势以来，1000 强企业明显加快了在世界各地布局创新的步伐，企业合作创新的全球化趋势日渐明显，全球链接正在逐步建立。

4.1.3 创新能力与创新绩效

创新能力（Innovation capability）、经济绩效（economic performance）、纳米技术（nanotechnology）、创业精神（entrepreneurship）、增加回报（increasing returns）、纳米科学（nanoscience）、技能（competence）、价格（prices）、社会网络（cocial network）、网络外部性（network externalities）、演化经济学（evolutionary economy）& 能力（capability）等是创新能力与创新绩效研究主题的热点突变词。Jie Yang（2012）基于知识基础观（Knowledge-based view）探讨了推动企业发展的核心力量，得出创新能力对创新绩效具有显著影响的结论。企业的创新能力促进其创新资源持续创新，同时提升企业的创新绩效。在促进创新资源发展、实现创新绩效的过程中，企业的创新资源会生成新的资源，这些资源为企业成功创新、实现创新绩效提供了良好的保障（Hernandez，2009）。近些年，有关创新能力对创新绩效影响的研究逐渐增多，这些研究主要聚焦于企业的技术创新能力、研发能力、网络创新能力、技术创新系统、知识管理能力和组织学习能力等对创新绩效的影响。例如，埃希（Ehie，2010）研究显示，研发投入会提升企业的研发能力，对企业的创新绩效具有显著的正向影响；陈、王和内沃（Chen，Wang & Nevo，2015）基于企业创业和竞争强度的视角，研究了技术创新能力对创新绩效的影响。

4.1.4 创新系统与技术变迁

国家创新（National innovationsystem）、创新系统（innovation system）、新兴技术（emerging technology）、自主技术变革（endogenous technological change）、可再生能源技术（renewable energy technology）、发展合作（development cooperation）& 破坏性技术（disruptive technology）等是创新系统与技术变迁研究主题的热点突变词。创新系统是一个由与创新活动相关的机构、组织、制度、人才、资金和信息等构成的网络系统，系统内机构、组织等的行为和相互作用促进了国家创新以及经济和社会发展，创新系统的形成反映了生产方式和技术的变迁。海克特（Hekkert）、苏尔斯（Suurs）和内格罗（Negro）（2007）认为创新系统是导致技术变迁的重要因素之一，并从创新系统功能的角度探究技术变迁。海克特、苏尔斯和内格罗（2009）基于早期索赔的实证研究，以创新系统功能为框架，对可持续的技术变迁进行了解释。自 20 世纪 80 年代创新系统被提出后，国家创新系统、区域创新系统、产业创新系统、集群创新系统和创新生态系统相继出现，创新系统的演进引导着技术变迁。目前新兴技术、内生性技术变迁、可再生能源技术、颠覆性技术等是解决现实问题、企业发展亟须的，也是当前研究的热点。

4.1.5 组织绩效与知识整合管理

产品（Products）、市场结构（market-structure）、产品开发（product development）、专利引用（patent citations）、知识管理（knowledge management）、创新（innovation）、组织绩效（organizational performance）、知识溢出（knowledge spill-over）、指标（indicators）、科学技术（science-and-technology）& 组织变革（organization change）等是组织绩效与知识整合管理研究主题的热点突变词。知识管理关乎企业的绩效和成长，早已引起企业和学术界的关注。为实现创新能力的提升、竞争优势的增强，企业需要对专利使用、产品生产、产品研发、知识溢出等环节的知识进行整合管理。知识整合最早由亨德森（Henderson）和希亚克（Clark）（1990）在研究产品开发时提出的，他们认为架构知识的产生过程就是知识整合——在产品开发过程中对企业现有知识的重新配置。之后，有学者将知识整合从狭义的与产品开发相关的技术活动扩展到企业运作层面，开始区分内部整合与外部整合，即从跨组织边界的视角研究知识整合（Iansiti，Clark，1994）。管理者要具有促进企业知识获得、分享和应用的动态能力，并据此提高技术水平和管理创新绩效，进而产生良好的运作绩效（Aboelmagedm，2014）。可见，知识管理能力对于企业的运作绩效至关重要。

4.2 技术创新研究趋势

研究趋势体现了某研究领域的思想动态，表现为一组突现的动态概念和潜在的研究问题，一般用研究前沿反应研究趋势（方丽，赵悦阳，崔雷，2014）。康托斯塔斯（Kontostathis）等在2003年提出新兴研究趋势的定义，即“随着时间逐渐引起人们的兴趣并被越来越多的学者讨论的主题领域”。新兴趋势（Emerging Trend）用一组当前正在研究的主题领域代表研究方向，每个主题领域由多个关键词或词组表示（殷蜀梅，2008）。本文利用CiteSpaceIII软件中的突变检测功能提取突变词并对照分类。由上述对突变词分类的定义可知，突现型和上升型的突变词是技术创新领域的研究主题。某突变词的突变权重越大，其成为该领域研究趋势的可能性越大（郑乐丹，2012）。本文利用CiteSpaceIII软件检测到突变权重较大的上升型和突现型的突变词（见表2）。

表2　　国际技术创新的突变词主题

突变词主题	突变术语
企业	中小企业、生物技术企业、ICT产业、制药产业、业务绩效、价值创造、效率、财务绩效
技术创新模式	定向技术变革（Directed technical change）、模块化、开放式创新、流程创新、三重螺旋
创新研究方式	模式、多重视角、架构、图书统计分析（biblimetrics）、经验证据、面板数据、全球
创新全球化	价值链、全球化
知识管理	知识获取、知识溢出、学习、技术知识、整合、专利引用、面板数据
技术创新及其影响因素	可再生能源技术、信息技术、信息系统、实物期权、技术采纳、技术非连续、技术扩散、需求、竞争优势、影响、市场、新兴技术、经济发展、大学研究、投资、海外直接投资、教育、网络结构

由表2可知，技术创新研究趋势主要有6个方面———企业、技术创新模式、创新研究方式、创新全球化、知识管理、技术创新及其影响因素。由突变术语可知，关于企业的研究主要聚焦于生物医药类企业、信息通信技术类企业以及企业绩效。定向技术变革、模块化、开放性创新、过程创新及官产学“三重螺旋”等是技术创新模式的主要研究趋势。模型构建、多层次视角、文献计量及实证分析等是技术创新的主要研究方式。自2008年创新研发呈现出全球化趋势以来，创新资源加速在全球布局，半导体、医疗、农产品、计算机等产业的全球价值链正在逐渐建立，创新全球化是未来的研究趋势。当前知识是重要的生产要素，知识管理对企业发展具有重要意义。巴斯（Bassi，2006）认为，知识管理是以知识为核心的管理，对各种知识进行管理以便于利用知识资产开拓新机会。知识获取、知识溢出、技术知识及专利管理等是当前知识管理的主要研究趋势。技术创新研究趋势主要集中在新能源技术、信息技术等技术创新研发方面；技术创新及其影响因素的研究趋势主要集中在技术利用、市场需求、经济发展、教育以及创新网络方面。

5. 结论

本文应用 CiteSpace Ⅲ软件的突变检测功能对 2006—2015 年国际技术创新研究进行了信息挖掘和整理，并对共现视图进行了分析，进一步理顺了国际技术创新研究的时空分布状况、研究热点和研究趋势，为中国技术创新研究紧跟国际前沿提供了实证依据。从时空分布来看：2006—2015 年国际技术创新研究在空间布局上呈现出非均衡性，在时间分布上呈现出持续增长性；美国是在该领域研究贡献最多的国家，其文献量超过文献总量的 25%；其次是英国、意大利、荷兰和德国等欧洲发达国家；中国的技术创新研究起步相对较晚，目前与上述国家存在一定差距，但是近年来发文量明显增加。从研究热点来看，国际技术创新研究呈现出分散化特征，热点研究领域主要有技术创新政策、企业合作创新战略与企业创业、创新能力与创新绩效、创新系统与技术变迁、组织绩效与知识整合管理。从研究趋势来看，国际技术创新研究以企业创新为焦点，兼顾新兴创新实践态势，呈多元化发展特征，具体研究趋势有技术创新模式、创新研究方式、技术创新及其影响因素、创新全球化。

参考文献

[1] 党倩娜，罗天雨，曹磊. 多维视角下大数据领域技术创新演进、前沿与特性 [J]. 科学学与科学技术管理，2015，36 (8)：49 - 60.

[2] 方丽，赵悦阳，崔雷. 利用突变检测算法探测学科前沿及知识基础 [J]. 医学信息学志，2014，35 (10)：49 - 54.

[3] 傅家骥. 技术创新学 [M]. 北京：清华大学出版社，1998：141.

[4] 钱锡红，杨永福，徐万里. 企业网络位置、吸收能力与创新绩效——一个交互效应模型 [J]. 管理世界，2010 (5)：118 - 129.

[5] 王孝宁，崔雷，刘刚，黄亚明. 突发监测算法用于共词聚类分析的尝试 [J]. 图书情报工作，2009，53 (12)：104 - 107，120.

[6] 魏晓俊. 基于科技文献中词语的科技发展监测方法研究 [J]. 情报杂志，2007 (3)：34 - 36，39.

[7] 徐迎，张薇. 技术创新理论的演化研究 [J]. 图书情报工作，2014，58 (7)：100 - 106，130.

[8] 许振亮. 50 年来国际技术创新研究的可视化计量分析——基于作者共被引分析视角 [J]. 科研管理，2011，32 (5)：17 - 28.

[9] 许振亮，郭晓川．50 年来国际技术创新研究前沿的演进历程——基于科学知识图谱视角 [J]. 科学学研究，2012，30 (1)：44－59，80.

[10] 许振亮，郭晓川．国际技术创新研究前沿的知识图谱透视 [J]. 管理学报，2011，8 (5)：713－719.

[11] 殷蜀梅．判断新兴研究趋势的技术框架研究 [J]. 图书情报知识，2008 (3)：76－80.

[12] 赵岑，张帏，姜彦福．基于与大企业联盟的技术创业企业成长机制 [J]. 科研管理，2012，33 (2)：97－106.

[13] 郑乐丹．基于突变检测的学科领域新兴研究趋势探测分析 [J]. 情报杂志，2012，31 (9)：50－53.

[14] Aboelmagedm G. Linking operations performance to knowledge management capability: The mediating role of innovation performance [J]. Production Planning & Control, 2014 (25): 44－58.

[15] Amankwah-Amoah J. The evolution of science, technology and innovation polices: A review of the Ghanaian experience [J/OL]. Technol. Forecast. http://dx. doi. org/10. 1016/j. techfore. 2015. 11. 022.

[16] Andersson U., Dasi A., Mudambi R., et al. Technology, innovation and knowledge: The importance of ideas and international connectivity [J]. Journal of World Business, 2016, 51 (1): 153－162.

[17] Badaracco J. L. The knowledge link: How firms compete through strategic alliance [M]. Boston: Harvard Business Press, 1991: 3－5.

[18] Bassi L. Harnessing the power of intellectual capital [J]. Journal of Applied Manufacturing Systems, 2006 (6): 29－35.

[19] Chen, C. CiteSpaceII: Detecting and visualizing emerging trends and transient patterns in scientific literature [J]. Journal of the American Society for Information Science and Technology, 2006, 57 (3): 359－377.

[20] Chen C. M. Searching for intellectual turning points progressive knowledge domain visualization [J]. Proceedings on the National Academy of Sciences of the United States of America, 2004, 101 (1): 5303－5310.

[21] Chen Y., Wang Y., Nevo S. IT capabilities and product innovation performance: the roles of corporate entrepreneurship and competitive intensity [J]. Information & Management, 2015, 52 (6): 643－657.

[22] Dolfsmaw, Seo D. B. Government policy and technological innovation a sug-

gested typology [J]. Technovation, 2013, 33 (6/7): 173 - 179.

[23] Ehie I. C., Olibe K. The effect of R&D investment on firm value: An examination of US manufacturing and service industries [J]. International Journal of Production Economics, 2010, 128 (1): 127 - 135.

[24] Galitsky L. M., Pottenger W. M., Roy S., et al. A survey of emerging trend detection in textual data mining [M] //A comprehensive survey of text mining. Springer-Verlag, 2003.

[25] Hernandez J. E. M., Delgado B. E. Product innovation in small manufacturers, market orientation and the industry's five competitive forces: Empirical evidence from Spain [J]. European Journal of Innovation Management, 2009, 12 (4): 470 - 491.

[26] Jie Yang. Innovation capability and corporate growth: an empirical investigation in China [J]. Journal of Engineering and Technology Management, 2012, 29 (1): 34 - 46.

[27] Kleinbeng J. Bursty and hierarchical structure in streams [C]. Edmonton, Alberta, Canada: ACM Press, 2002: 91 - 101.

[28] Hekkert M. P., Negro S. O. Functions of innovation systems as a framework to understand technological change: Empirical evidence for earlier claims [J]. Technological Forecasting and Social Change, 2009, 76 (4): 584 - 594.

[29] Hekkert M. P., Suurs R. A. A., Negro S. O., et al. Functions of innovation systems: A new approach for analysing technological change [J]. Technological Forecasting and Social Change, 2007, 74 (4): 413 - 432.

[30] Henderson R. M., Clark K. B. Architectural innovation: The reconfiguration of existing product technologies and the failure of established firms [J]. Administrative Science Quarterly, 1990, 35 (1): 9 - 30.

[31] Iansiti M., Clark K. B. Integration and dynamic capability: Evidence from product development in automobiles and mainframe computers [J]. Industrial & Corporate Change, 1994, 3 (3): 557 - 605.

[32] Thomsoms on Scientific. Web of Science [EB/OL]. [2014 - 11 - 25]. http: //www. Thomson scientific. com. cn/productservices/web_ of_ science.

企业持续创新能力内涵与特征分析

王文亮　王丹丹*

在动态市场竞争条件下，持续创新是竞争优势持久性的唯一来源，持续创新能力决定了企业持续发展的稳定性。通过对持续创新及持续创新能力的综述，从综合创新理论、能力理论综合的角度研究企业持续创新能力问题。从市场导向的角度出发，提出企业持续创新能力的概念，讨论持续创新能力的结构，并分析持续创新能力带来企业持续发展的内在逻辑，最后探讨企业持续创新能力的主要特征。

在动态环境下，持续性是企业生存的首要因素。拥有良好创新能力的企业更可能通过创新和产品改进获取持续的竞争优势。发展、变化和竞争是绝对的、永恒的，企业要保持竞争优势，必须善于总结和提高，永远追求卓越，不断超越自我，不断进取和创新（邹海林，1999）。但是，企业只有在和产业环境的互动作用中，竞争优势才能在一个较长时期内维持下去，持续竞争优势来源于战略资源的形成、积累、维持和更新的动态性过程（苏存广，2005）。创新能力再强，若不通过产品、市场中介，也无法创造持续的竞争优势。因此，创新能力是一个包括各方面因素的综合性能力体系，不仅与外部市场环境、产业结构等相关，而且与企业内部资源、能力、知识以及产品、服务状况相关。本文从能力理论与创新理论综合的角度研究企业持续创新能力问题。将核心能力、动态能力等理论与创新能力理论进行比较分析，从市场导向的角度，提出企业持续创新能力的概念，并分析持续创新能力的结构与特征。

---

* 王文亮，河南农业大学信息与管理科学学院；王丹丹，郑州大学西亚斯国际学院。本文发表于《技术经济》2006 年第 11 期。

1. 企业持续创新能力研究评述

技术变革的加速，业务活动的全球化，产品创新更加频繁，创新周期逐渐缩短，致使一件创新产品或一项技术发明难以使企业摆脱困境或获得稳定的发展，只有依靠彼此相互关联的一系列、持续性的创新才能使企业走上持续发展的道路。因而，企业竞争优势取决于长期实施产品、服务与过程创新的能力（Terziovski，Sohal，2000），企业持续竞争优势只能来源于持续创新，持续创新也逐渐引起人们的关注。哈什和安吉尔（Hrsh，1989；Angel，1994）分别就持续创新对美国社会及美国半导体产业的影响进行了研究，还有一些与持续创新相似性的研究，如设计家族与强健设计（Rothwell，Gardiner，1988）、产品家族与产品平台（Meyer，Utterback，1993）、产品家族与产品样式（Uzumeri，Sanderson，1995）等。另外，国外还建立了专门的持续创新咨询机构及专业网站等，如欧洲持续改进网络、持续创新网络等，认为持续创新是生存与成功的关键，持续创新是对持续变革商业环境的变革与适应（Kotelnikov）。向刚（1998）认为，持续创新即企业在相当长的时间内，持续不断地推出新的创新项目，并持续不断地实现创新经济效益的过程。安吉尔（1994）提出，在高科技公司，持续创新比弹性的概念更能充分地描述组织积累过程，创新是一个全面的过程，不仅仅局限于企业领导及研发实验室，还包括产品与新市场的开拓。因此在持续创新时代，成功的产品创新及持续改进创新过程的能力迅速成为企业竞争优势及长期成长的基本要求（Chapman，Hyland，2004）。

目前，在持续创新及持续创新能力的研究上还存在不足。马库斯·波尔曼（Markus Pohlmann，2005）指出，创新是经济竞争中最重要的因素，尽管组织持久与持续创新的问题并不容易回答，但是文章提出了包括持续创新没有通用规则、创新障碍、创新具有区域及组织依赖性等在内的六条规则。兰尼·文森特（Lanny Vincent，2005）提出了“创新接生员”的概念，包括正视创新、寻找相关核心业务、降低风险与解决冲突等，在语言和文化的转变之间起到转换器的作用，发现和培育“创新接生员”被证明是建立公司持续创新流的一个基本因素。郑勤朴（2001）在向刚提出持续创新概念的基础上，认为企业持续创新能力是一个包括投入能力、生产能力、营销能力、财务能力、创新能力、产出能力和环境适应能力七个方面的综合性能力体系。汪应洛等（2002）认为，中小企业长期生存和发展的源泉在于培养持续创新能力，他们同时研究了中小企业培育持续创新能力的内外障碍与策略。以上这些学者对持续创新及持续创新能力的实现进行了开创性的研究，但这些研究主要是从企业创新职能的角度进行的，忽视了外部因素对创新能力持续性的影响作用。另外，对内部资源、能力等因素如何增强和提高持续创新能力方面的研究，还应进一步探讨。

从持续创新的其他研究角度，王文平、张燕（2002）利用仿生学原理，分析知识型企业的生命体特征，认为知识型企业生命体模型可以通过提高信息耦合度以及降低信息传递和共享的冗余度，使企业具有持续生存和发展所需的强大信息处理能力和快速响应外界变化的生命体机能。夏保华（2002）认为，由于技术的周期兴衰和企业竞争等原因，技术创新的持续要求技术创新不能锁定在某一个技术轨道，而应实时进入新的技术轨道，开辟新的技术创新领地。企业持续技术创新是由技术家族创新和战略技术创新两阶段组成的多次循环往复的过程，并构建了包括生产学习系统、搜寻系统、探索系统和文化系统在内的持续技术创新体系。图什曼（Tushman，1985）通过研究，发现惯性对企业持续创新具有影响。在此基础上，孟庆伟等（2005）分析了惯性的认知根源，从而克服企业惯性实现持续技术创新。这些研究主要从持续性的某个方面研究持续创新的问题，对企业持续创新能力的培育与提升缺乏普遍的指导意义。

通过文献检索，国外关于持续创新能力含义与结构问题上的研究还比较缺乏。陆奇岸（2004）指出，持续创新能力是不断适应竞争环境变化和追逐新的竞争优势的能力，具体实现形式为：开发新的资产；不断改善或创新现有业务流程以提升现有能力；采用有可能损害现有地位的替代资源；为资源向新的竞争领域延伸而进行投资。向刚、汪应洛（2004a；2004b）、向刚（2005）在研究持续创新理论依据的基础上，指出企业持续创新能力是企业在相当长的时间内，持续不断地推出、实施新的创新项目，并持续不断地实现创新经济绩效的能力，并进一步研究持续创新的动力机制与基本类型等问题。但是，这些研究对持续创新能力的研究或比较宽泛或比较片面，主要从企业内部出发进行研究，缺乏持续创新能力的纵向研究，并且在持续性的本质特征上研究持续创新能力还不够。因此，在企业持续创新能力的含义及结构等方面，仍缺乏系统性和整合性的研究。

2. 企业持续创新能力的含义与结构

2.1 企业持续创新能力的含义

通过以上综述可知，企业持续创新能力是在解释企业竞争优势来源、内在逻辑及其持续性的过程中提出来的，虽然认识到持续创新能力是企业动态环境下取得和保持持久竞争优势的关键，并在持续创新及持续创新能力等方面进行了开创性的研究，但还存在一些不足，主要是将持续创新能力的来源单纯地归于企业外部或企业内部，缺乏对内外因素整合性研究；持续创新能力属于企业能力理论体系，当前的研究缺乏持续创新能力的纵向研究，即从能力理论发展和完善的角度进行研究，缺少创新能力与核心能力、动态能力等的比较研究；企业持续创新能力是一个包含多层次、多因素的综合性能力体系，目前还缺乏持续创新能力的系统性、结构性研究；在持续创新能力的评价与测度、培育与提升方面的研究还不多见，特别是实证研究更为缺乏。

因此，以熊彼特综合创新理论为指导，依据企业能力理论发展演进脉络，在继承和发展核心能力、动态能力理论研究成果的基础上，本文认为，企业持续创新能力是在企业使命和创新战略指导下，为主动响应市场动态性变化，通过及时有效地为市场不断提供新的价值，使企业获得持续的经济效益和持续发展的多层次综合性能力体系，它内生于企业独特资源、知识和技能的积累以及一系列激活机制，以有效满足或引导市场需求的新产品或服务。具体包含四层含义：一是企业存在的环境条件是动态复杂的；二是企业持续创新能力的本质是企业内部独特的资源、知识、技能的积累及一系列激活机制；三是企业持续创新能力的目标是使企业获得持续经济效益和持续发展；四是企业持续创新能力的强弱通过新产品与新服务的价值性反映出来。

2.2 企业持续创新能力的逻辑结构

持续创新能力转化为企业持续竞争优势的过程是复杂的，是一个包括多因素和多层次，并相互影响、相互制约的综合性创新能力体系。本文认为，企业持续创新能力是一个包含三个层次、四个方面相互联系、相互耦合的有机系统，即战略创新能力、核心创新能力与基础创新能力，另外还包括支持性的外围创新能力等，企业产品、市场创新能力是企业持续创新能力的外在表现。战略创新能力主要是指产业预见能力、网络能力和战略变革能力等，主要目标是保持企业独特资源、知识、能力积累的一致性，以及为适应新的技术与市场竞争环境进行创新能力的跃迁。核心创新能力主要为技术创新能力及组织整合能力，是企业持续创新和持续发展的中介和实现途径。基础创新能力主要为知识战略管理与革新能力，是技术创新速度、效率和实现能力的保证，其目标是为核心创新的持续提供基础与条件。支持性的外围创新能力主要包括制度创新能力、文化变革能力、财务管理创新能力等方面，主要目标为创新能力的实现提供物质与信息资源支持。这些不同层次、不同类型的创新能力通过系统整合形成了一个包含内部因素与外部因素，从过去到将来的系统的、可持续的创新能力体系，在相互协调和配合中形成了竞争优势的长久性和持续性。

从持续创新能力在维持企业持续发展的逻辑上看，由外到内可分为产品、市场创新能力层，技术创新能力层和基础知识系统创新能力层三个层次，均处于企业战略创新能力的指导之下和支持性创新能力的支撑之下，由外到内其价值创造性和持续性逐渐增强（如图1所示）。持续创新能力的这些构成因素之间通过利润分配、知识积累与提升以及企业资源、知识、技能的支撑相互影响、相互促进，形成了一个持续增强的循环系统。基础知识系统创新能力是核心创新能力、战略创新能力的内部原因，其积累与激活状况决定了它们发展的高度和水平，是竞争优势的潜在来源；核心创新能力是基础创新能力的中介，只有通过核心创新能力创造出的低成本、高价值的产品与服务才能体现出基础知识创新能力的价值；而产品与服务创新能力是基础创新能力与核心创新能力的市场表现，它们带来的雄厚利润又强化和促进了基础创新能力与核心创新能力的增强与提升。从持续性的本质来讲，内层创新能力是使外层创新能力长久保持下去的性质和趋势，是外层创新能力的规定性和支持性，并为外层创新能力提供平台与基础，在降低外层创新风险、提高创新效率和成功率等方面发挥重要的作用，需要较长的时间才能形成和创新。而内部创新能力的形成、发展和价值创造性则主要依靠外层创新能力的积累和激活来实现，忽视任何一个方面都将影响创新能力的持续性。

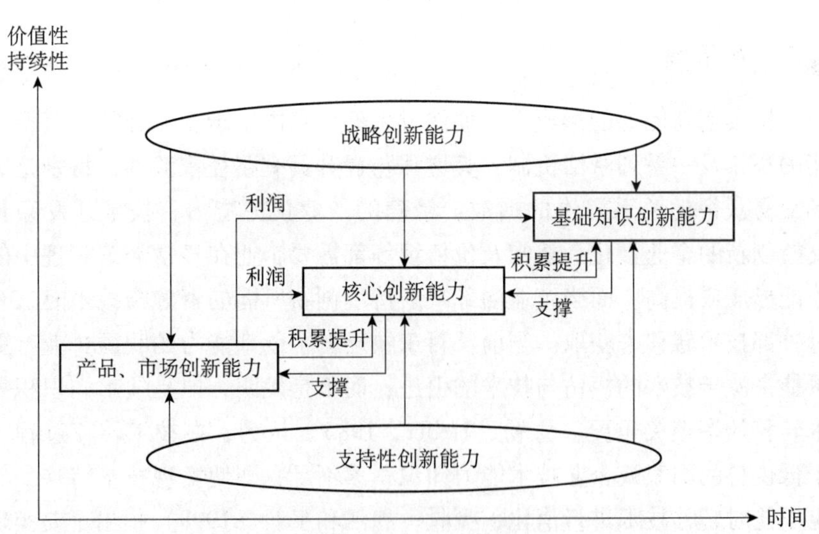

图1　企业持续创新能力逻辑结构关系

3. 企业持续创新能力特征

企业持续创新能力是在新的竞争环境下创新理论、能力理论的继承和发展，是企业持久竞争优势的唯一来源。其主要特征表现在以下几个方面。

3.1 动态性

经济全球化的发展和技术的变革，使得影响创新成功的因素更具复杂性和不确定性，并且这些因素相互影响、相互制约。一方面，试图识别企业成败的关键因素是比较困难的（龚宏斌，罗青军，2004），企业也不能或缺少相应的能力精确预测环境的变化，以及由此带来的结果（Milliken，1987）。另一方面，在信息技术的推动下以及企业建立学习型组织、组建战略联盟等新型战略模式，竞争优势被以更快的速度学习或模仿。波特指出，竞争优势从确立的那一刻起就处于模仿者和革新者的强烈破坏和冲击之下，这就决定了它不可能永远地维持现状。企业的长期成功在于持续创新以追求一系列暂时的优势，即动态优势。因此，在持续创新能力的培育与提升过程中，不仅要密切关注竞争对手的变化，及时发现企业创新过程中的不足，而且还要依靠自身独特的资源、知识、技能的积累和一系列激活机制，创造更多为市场带来新价值的突破性新方法。正是市场需求、技术变革与竞争的动态性决定了创造持续竞争优势的持续创新能力的动态性。

3.2 积累性

企业持续创新能力的形成不是偶然发生的，它内生于企业独特的资源、知识与技能的积累及一系列激活机制，其增强与提升具有路径依赖性，特别是无法通过市场交易获得的关系资本的形成、精确的产业预见能力，技术开发经验与态度，支持创新的企业文化、认知及价值观等都需要企业在日常经营管理中的逐步积累才能形成或提高。而当企业内部缺乏持续创新所需的资源与技术时，企业需要通过外部技术转移来获取。当前，对于缺乏自主创新能力的我国企业，更多的创新可能来源于技术的模仿与技术的引进，而不是发明，但是技术知识积累对提高技术转移效率至关重要。海勒（Heller，1985）认为，在技术转移过程中，如果处于低位势的国家或企业技术能力知识积累不足，即使实现技术转移，低位势企业也不能对转移技术进行消化、吸收。魏江和王毅（1998）提出了要实现真正技术引进的两个条件：处于低位势的组织有获取高位势技术的需要，这来自技术发展、市场推动或政府行为；企业间技术势差在某一阈值之内，否则很难消化吸收，甚至还可能阻碍技术转移的发生。另外在合作创新过程中，学习能力、吸收能力对提高企业自主创新能力也至关重要，但学习能力、吸收能力主要取决于企业知识积累状况，是企业知识积累、学习过程的函数。

3.3 变革性

根据熊彼特的广义创新理论，整个社会经济的发展就是不断实施新的组合，即“创造性毁灭”的过程，“市场竞争的本质不是价格竞争，而是创新竞争”。企业持续创新能力是企业不断推动和实施变革的能力，主要表现在以下三种情况：①在平稳的市场条件下，主要依据已有的资源、知识与能力积累进行持续性改善，使原有资源、知识与能力持续优化，通过重新配置不断挖掘其新的市场价值；②在动荡市场条件下，企业首先检查自身资源、知识与能力积累状况，在自身资源、能力积累的基础上进行技术突变或改变竞争规则，开发新的能更好适应市场变化的资源与能力，创造新的价值；③在动荡市场条件下，企业赖以发展的资源与能力积累不足以支持新的技术变革，即依靠自身条件不能产生突变或改变竞争规则，那么企业就要进行创新战略或创新模式变革，利用战略网络、技术交易与技术兼并等方式从外部获取持续发展所需的资源与能力，为市场提供新的价值，并在战略合作创新过程中积累企业自身新的知识与能力，增强合作创新中的学习与吸收能力，并进一步培育企业自主创新能力。变革性是企业持续创新能力不断得以增强和提升的关键，是形成持续竞争优势的根源。

参考文献

[1] 孟庆伟，胡丹丹．持续创新与企业惯性形成的认知根源［J］. 科学学研究，2005（3）：428－432.

[2] 苏存广．核心能力与企业持续竞争优势［J］. 辽宁经济，2005（4）：34－35.

[3] 向刚．企业持续创新：理论研究基础、定义、特性和基本类型［J］. 科学学研究，2005（1）：134－138.

[4] 向刚，汪应洛．企业持续创新能力：要素构成与评价模型［J］. 中国管理科学，2004，12（6）：138－143.

[5] 向刚，汪应洛．企业持续创新动力机制研究［J］. 科研管理，2004，25（6）：108－114.

[6] 陆奇岸．动态环境下企业可持续竞争优势的战略选择［J］. 工业技术经济，2004（5）：61－64.

[7] 龚宏斌，罗青军．动态环境中的企业战略：主导逻辑及规则的应用[J]．科学学与科学技术管理，2004（7）：138－141.

[8] 夏保华．论企业持续技术创新的结构[J]．科学学研究，2002（5）：534－538.

[9] 汪应洛，马亚男，李泊溪．培育我国中小企业持续创新能力的策略研究[J]．企业活力，2002（5）：26－27.

[10] 王文平，张燕．知识型企业持续生存和发展的仿生学原理及其生命体模型分析[J]．中国管理科学，2002（1）：85－89.

[11] 郑勤朴．浅谈定量评价企业持续创新能力[J]．理论与现代化，2001（5）：34－37.

[12] 邹海林．论企业核心能力及其形成[J]．中国软科学，1999（3）：57－60，68.

[13] 魏江，王毅．技术监测能力研究[J]．科技进步与对策，1998（4）：35－36.

[14] 向刚．企业持续创新的概念与效益定量评价方法探讨[J]．云南工业大学学报，1998（1）：1－4.

[15] Angel, D. Restructuring for innovation: The remarking of the U. S. semicondctor industry [M]. New York: The Guilford Press. 1994.

[16] Chapman, R., Hyland, P. Complexity and learning behaviors in product innovation [J]. Technovation, 2004, 24 (7): 553－561.

[17] Hrsh, D. E. Perpetual innovation [M]. New York: Basic Books, 1989.

[18] Kotelnikov, V. Ten3Business e-Coach, Innovation Unlimited. com [EB/OL]. http://www.1000ventures.com/business_guide/innovation_harnessing_bypd.html.

[19] Meyer, M. H., Utterback, J. M. The product family and dynamics of core capability [J]. Sloan Management Review, 1993, 34 (3): 29－47.

[20] Milliken, F. J. Three types of perceived uncertainty about the environment: state, effect, and response uncertainty [J]. Acedemy of Management Review, 1987, 12 (1): 133－143.

[21] Pohlmann, M. The evolution of innovation: Cultural backgrounds and the use of innovation models [J]. Technology Analysis & Strategic Management, 2005, 17 (1): 9－19.

[22] Terziovski, M., Sohal, A. S. The adoption of continuous improvement and

innovation strategies in Australian manufacturing firms [J]. Technovation, 2000, 20 (10): 539 -550.

[23] Rothwell, R., Gardiner, P. Re-innovation and robust design: Product and user benefits [J]. Journal of Marketing Management. 1988 (3): 372 -387.

[24] Uzumeri, M., Sanderson, S. A framework for model and product family competition [J]. Research Policy, 1995, 24: 583 -607.

[25] Vincent, L. Innovation midwives: Sustaining innovation streams in established companies [J]. Research. Technology Management, 2005, 48 (1): 41 -49.

企业持续创新能力评价指标体系的构建与模糊综合评价

王文亮　冯军政　郭爱民*

动态复杂市场环境下，持续创新是任何企业保持持续发展的根本，培育持续创新机制，增强和提升持续创新能力成为衡量企业是否健康发展的重要评价因素。本文在企业持续创新能力理论评述和相关理论界定的基础上，探讨企业持续创新能力评价指标体系的构建问题，并运用模糊综合评价法对企业持续创新能力进行评价与测度，对企业识别持续创新的关键因素、挖掘瓶颈因素进而实现持续创新具有现实指导意义。

近些年来，在经济全球化、技术变革、新型创新战略与战略模式下，企业创新环境变得更具动态性和复杂性，创新带来的竞争优势不断被学习、模仿，并以更快的速度消散，竞争优势带来的赢利空间也不断缩小、赢利周期不断缩短，因此如何通过持续创新使企业获取长期稳定发展受到了人们的关注。本文以时间为主线，通过检索项为“篇名”，检索词为“持续创新”“continuous innovation”和“sustainable innovation”分别在中国学术期刊全文数据库、EBSCO 数据库和 Elsevier SDOS 数据库中进行检索，得到了大量的参考文献。经过对这些文献的初步筛选和分析发现，在企业持续创新的研究视角上，主要集中在创新能力理论、持续产品创新理论、持续改善理论、可持续发展理论等研究范围内进行探讨，而在持续创新的评价指标体系构建及其评价与测度方面还比较缺乏。因此，本文在前期研究工作的基础上（王文亮，冯军政，2006a；2006b；Wang，Feng，2007），根据文献评述法和专家调查法，探讨企业持续创新能力评价指标体系的构建及其评价与测度问题。

* 王文亮，河南农业大学信息与管理科学学院。冯军政，浙江大学管理学院。郭爱民，河南财经学院。本文发表于《经济经纬》2008 年第 1 期。

1. 企业持续创新能力评价指标体系的构建

通过企业持续创新影响因素的评述发现，越来越多的专家学者认识到，持续创新的问题涉及内外诸多因素，强调持续创新的系统性、综合性研究。持续创新依赖于公司一系列有形与无形的创新活动、创新流程与创新能力的协同（Chapman，Hyland，2004；Funk，2003；Richard et al.，2004；Ulrich，Lake，1991）。因此，本文以开放式创新理论、全面创新理论和集成创新理论为指导，根据企业持续创新影响因素的文献评述和专家调查，经过归纳、分析和调整，基本形成了较为一致的研究结论，得出企业持续创新能力评价指标体系。本文主要考虑从企业战略、组织、激励、市场营销、技术与知识六个方面综合衡量企业持续创新能力的高低。度量指标设计的科学合理性直接影响了分析结果的可靠性和有效性，为此，在设计和选择评价指标时，有以下几个特点：

（1）进行文献检索查找已经被学者们使用过并被证明是有效的度量指标，归纳这些因素的主要特征作为最终度量指标。

（2）对国外英文论文中出现的指标，在不改变问题基本含义的前提下，根据中国市场特点和中国学者的运用习惯进行调整。

（3）根据中国当前技术、市场发展特点，特别注意研究中国市场环境或后发国家发展特点的文献，适当添加一些评价指标，如技术引进、吸收与模仿创新能力。

（4）能力是一个程度的概念，对其评价很难通过定量的、客观数据来衡量，只能根据人们的知识、经验等进行定性的、主观的评价，因此在选择评价指标时，我们注重定性指标的选择与设计。

（5）根据研究方法的需要，我们应用 Saaty 的 1～9 标度法来测定评价指标的重要性。并设计企业持续创新能力专家调查问卷，要求回答者按照 1、3、5、7、9 对影响因素与其评价指标的相对重要性进行评价，1 表示该评价项目最不重要，9 表示该评价项目最重要，3、5、7 处于中间状态。由此，本文构建了如下的企业持续创新能力评价指标体系（表 1）。

表 1　企业持续创新能力评价指标体系

企业持续创新能力	企业战略创新能力 X_1	企业家对外部经济、社会、政治、法律等的预见能力（X_{11}） 企业家对产业演变、技术变革态势的识别能力（X_{12}） 企业高层对机会、风险的识别与决策能力（X_{13}） 企业战略适时调整与变革能力（X_{14}）

续表

企业持续创新能力	企业组织创新能力 X_2	企业愿景与战略目标的清晰程度（X_{21}） 企业组织结构与创新战略的匹配程度（X_{22}） 企业中高层管理者知识结构的优化程度（X_{23}） 企业组织结构的柔性程度（X_{24}） 企业内部信息的沟通与交流机制健全程度（X_{25}） 企业外部信息响应与决策机制健全程度（X_{26}）
	企业创新激励能力 X_3	知识产权保护制度、法规、条例执行程度（X_{31}） 政府创新与激励政策执行程度（X_{32}） 省部级以上项目经费匹配程度（X_{33}） 创新文化对创新的激励程度（X_{34}） 企业内部创新激励制度的完善程度（X_{35}）
	企业市场营销创新能力 X_4	企业对显在及潜在市场需求变化的预测能力（X_{41}） 企业与供应商、顾客、竞争者等合作共赢能力（X_{42}） 企业对新技术的快速应用能力（X_{43}） 企业对新产品的开发能力（X_{44}） 企业对新市场（国际市场）的开发能力（X_{45}） 企业营销组合实施与创新能力（X_{46}）
	企业技术创新能力 X_5	企业引进、消化、吸收再创新能力（X_{51}） 企业集成创新能力（X_{52}） 企业自主创新能力（X_{53}） 企业与供应商、顾客、竞争者合作技术创新能力（X_{54}） 企业与大学、科研院所等合作技术创新能力（X_{55}） 企业核心技术培育与创新能力（X_{56}） 企业 R&D 投入保障能力（X_{57}）
	企业知识创新能力 X_6	企业对知识资源的挖掘能力（X_{61}） 企业对外部知识与新知识的吸收能力（X_{62}） 企业对外部知识与新知识的学习能力（X_{63}） 企业对新知识的创造能力（X_{64}） 企业知识管理能力（X_{65}）

2. 企业持续创新能力评价指标权重赋值

企业持续创新能力评价指标权重的确定取决于评估对象领域中专家的知识与经验，主要由专家做出主观判断，取各个专家赋权的平均数而得。在实际处理中，一般将权数最高和最低的值扣除后，取其余权数平均值得到，然后进行两两比较，得到评价指标相对重要性，即不同影响因素评价矩阵。在此基础上，本文根据美国学者萨蒂（Saaty）的层次分析法建立影响因素及其评价指标权重集 W_i（见表 2 和表 3）。

表 2　　企业持续创新能力一级指标权重

评价因素	W_1	W_2	W_3	W_4	W_5	W_6
权　重	0.1825	0.1440	0.1491	0.1491	0.2108	0.1645
一致性比率	0.00 <0.1					

表 3　　企业持续创新能力二级指标权重

评价指标	权　重	一致性比率	评价指标	权　重	一致性比率
X_{11}	0.2283	-0.0632 <0.1	X_{21}	0.1742	0.00 <0.1
X_{12}	0.3124		X_{22}	0.1713	
X_{13}	0.2963		X_{23}	0.1461	
X_{14}	0.1630		X_{24}	0.1573	
			X_{25}	0.1742	
			X_{26}	0.1770	
评价指标	权　重	一致性比率	评价指标	权　重	一致性比率
X_{31}	0.2077	0.00 <0.1	X_{41}	0.1733	0.00 <0.1
X_{32}	0.1901		X_{42}	0.1627	
X_{33}	0.1373		X_{43}	0.1707	
X_{34}	0.2007		X_{44}	0.1840	
X_{35}	0.2641		X_{45}	0.1547	
			X_{46}	0.1547	
评价指标	权　重	一致性比率	评价指标	权　重	一致性比率
X_{51}	0.1539	0.096 <0.1	X_{61}	0.1849	0.00 <0.1
X_{52}	0.1385		X_{62}	0.2021	
X_{53}	0.1539		X_{63}	0.1952	
X_{54}	0.1209		X_{64}	0.1986	
X_{55}	0.1209		X_{65}	0.2192	
X_{56}	0.1583				
X_{57}	0.1537				

因此，企业持续创新能力评价因素及其评价指标选择具有较满意的一致性。相对而言，技术创新能力、战略创新能力和知识创新能力更加重要，是企业持续创新的关键影响因素。除此之外，在评价指标方面，知识产权保护制度、法规、条例执行程度和企业内部创新激励制度的完善程度也比较重要，而战略变革能力与技术创新能力中的集成创新能力、合作创新能力则被认为不太重要。

3. 企业持续创新能力模糊综合评价

由于企业持续创新是一项动态的系统过程，因此对其评价应从不同管理层次的管理人员进行综合考虑，为了得到较为客观的评价结果，本文选择企业不同层次、不同部门的领导与管理人员进行问卷调查和面谈，组成一个 10 人评价小组，根据企业 3 年内的平均实际情况进行评价，得到企业持续创新能力不同影响因素评价指标所对应的评判集 R_i。则企业持续创新能力不同影响因素模糊综合评价为：

$$A_1 = W_1 \times R_1 = (a_{11}, a_{12}, a_{13}, a_{14}, a_{15}),$$
$$A_2 = W_2 \times R_2 = (a_{21}, a_{22}, a_{23}, a_{24}, a_{25}),$$
$$A_3 = W_3 \times R_3 = (a_{31}, a_{32}, a_{33}, a_{34}, a_{35}),$$
$$A_4 = W_4 \times R_4 = (a_{41}, a_{42}, a_{43}, a_{44}, a_{45}),$$
$$A_5 = W_5 \times R_5 = (a_{51}, a_{52}, a_{53}, a_{54}, a_{55}),$$
$$A_6 = W_6 \times R_6 = (a_{61}, a_{62}, a_{63}, a_{64}, a_{65})。$$

企业持续创新能力模糊综合评价为：

$$E = W \times A = (e_1, e_2, e_3, e_4, e_5)。$$

$E = (e_1, e_2, e_3, e_4, e_5)$ 表示该企业有 e_1 的概率被评为强，有 e_2 的概率被评为较强，有 e_3 的概率被评为行业平均水平，有 e_4 的概率被评为较弱，有 e_5 的概率被评为弱。

令各评价等级评价语 Y =（很强，强，行业平均水平，弱，很弱）所对应的评价向量为 C =（5.0，4.0，3.0，2.0，1.0），从而得到该企业的持续创新能力一级影响因素的模糊综合评价得分为：

$$D_1 = CA_1^T,\ D_2 = CA_2^T,\ D_3 = CA_3^T,\ D_4 = CA_4^T,\ D_5 = CA_5^T,\ D_6 = CA_6^T。$$

企业持续创新能力模糊综合评价得分为：

$$D = CE^T。$$

4. 企业持续创新能力实证

根据企业持续创新能力模糊评价过程，本文对所掌握的河南省一著名制造业企业持续创新能力发展状况进行评价与测度。

选择企业不同部门、不同层次管理人员组成一个 10 人评价小组，通过问卷调查得到该企业的持续创新能力评价指标评判集为：

$$R_1 = \begin{bmatrix} 1 & 8 & 1 & 0 & 0 \\ 2 & 5 & 3 & 0 & 0 \\ 1 & 7 & 2 & 0 & 0 \\ 1 & 5 & 3 & 1 & 0 \end{bmatrix}, R_2 = \begin{bmatrix} 3 & 4 & 2 & 1 & 0 \\ 0 & 5 & 5 & 0 & 0 \\ 1 & 8 & 1 & 0 & 0 \\ 0 & 3 & 5 & 2 & 0 \\ 0 & 4 & 5 & 1 & 0 \\ 1 & 2 & 6 & 1 & 0 \end{bmatrix}, R_3 = \begin{bmatrix} 0 & 3 & 6 & 0 & 1 \\ 0 & 4 & 3 & 3 & 0 \\ 0 & 4 & 5 & 1 & 0 \\ 0 & 4 & 3 & 3 & 0 \\ 1 & 4 & 3 & 2 & 0 \end{bmatrix}$$

$$R_4 = \begin{bmatrix} 0 & 6 & 3 & 1 & 0 \\ 0 & 7 & 3 & 0 & 0 \\ 0 & 3 & 6 & 1 & 0 \\ 0 & 5 & 4 & 1 & 0 \\ 0 & 1 & 5 & 4 & 0 \\ 0 & 1 & 8 & 1 & 0 \end{bmatrix}, R_5 = \begin{bmatrix} 0 & 5 & 4 & 1 & 0 \\ 0 & 4 & 4 & 2 & 0 \\ 0 & 2 & 7 & 1 & 0 \\ 0 & 3 & 6 & 1 & 0 \\ 0 & 5 & 4 & 1 & 0 \\ 0 & 3 & 6 & 1 & 0 \\ 0 & 3 & 6 & 1 & 0 \end{bmatrix}, R_6 = \begin{bmatrix} 0 & 4 & 6 & 0 & 0 \\ 0 & 4 & 6 & 0 & 0 \\ 0 & 6 & 4 & 0 & 0 \\ 0 & 2 & 6 & 2 & 0 \\ 0 & 6 & 3 & 1 & 0 \end{bmatrix}$$

则该企业持续创新能力影响因素模糊评价集为：

$A_1 = W_1 \times R_1 =$ （1.3124，6.2775，2.2471，0.1630，0），

$A_2 = W_2 \times R_2 =$ （0.8457，4.2448，4.0705，0.8400，0），

$A_3 = W_3 \times R_3 =$ （0.2641，3.7919，3.8974，1.8379，0.2077），

$A_4 = W_4 \times R_4 =$ （0，3.9202，4.7793，1.3015，0），

$A_5 = W_5 \times R_5 =$ （0，3.5345，5.3279，1.1386，0），

$A_6 = W_6 \times R_6 =$ （0，4.4316，4.9520，0.6164，0）。

$A_1 = W_1 \times R_1 =$ （1.3124，6.2775，2.2471，0.1630，0）表示对持续创新能力的第一个影响因素来说，有13.124%的概率被评为很强，有62.775%的概率被评为较强，有22.471%的概率被评为行业平均水平，有16.30%的概率被评为较弱，而没有人认为该项能力很弱。

而相应的该企业持续创新能力影响因素模糊评价得分为：

$D_1 = CA_1^T = 3.8739$，$D_2 = CA_2^T = 3.5099$，

$D_3 = CA_3^T = 3.2064$，$D_4 = CA_4^T = 3.2622$，

$D_5 = CA_5^T = 3.2399$，$D_6 = CA_6^T = 3.3815$。

该企业的持续创新能力模糊综合评价集为：

$E = W \times A =$ （0.4007，4.3808，4.2277，0.9602，0.0310）。表示该企业持续创新能力有4.007%的概率被评为很强，有43.808%的概率被评为较强，有42.277%的概率被评为行业平均水平，有9.602%的概率被评为较弱，而0.310%的人认为企业持续创新能力很弱。

该企业持续创新能力模糊综合评价得分为：

$D = CE^T = 3.4161$。

属于比行业平均水平稍好的水平。相比较而言，在该企业持续创新能力影响因素中战略创新能力较强（3.8739），而企业创新激励能力（3.2064）、技术创新能力（3.2399）和市场营销创新能力（3.2622）相对较弱，组织创新能力

（3.5099）和知识创新能力（3.3815）处于中间水平。因此，战略创新能力和组织创新能力成为企业持续创新过程中的优势因素和机会因素，创新激励能力、市场营销创新能力和知识创新能力成为持续创新发展中的劣势因素，而技术创新能力成为企业持续创新发展中的瓶颈因素。企业在实现持续创新过程中，应利用优势和机会因素，克服劣势因素，逐渐消除瓶颈因素，实现企业持续经济效益和企业的持续创新发展。

5. 结论

根据企业持续创新能力评价和测度过程，本文依据专家调查和企业实地调查结果，可以识别持续创新的关键影响因素和优势影响因素，进一步从这两个维度探讨企业持续创新战略的实现问题。那些非关键优势因素将成为企业持续创新发展的机会因素，需要企业保持并放大这种优势因素；那些关键非优势因素将成为企业持续创新过程中的瓶颈因素，企业需要进行诊断分析，并培育和增强这种因素的竞争优势；那些关键优势因素需要企业进一步提升；而那些非关键非优势因素则需企业根据企业创新战略进行调整或改善。

参考文献

[1] 王文亮，冯军政．企业持续创新能力内涵与特征分析［J］．技术经济，2006a（11）：70－73，115.

[2] 王文亮，冯军政．企业持续创新能力培育与提升策略［J］．企业活力，2006b（11）：69－71.

[3] Chapman R.，Hyland P. Complexity and learning behaviors in product innovation［J］. Technovation，2004（24）：553－561.

[4] Funk K. Sustainability and performance［J］. Mit Sloan Management Review，2003，44（2）：65－70.

[5] Richard C. M.，et al. Tang. An audit of technological innovation capabilities in chinese firms：Some empirical findings in Beijing，China［J］. Research Policy，2004（33）：1123－1140.

[6] Ulrich D.，Lake D. Organizational capability：Creating competitive advantage［J］. Academy of Management Executive，1991，5（1）：77－92.

[7] Wang W. L.，Feng J. Z. Constructing an evaluation index system on enterprise's sustainable innovation capability［C］. //ISMOT'2007，2007.

企业持续创新影响因素的因子分析

王文亮　冯军政　王丹丹*

动态复杂环境下，持续创新是企业是否健康发展的重要评价标准。本文通过对相关学者和企业管理人员进行开放式问卷调查，挖掘持续创新影响因素。并运用因子分析法，探讨企业持续创新的关键影响因素，为企业培育持续创新机制，增强和提升持续创新能力提供理论依据。

当前，开放式创新理论（Chesbrough，2003；2004）、集成创新理论（陈劲，2002；江辉，陈劲，2000；Iansiti，West，1997）、全面创新理论（谢章澍，许庆瑞，2004；许庆瑞 等，2003）和组合创新理论（许庆瑞，刘景江，赵晓庆，2002；Utterback，Abernathy，1975）认为应在战略、组织、技术、制度、文化以及人员等方面开展综合性创新研究。因此，越来越多的专家、学者认识到，创新能力及持续创新的问题涉及内外诸多因素，强调创新能力及持续创新的系统性、综合性研究。如持续创新依赖于公司一系列的动态能力（Sartorius，2006）。亚姆（Yam）等（2004）通过实证研究表明，中国公司应在技术创新能力的协调方面做更多的努力，以及在技术创新战略与研发活动的协调上加强联系。另外，伯格曼等（Burgeman et al.，1988；2004）、奇萨等（Chiesa et al.，1996）、亚姆和宫（2004）提出的创新能力审计模型，帕拉萨（Parashar，2005）在动态能力框架内构建的创新能力的框架，以及郑勤朴（2001）、汪应洛等（2004）等提出的持续创新能力评价体系等都隐含了企业持续创新必须具有全面、协同的观点。因此，影响企业持续创新的因素多而且复杂，本文在持续创新影响因素的专家调查和企业家调查的基础上，运用 SPSS13.0 对这些因素进行分析，探讨企业实现持续创新的关键因素。

---

* 王文亮、王丹丹，河南农业大学信息与管理科学学院。冯军政，浙江大学管理学院。本文发表于《技术经济》2008 年第 7 期。

1. 影响企业持续创新相关因素

通过对企业持续创新及持续创新能力的理论评述与研究（王文亮，冯军政，2006；王文亮，冯军政，2007；Wang，Feng，Li，2007），并对战略管理、技术创新管理、研发管理和知识管理领域相关学者和企业家进行开放式问卷调查和访谈，经过整理从外部因素、内部因素和转换因素三方面考虑，得到33个对企业持续创新相对较为重要的影响因素：企业家对外部经济、社会、政治、法律等的预见能力；企业家对产业演变、技术变革态势的识别能力；企业高层对机会、风险的识别与决策能力；企业战略适时调整与变革能力；企业愿景与战略目标的清晰程度；企业组织结构与创新战略的匹配程度；企业中高层管理者知识结构的优化程度；企业组织结构的柔性程度；企业内部信息的沟通与交流机制健全程度；企业外部信息响应与决策机制健全程度；知识产权保护制度、法规、条例执行程度；政府创新与激励政策执行程度；省部级以上项目经费匹配程度；创新文化对创新的激励程度；企业内部创新激励制度的完善程度；企业对显在及潜在市场需求变化的预测能力；企业与供应商、顾客、竞争者等技术合作能力；对新技术的快速应用能力；企业对新产品的开发能力；企业对新市场（国际市场）的开发能力；企业营销组合实施与创新能力；企业技术引进、消化、吸收再创新能力；企业集成创新能力；企业自主创新能力；与供应商、顾客、竞争者合作技术创新能力；企业与大学、科研院所等合作技术创新能力；核心技术培育与创新能力；企业R&D投入保障能力；企业对知识资源的挖掘能力；对外部知识与新知识的吸收能力；企业对外部知识与新知识的学习能力；企业对新知识的创造能力；企业知识管理能力。

在选取企业持续创新影响因素时，有三个指导原则：①将企业短期经济效益及企业长期发展能力综合考虑；②以开放式创新理论为指导，考虑企业持续创新能力的外部影响因素、内部影响因素和内外转换因素；③持续创新能力是一个程度的概念，很难通过定量的客观数据来衡量，而只能通过定性的、主观的判断来衡量，因此注重定性指标的选取。

2. 数据收集

本研究设计了半开放式企业持续创新影响因素调查表，要求被调查人员列出企业持续创新影响因素，并对所列出的影响因素相对企业持续创新的重要性程度进行评价，采用李克特5分量表记分法，“5”表示对企业持续创新的影响作用“非常重要”，“1”表示“几乎没有影响”，“4、3、2”代表对企业持续创新的影响作用依次降低。被调查人员主要由两部分组成：一是国内在企业战略管理、技术创新管理、研发管理、知识管理等领域著名专家学者；另一部分是河南省大型制造业企业中高层管理人员。对专家学者的调查方式主要为邮寄，对企业家的调查方式主要是访谈。向专家学者和企业管理人员邮寄或发放调查表格78份，共收到有效反馈问卷40份，有效问卷回收率为51.28%，专家知识背景主要是战略管理、技术创新管理、创业管理，企业人员是企业管理部和技术中心（见表1）。

表1　被调查人员知识背景

专家主要研究领域分布								企业人员所在部门分布	
战略管理	技术创新管理	知识管理	创业管理	研发管理	公司治理	投融资决策和风险管理	其他	企业管理部或综合部	企业技术中心或研发中心
7	9	4	5	2	4	3	3	13	8

注：由于被调查专家有多个不同的研究方向，因此频次总计大于40。

本研究运用SPSS13.0对影响因素进行KMO测度和Bartlett球形检验，以检验是否可以进行因素分析。一般认为KMO测度值越接近1，越适合作因子分析，KMO测度值过小将不适合作因子分析。KMO在0.9以上非常适合，0.7～0.8适合，0.8～0.9很适合，0.6～0.7不太适合，0.5～0.6很勉强，0.5以下不适合（马庆国，2007）。另外，Bartlett球形检验统计值的显著性概率X^2应小于0.01。经过分析，企业持续创新影响因素的KMO测度和Bartlett球形检验结果为如图1所示。

样本KMO统计检验充分性		0.710
巴特勒检验球形检验	卡方检验值	1326.870
	自由度	528
	显著性	0.000

图1　创业持续创新影响因素

结果显示，KMO测度值为0.710，略大于0.7，属于适合做因子分析的范围，表示各个指标之间的相关程度无太大差异。Bartlett球形检验统计值的显著性概率X^2为0.000，小于0.01，表示相关系数矩阵不是一个单位矩阵。指标共同度为0.564～0.862，说明原始指标大部分可以被公共因子所解释，可以做因子分析，但是并不理想，通过因子方差最大进行25次旋转，得到6个主因子，其方差累积贡献率为77.583%。

我们根据以下三个原则对企业持续创新影响因素进行删减，并进行因子分析：第一，当提取主因子时，将主因子变量共同性小于0.6的因素删除；第二，因子分析提取公共因子时，将负载小于0.6或同时落在不同因子上的因素删除；第三，进行信度检验时，将该因素删除后信度值明显变大的因素删除。经过这样的处理，最终得到20个持续创新影响因素，我们进一步运用SPSS13.0进行因子分析。

KMO测度和Bartlett球形检验结果如图2所示。

样本KMO统计检验 充分性		0.851
巴特勒检验	卡方检验值	672.326
球形检验	自由度	190
	显著性	0.000

图2　调整后的创业持续创新影响因素

结果显示，KMO测度值为0.851，很适合做因子分析，Bartlett球形检验统计值的显著性概率为0.000，小于0.01。指标共同度为0.634~0.816，说明原始指标绝大部分可以被公共因子所解释，信息流失量非常小，可以进行因子分析。

3. 影响企业持续创新的关键因素分析

3.1　持续创新因素分析及修正

本研究利用因素分析中的主成分分析法进行因子分析，从中萃取出企业持续创新关键影响因素构面，以简化对因素的解释，并采用特征值大于1、累计方差贡献率在0.7~0.8、共同度大于0.6的标准进行萃取，以将因素缩减和修正，以下为SPSS进行验证性因素分析结果。通过因子方差最大进行25次旋转，得到企业持续创新的3个构面（表2），其方差累积贡献率为73.140%（表3）。

根据因子分析结果，因子1的主要构成因素有：企业对新市场（国际市场）的开发能力，企业对新产品的开发能力，省部级以上项目经费匹配程度，对新技术的快速应用能力，核心技术培育与创新能力，企业研发投入保障能力，与供应商、顾客、竞争者合作技术创新能力，企业自主创新能力，企业营销组合实施与创新能力，企业与大学、科研院所等合作技术创新能力，企业集成创新能力和创新文化对创新的激励程度12个题项，可以命名为“技术创新因子”（F1），该因子方差贡献率为35.779%，为企业持续创新的关键影响因素。

因子2的主要构成因素有：企业组织结构的柔性程度，企业中高层管理者知识结构的优化程度，企业组织结构与创新战略的匹配程度，企业内部信息的沟通与交流机制健全程度和企业外部信息响应与决策机制健全程度5个题项，可以命名为“组织创新因子”（F2），该因子方差贡献率为21.034%，对企业持续创新具有重要影响作用。

因子3的主要构成因素有：企业战略适时调整与变革能力，企业高层对机会、风险的识别与决策能力和企业家对产业演变、技术变革态势的识别能力3个题项，可以命名为“战略创新因子”（F3），该因子方差贡献率为16.327%。

根据Component Score Coefficient Matrix（表4）得到：

$$F1 = -0.068 \times 1 - 0.062 \times 2 - 0.094 \times 3 - 0.107 \times 4 - 0.128 \times 5 - 0.064 \times 6 - 0.030 \times 7 - 0.049 \times 8 + 0.175 \times 9 + 0.058 \times 10 + 0.143 \times 11 + 0.163 \times 12 + 0.063 \times 13 + 0.090 \times 14 + 0.111 \times 15 + 0.097 \times 16 + 0.136 \times 17 + 0.142 \times 18 + 0.201 \times 19 + 0.087 \times 20。$$

$$F2 = -0.059 \times 1 - 0.079 \times 2 - 0.099 \times 3 - 0.254 \times 4 + 0.323 \times 5 + 0.326 \times 6 + 0.221 \times 7 + 0.167 \times 8 - 0.109 \times 9 + 0.074 \times 10 + 0.076 \times 11 - 0.108 \times 12 - 0.001 \times 13 - 0.019 \times 14 - 0.005 \times 15 - 0.045 \times 16 - 0.147 \times 17 - 0.024 \times 18 - 0.109 \times 19 + 0.132 \times 20。$$

$$F3 = 0.336 \times 1 + 0.353 \times 2 + 0.415 \times 3 + 0.019 \times 4 - 0.050 \times 5 - 0.149 \times 6 - 0.045 \times 7 + 0.059 \times 8 - 0.022 \times 9 - 0.011 \times 10 - 0.183 \times 11 + 0.012 \times 12 + 0.080 \times 13 + 0.041 \times 14 - 0.020 \times 15 + 0.050 \times 16 + 0.115 \times 17 - 0.067 \times 18 - 0.083 \times 19 - 0.143 \times 20。$$

以提取公共因子的方差贡献率为权数，可以得到计算企业持续创新能力或潜力的综合数学模型为：

$$F = 0.35779F1 + 0.21034\ F2 + 0.16327\ F3,$$

标准化为 $F = 0.489F1 + 0.288\ F2 + 0.223\ F3$。

因此，技术创新是企业持续创新的关键影响因素。其中，企业对新市场、新产品的开发能力对企业技术创新至关重要。另外在中国当前科技环境下，政府投资对企业技术创新也非常重要，表明了政府是中国企业持续创新中的重要因素；在组织创新因素中，高层管理者的知识结构和组织柔性对组织创新非常重要；而企业战略变革能力和外部环境感知能力也对企业的战略创新有着重要的影响。这些因素是企业培育持续创新机制、提高持续创新能力进而实现持续创新的关键。

表 2　因子旋转结果

影响因素	因子			影响因素	因子		
	1	2	3		1	2	3
企业对新市场（国际市场）的开发能力 X_1	0.831			企业组织结构的柔性程度 X_{13}		0.816	
企业对新产品的开发能力 X_2	0.826			企业中高层管理者知识结构的优化程度 X_{14}		0.806	
省部级以上项目经费匹配程度 X_3	0.815			企业组织结构与创新战略的匹配程度 X_{15}		0.745	
对新技术的快速应用能力 X_4	0.785			企业内部信息的沟通与交流机制健全程度 X_{16}		0.725	
核心技术培育与创新能力 X_5	0.785			企业外部信息响应与决策机制健全程度 X_{17}		0.664	
企业研发投入保障能力 X_6	0.754			企业战略适时调整与变革能力 X_{18}			0.875
与供应商、顾客、竞争者合作技术创新能力 X_7	0.721			企业高层对机会、风险的识别与决策能力 X_{19}			0.804
企业自主创新能力 X_8	0.689			企业家对产业演变、技术变革态势的识别能力 X_{20}			0.778
企业营销组合实施与创新能力 X_9	0.681						
企业与大学、科研院所等合作技术创新能力 X_{10}	0.677						
企业集成创新能力 X_{11}	0.665						
创新文化对创新的激励程度 X_{12}	0.639						

表 3　总方差解释

因子	初始特征值			被提取的载荷平方和			旋转提取因子载荷平方和		
	总计	变异百分比	累计百分比	总计	变异百分比	累计百分比	总计	变异百分比	累计百分比
1	11.026	55.128	55.128	11.026	55.128	55.128	7.156	35.779	35.779
2	2.151	10.757	65.885	2.151	10.757	65.885	4.207	21.034	56.813
3	1.451	7.254	73.140	1.451	7.254	73.140	3.265	16.327	73.140
4	0.761	3.803	76.942						
.	.	.	.	.	.	.	.	.	.
.	.	.	.	.	.	.	.	.	.
19	0.061	0.306	99.792						
20	0.042	0.208	100.000						

表4 因子得分系数

影响因素	因子		
	1	2	3
企业家对产业演变、技术变革态势的识别能力	-0.068	-0.059	0.336
企业高层对机会、风险的识别与决策能力	-0.062	-0.079	0.353
企业战略适时调整与变革能力	-0.094	-0.099	0.415
企业组织结构与创新战略的匹配程度	-0.107	0.254	0.019
企业中高层管理者知识结构的优化程度	-0.128	0.323	-0.050
企业组织结构的柔性程度	-0.064	0.326	-0.149
企业内部信息的沟通与交流机制健全程度	-0.030	0.221	-0.045
企业外部信息响应与决策机制健全程度	-0.049	0.167	0.059
省部级以上项目经费匹配程度	0.175	-0.109	-0.022
创新文化对创新的激励程度	0.058	0.074	-0.011
对新技术的快速应用能力	0.143	0.076	-0.183
企业对新产品的开发能力	0.163	-0.108	0.012
企业集成创新能力	0.063	-0.001	0.080
企业自主创新能力	0.090	-0.019	0.041
与供应商、顾客、竞争者合作技术创新能力	0.111	-0.005	-0.020
企业与大学、科研院所等合作技术创新能力	0.097	-0.045	0.050
核心技术培育与创新能力	0.136	-0.147	0.115
企业研发投入保障能力	0.142	-0.024	-0.067
企业对新市场（国际市场）的开发能力	0.201	-0.109	-0.083
企业营销组合实施与创新能力	0.087	0.132	-0.143

3.2 信度检验

本研究采用克朗巴赫系数 α（Cronbach's coefficient alpha）及分项对总项相关系数来判断萃取因素的内部一致性。克朗巴赫系数 α 值越大表示信度越好，修正项—总相关（Corrected Item-Total Correlation）值越高表示表内部一致性越高。一般信度检验标准为克朗巴赫系数 α 值大于 0.6，而修正项—总相关值大于 0.5。因子分析载荷、修正项—总相关值及克朗巴赫系数 α 值如表 5 所示。

表5 企业持续创新影响因素信度分析结果

变量	度量指标	因子载荷	修正项—总相关	克朗巴赫系数 α
技术	企业对新市场（国际市场）的开发能力	0.831	0.815	0.955
	企业对新产品的开发能力	0.826	0.705	
	省部级以上项目经费匹配程度	0.815	0.802	
	对新技术的快速应用能力	0.785	0.769	
	核心技术培育与创新能力	0.785	0.822	
	企业研发投入保障能力	0.754	0.783	
	与供应商、顾客、竞争者合作技术创新能力	0.721	0.756	
	企业自主创新能力	0.689	0.820	
	企业营销组合实施与创新能力	0.681	0.752	

续表

变量	度量指标	因子载荷	修正项—总相关	克朗巴赫系数 α
技术	企业与大学、科研院所等合作技术创新能力	0.677	0.791	0.955
	企业集成创新能力	0.665	0.792	
	创新文化对创新的激励程度	0.639	0.784	
组织	企业组织结构的柔性程度	0.816	0.736	0.897
	企业中高层管理者知识结构的优化程度	0.806	0.667	
	企业组织结构与创新战略的匹配程度	0.745	0.756	
	企业内部信息的沟通与交流机制健全程度	0.725	0.799	
	企业外部信息响应与决策机制健全程度	0.664	0.787	
战略	企业战略适时调整与变革能力	0.875	0.739	0.858
	企业高层对机会、风险的识别与决策能力	0.804	0.736	
	企业家对产业演变、技术变革态势的识别能力	0.778	0.744	

4. 结论

通过专家与企业管理人员开放式调查及访谈发现，企业持续创新的影响因素很多，包括战略、组织、文化、营销、技术、知识等。通过运用 SPSS13.0 进行因子分析，多持续创新诸多影响因素进行数据缩减，得到企业持续创新影响主要影响因子有三个方面：技术创新因子、组织创新因子和战略创新因子。在技术创新因子中，主要影响因素是市场创新和产品创新因素，以及政府技术创新投入；在组织创新因子中，企业中高层管理者的知识结构优化程度对企业持续创新至关重要，另外组织柔性将有利于企业更好地适应动态、复杂和不确定性市场环境，对企业持续创新也具有重要影响；在战略创新因子中，战略调整与变革能力以及企业家外部市场与技术环境感知能力对企业持续创新非常重要。这些因素是企业持续创新的关键影响因素，是企业培育持续创新机制、增强持续创新能力，进而实现持续创新的关键。

参考文献

[1] 陈劲．集成创新的理论模式［J］．中国软科学，2002（12）：24－30.

[2] 江辉，陈劲．集成创新：一类新的创新模式［J］．科研管理，2000（5）：31－39.

[3] 马庆国．管理统计［M］．北京：科学出版社．2007.

[4] 王文亮，冯军政．企业持续创新能力内涵与特征分析［J］．技术经济，

2006 (11): 70 - 73, 115.

[5] 向刚, 汪应洛. 企业持续创新能力: 要素构成与评价模型 [J]. 中国管理科学, 2004 (6): 138 - 143.

[6] 王文亮, 冯军政. 企业持续创新影响因素评述 [J]. 中国青年科技. 2007 (5): 38 - 43.

[7] 谢章澍, 许庆瑞. 论全面创新管理发展及模式 [J]. 科研管理, 2004 (4): 70 - 76.

[8] 许庆瑞, 刘景江, 赵晓庆. 技术创新的组合及其与组织、文化的集成 [J]. 科研管理, 2002 (6): 38 - 44.

[9] 许庆瑞, 郑刚, 喻子达, 沈威. 全面创新管理 (TIM): 企业创新管理的新趋势——基于海尔集团的案例研究 [J]. 科研管理, 2003 (5): 1 - 7.

[10] 郑勤朴. 浅谈定量评价企业持续创新能力 [J]. 理论与现代化, 2001 (5): 34 - 37.

[11] Burgelman R. A., etal. Toward an innovative capabilities audit framework [A]. Strategic Management of Technology and Innovation [M]. Illinois Irwin, Homewood, 1988.

[12] Burgelman R. A., Maidique, M. A., Wheelwright, S. C. Strategic management of technology and innovation [M]. McGraw-Hill, New York, 2004: 8 - 12.

[13] Chesbrough H. W. The era of open innovation [J]. Mit Sloan Management Review, 2003, 44: 35 - 41.

[14] Chesbrough H. W. Managing open innovation [J]. Research, Technology Management, 2004, January-February: 23 - 26.

[15] Chiesa V., Coughlan P., Voss, C. A., Development of a technical innovation audit [J]. Journal of Product Innovation Management, 1996, 13 (2): 105 - 136.

[16] Iansiti M., West J. Technology integration: Turning great research into great product [J]. Harvard Business Review, May-June, 1997: 69 - 79.

[17] Parashar M., Kumar Singh, S. K. Innovation capability [J]. IIMB Management Review. December 2005, 125 - 123.

[18] Sartorius C. Second-order sustainability-conditions for the development of sustainable innovations in a dynamic environment [J]. Ecological Economics, 2006 (58): 268 - 286.

[19] Utterback J. M., Abernathy W. J. A dynamic model of process and product

innovation [J]. Omega, 1975 (3): 639 -656.

[20] Wang W. L. , Feng J. Z. , Li S. L. Constructing an evaluation index system on enterprise's sustainable innovation capability [C]. ISMOT'2007, 2007.

[21] Yam R. C. M. etal. An audit of technological innovation capabilities in Chinese firms: Some empirical findings in Beijing, China [J]. Research Policy, 2004 (8): 1123 -1140.

创新型企业持续创新能力分析与培育策略

王文亮　韩　珂　王亚伟*

为了提升企业的自主创新能力，增强我国的核心竞争力，我国于2006年7月正式启动了创新型企业试点工作。创新型企业在增强国家自主创新能力，建设创新型国家中肩负着重要的历史使命和责任，全力推进创新型企业建设是建设创新型国家的基础工程。在当今经济全球化、信息网络化的大背景下，创新型企业要健康发展就必须进行持续不断的创新，持续不断的创新是其生存发展的根本保障，特别是持续创新能力的强弱是衡量企业是否健康的重要标志，也是决定企业市场地位和成长潜力的基本因素。

1. 创新型企业的内涵及其要素特征

创新型企业，作为一种产生于后工业经济时代，随着知识经济和IT产业的兴盛而兴起，成为21世纪新经济的主流企业模式，已经表现出其具有先进性、特殊性和高增长性等优点。国内不少学者从不同角度对创新型企业的内涵进行了研究。

张良（2000）对创新型企业的理解为，强调在技术变革的基础上，企业通过采用新的技术发展新的产品，形成新的市场、演化新的产业、实现新的增长。创新型企业就是再把有价值的技术变革成果转化为商业化产品的过程中，推动形成新产品、新市场、新产业和新增产的企业。

夏冬和程家明（2005）提出，创新型企业是以不断创新为主导思想，以新产品的不断开发、原有产品功能质量的不断改进、或工艺设备的不断改善为主导策

---

* 王文亮、韩珂、王亚伟，河南农业大学信息与管理科学学院。本文发表于《企业活力》2007年第12期。

略的企业。

科技部副部长李学勇（2006）在三部门领导就开展创新型企业试点工作答记者问时指出，创新型企业主要是指那些拥有自主知识产权和知名品牌，具有较强国际竞争力，依靠创新实现持续发展的企业。这些企业把创新作为根本战略，注重技术创新、机制创新、管理创新和文化创新。

蔡齐祥（2007）等以 OECD（经济合作与发展组织）和 OCDE（欧盟统计局）所著的《技术创新调查手册》的论述为主，结合国内的近期研究情况，提出创新型企业是指在一定的时间段内经济增长与发展主要通过创新实现的企业，或者指可持续地主要通过创新取得经济增长与发展的企业。

秦培锦（2006）引用曼彻斯特商学院对创新型企业的定义，创新型企业即是指那些具有持续创新能力，能够以不断的技术、管理、营销、执行等一系列创新行为，成功应对市场经济的机遇和挑战，获得持续性生存和发展的企业。

在以上对创新型企业内涵的研究中，张良（2000）、夏冬和程家明（2005）从技术和产品创新方面来定义。蔡齐祥等则按照科学发展观的理论，在考虑经济增长因素的同时又充分考虑环境、资源节约、生态、循环经济等因素，提出“经济增长与发展”。企业创新是由技术创新、管理创新、制度创新等组成的复杂体系，它们之间相互关联，在认识创新型企业内涵时有必要全方位地对企业创新进行研究。本文借鉴目前国内学者关于创新型企业的研究成果，结合科学技术部、国资委、中华全国总工会三部委给出的创新型企业的初步定义，从要素特征方面对创新型企业的内涵提出了一些新的见解。

创新型企业是指以创新战略为指导，通过全面创新和持续创新，建立拥有自主知识产权的知名品牌，以实现自身发展、行业带动和社会经济增长的企业。根据此含义，我们认为创新型企业应具备以下要素特征：

（1）创新型企业具有明确的创新战略。创新战略决定了创新型企业的生存和发展，创新型企业的创新战略通过对企业创新发展的系统设计和整体规划来保证企业的持续创新，不断增强企业的创新能力。

（2）创新型企业的创新是全面和持续的创新。创新活动涉及企业内部的各层次、各环节和各部门；创新内容是由观念创新、制度创新、管理创新、战略创新、技术创新、产品创新和营销创新等方面构成的有机整体；创新过程不是短暂或间断式的创新，而是对生产经营过程中各种生产要素进行系统的挑战和新的组合的持续性进程。

（3）创新型企业的主导产品是拥有自主知识产权的知名品牌。拥有自主知识产权的知名品牌是创新型企业综合实力的一个主要标志和特征。创新型企业通过对自主品牌的不断创新和管理，形成企业的主导产品，并在同类产品中具有较高的知名度。创新型企业对主导产品的经济收益进行自主支配和决策，对品牌知识产权拥有控制权和所有权。

（4）创新型企业具有较强的综合效益，自身发展良好。创新型企业的销售收入和利润总额呈稳定上升势头，并且随着企业创新活动的不断进行和创新成果的积累，创新型企业的创新体系和机制要逐步完善，企业组织协调、市场营销、资源整合、创新管理等方面的综合能力得到提升。

（5）创新型企业在行业发展中具有带动性。创新型企业通过不断提升原始创新、集成创新和引进消化吸收再创新能力使企业的自主核心技术在其所属行业内处于领先水平，技术标准成为行业规范或品牌产品成为主导设计，通过在行业内的技术扩散和专业引领一个新兴行业的产生或带动整个已有行业技术和经济的发展。

2. 创新型企业持续创新能力的特征分析

企业持续创新能力是在新的竞争环境下对创新理论、能力理论的继承和发展。对于持续创新能力的内涵，国内外有很多学者进行了研究，王文亮、冯军政（2006）在《企业持续创新能力内涵与特征分析》中对此进行了综述，并以熊彼特综合创新理论为指导，依据企业能力理论发展演进脉络，在继承和发展核心能力、动态能力理论研究成果的基础上，提出企业持续创新能力是在企业使命和创新战略指导下，为主动响应市场动态性变化，通过及时有效地为市场不断提供新的价值，使企业获得持续的经济效益和持续发展的多层次综合性能力体系。

根据这一定义，本文认为创新型企业持续创新能力的特征主要表现在以下几个方面：

（1）动态性。技术变革、市场需求与竞争的动态性决定了创造持续竞争优势的持续创新能力的动态性。经济全球化的发展、技术的变革推动着市场需求的多样性和个性化，使影响创新成功的因素更具有复杂性和不确定性，并且这些因素相互影响、相互制约。在此环境下，试图识别企业创新成败的关键因素是比较困难的，企业也不能或缺少相应的能力精确预测环境的变化，以及由此带来的结果，因此持续创新能力只能根据环境变化动态性地积累与提升。在信息技术的推动下，企业建立学习型组织、组建战略联盟等新型战略模式，竞争优势被以更快的速度学习或模仿。波特指出，竞争优势从确立的那一刻起，就处于模仿者和革新者的强烈破坏和冲击之下，决定了它不可能永远地维持现状，企业的长期成功在于持续创新以追求一系列暂时的优势，即动态优势。

（2）积累性。企业独特的资源、知识与技能及一系列激活机制的形成很难通过市场交易获得，如关系资本、精确的产业预见能力，技术开发经验与态度，支持创新的企业文化、激励机制等都只有通过企业较长时间的积累才能形成、增强或提高。而当企业内部缺乏持续创新所需的资源与技术时，企业可通过学习能力和吸收能力实现技术转移，但技术知识的积累对提高技术转移效率至关重要，学习能力与吸收能力的强弱则主要取决于企业知识积累状况，是企业知识积累、学习过程的函数。海勒（Heller，1985）认为，在技术转移过程中，如果处于低位势的国家或企业技术能力知识积累不足，即使实现技术转移，低位势企业也不能对转移技术进行消化、吸收。

（3）变革性：熊彼特的综合创新理论认为，整个社会经济的发展就是不断实施新的组合，即“创造性毁灭”的过程，其中蕴涵着持续变革的思想。持续创新能力就是不断推动和实施变革的能力，主要表现为三种情况：①在平稳的市场条件下，主要依据已有的资源、知识与能力积累进行持续性改善，或通过重新配置不断挖掘其新的市场价值；②在动荡市场条件下，依据企业自身资源、能力积累进行技术突破，开发新的能更好适应市场变化的资源与能力，创造新的价值；③如果企业依靠自身资源与能力积累不足以支持新的技术变革，那么企业就要变革创新战略或创新模式，利用技术合作、技术交易与技术兼并等方式从外部获取持续发展所需的资源与能力，为市场提供新的价值，在合作过程中积累新的知识与能力。变革性是企业持续创新能力不断得以增强和提升的关键，以及形成持续竞争优势的根源。

3. 创新型企业持续创新能力培育策略

在我国现阶段，创新型企业发展中面临着企业家创新观念不强、机制不合理、企业文化与企业发展不配套、管理水平低等主要问题，这些问题严重影响了企业持续创新能力的提升。针对以上问题，结合创新型企业的内涵和要素特征，对创新型企业持续创新能力培育提出以下策略。

3.1 推进观念创新，提升发展战略

企业核心价值观和战略目标是企业的灵魂，企业要做大、做强、做久，将自己培育成创新型大企业，必须要转变观念，进行观念创新，高起点确立自己企业的核心价值和战略目标，用以引导企业，特别是企业决策层的行动。

企业观念创新实质上就是企业家的创新精神和创新意识。企业家是企业创新活动的主导者和组织者。企业发展战略是企业决策者在对企业内、外部资源和环境条件分析和预测的基础上，制订长远性的发展目标和整体性的发展思路，并通过有效的措施付诸实施，从而保证企业的生存和发展。

因此，创新型企业在持续创新能力培育过程中，首先要推进观念创新，要高度重视确立企业的核心价值观和发展战略，加强对国内国际市场的研究开发，找准重点目标市场，有计划、有组织、有战略、有前瞻性地做好市场开拓工作，进一步完善功能，加强能力建设，培养独特的不可替代的核心竞争力，进一步深化企业内部改革，改善企业内部管理，充分吸收国际企业的先进经验，建立起激励约束有力、反应灵活快捷、运营协调有序的经营管理体制和机制，把企业做大、做强、做久，做成有实力的世界级企业。

3.2 建立和完善机制创新，推动企业持续发展

在我国优秀企业中，其持续创新也还属于一种较脆弱的“特定企业家主导”模式，即该企业的持续创新过度依赖于特定企业家的创新精神和能力，缺乏有效的机制保证，一旦该企业家退位，企业的持续创新便出现较大波动，甚至难以为继。建立和完善企业持续创新机制，是推动企业持续创新发展的基础工作。在企业持续创新机制的建设中，持续学习机制的建设是一个重要方面学习是创新之源，组织学习是企业创新发展的基础，它影响并决定着企业持续创新过程的各个方面。因此，提升组织的学习能力，使组织向学习型组织迈进，是企业成功地实施持续创新，实现持续发展的基础。

3.3 推进技术创新，提升核心能力

在知识经济时代“科技 + 创新”的今天，企业竞争力的高低和源泉均在于技术创新，企业能否持续发展与不断推进技术创新有关。当前，我国不少企业由于没有建立技术创新体制，以及自主创新能力、人才资源政策措施不到位等问题，影响了企业创新能力。因此，企业要提升持续创新能力，就要推进技术创新，完善技术创新体制和运行机制，增强技术研发和创新能力，加大研发投入，致力核心技术研发，努力打造高知名度、高信誉度、高科技含量、高市场占有率和高经济效益的名牌产品，提高行业带动能力。

3.4 推进人才创新，提升自主创新能力

创新型企业必须具有强大的知识和技术创新能力，而具备这种创新能力的唯

一资源是高素质的人才。目前，我国企业高级科技人员不足且流失严重，致使企业自主创新能力不足，影响自主创新能力的提升。因此，创新型企业可通过聘请高层次人才，加强企业人才队伍建设；可通过开发、培养，提高员工的素质形成人才队伍的梯形结构；可建立有效的激励机制，充分调动各类人才的积极性和创造性，发挥他们的聪明才智、提升企业的自主创新能力。

3.5 加快企业文化创新，提升企业凝聚力

创新型企业加强企业文化建设，是企业坚持持续创新之路的重要保证。加快企业文化创新，必须把成功的、先进的理念和方法引入企业，提升企业文化建设的水平，在更高层次上营造企业自主创新的文化氛围，使企业文化与企业发展更好地相互支撑，形成更具活力、更具凝聚力的蓬勃向上的企业精神，优化企业的内外环境。企业必须把企业文化建设工作纳入企业发展的规划和企业总体发展战略中，并将其融合到企业创新发展的各个环节，培育出有利于提升自主创新能力，推进创新型企业文化建设。

3.6 加快管理创新，提升管理水平

创新是企业内部各要素的集合，企业创新能力的高低与企业内部创新各要素整合的状况不无关系。目前，我国企业自主创新能力不强，突出的问题就是创新要素互动和整合、协调不到位，管理有问题，相当一部分企业孤立地看待技术创新，忽视了其他非技术要素（如能源、组织、文化、制度、市场等）对技术要素的协调作用，往往将创新活动局限于内部研发部门、研发人员，忽略了其他部门对创新的影响，使许多创新设备无法实现其预期的最佳效益，致使自主创新能力无法不断提升。因此，企业要打破传统的管理模式，推行集成管理，导入知识管理，开展柔性管理，协调好企业内部创新的各要素，使之形成创新活力，形成良性互动。要在调动企业内部技术人员积极性、创造性的基础上进行全员创新，使创新成为企业发展的永恒主题。要进行全员全时空的创新，使创新投入和设备发挥最佳效益，并不断增强自主创新能力。

要实现企业的持续创新，必须使企业具备持续创新的能力。持续创新能力是企业创新进步与效益增长不断相互促进并且形成持续性良性循环的能力。一时的创新不足以维持企业的长期发展，只有具备持续创新能力才能确保企业持久永续的发展，才能称之为创新型企业。因此，企业在发展中应注重企业的观念创新、机制创新、技术创新、人才创新、文化创新、管理创新，使企业创新发展进入良性循环，持续创新能力得到培育与提升。

参考文献

[1] 蔡齐祥，张威，卢霞．创新型企业评价标准研究的若干问题探讨 [J]．科技管理研究，2007 (1)：40-42.

[2] 秦培锦．创新型企业文化建设初探 [J]．机电信息，2006 (6)：39-42.

[3] 王文亮，冯军政．企业持续创新能力内涵与特征分析 [J]．技术经济，2006 (11)：70-73，115.

[4] 夏冬，程家明．创新型企业的产权激励：基于创新资源均衡的分析 [J]．技术经济与管理研究，2005 (5)：45-46.

[5] 张良．创新型企业发展的成功经验及其启示 [J]．华东理工大学学报：社会科学版，2000 (3)：33-40.

创新型企业的要素特征分析和评价指标设计

王文亮　王丹丹*

当前，我国创新型企业的建设和发展还处在初创期，国内学者对创新型企业的评价分析进行系统研究的不多。本文首先借鉴国内学者关于创新型企业的研究成果，归纳提炼出创新型企业必备的要素特征。其次依据客观性、可持续性和易操作性原则，结合创新型企业的要素特征，从创新型试点企业的认定评价和创新型企业成长绩效评价两个角度，构建了创新型企业的评价指标体系。最后对评价实施中的相关问题提出了对策建议。

为了提升企业的自主创新能力，增强我国的核心竞争力，我国于2006年7月正式启动了创新型企业试点工作。构建创新型企业的评价指标体系是开展创新型企业试点工作的前提和关键环节。为客观、科学地评价创新型企业，本文在借鉴国内学者关于创新型企业研究成果的基础上，归纳提炼出创新型企业必备的要素特征。其次依据客观性、可持续性和易操作性的原则，结合创新型企业的要素特征，从创新型试点企业的认定评价和创新型企业成长绩效评价两个角度，构建了创新型企业的评价指标体系。最后对评价实施中的相关问题提出了对策建议。

1. 创新型企业的内涵及其要素特征

创新型企业产生于后工业经济时代，是随着知识经济和IT产业的兴盛而兴起的。目前，学术界对于创新型企业的内涵有诸多认识，一些学者是突出企业的技术创新而忽视了企业内部的管理创新、制度创新等重要方面（张良，2000；夏冬，程家明，2005），将创新型企业理解为技术创新型企业，美国也把创新型企

---

* 王文亮、王丹丹，河南农业大学信息与管理科学学院。本文发表于《科研管理》2008年第29期。

业称之为技术密集型新生企业（new technology-based firm，NTBF）（孙明华，2007）；一些学者只把IT企业等高科技企业视为创新型企业，而忽视了传统企业中的创新部分（冯海昱，黄德春，2007）；还有一些学者在定义创新型企业时强调企业经济的增长和发展（蔡齐祥，张威，卢霞，2007）。企业创新是由技术创新、管理创新、制度创新等组成的复杂体系，它们之间相互关联。在认识创新型企业内涵时，有必要全方位地对企业创新进行研究。本文借鉴目前国内学者关于创新型企业的研究成果（孙明华，2007；吴雪贞，侯冰雪，2007；张金水，张志彤，2006），结合科学技术部、国资委、中华全国总工会三部委（科技部，2006）给出的创新型企业的初步定义，从要素特征方面对创新型企业的内涵提出了一些新的见解。

创新型企业是指以创新战略为指导，通过全面创新和持续创新，建立拥有自主知识产权的知名品牌，以实现自身发展、行业带动和社会经济增长的企业。根据此含义，我们认为创新型企业应具备以下要素特征：①创新型企业具有明确的创新战略。创新战略决定了创新型企业的生存和发展。创新型企业的创新战略通过对企业创新发展的系统设计和整体规划来保证企业的持续创新，不断增强企业的创新能力。②创新型企业的创新是全面和持续的创新。创新活动涉及企业内部的各层次、各环节和各部门；创新内容是由观念创新、制度创新、管理创新、战略创新、技术创新、产品创新和营销创新等方面构成的有机整体；创新过程不是短暂或间断式的创新，而是对生产经营过程中各种生产要素进行系统的调整和新的组合的持续性进程。③创新型企业的主导产品是拥有自主知识产权的知名品牌。拥有自主知识产权的知名品牌是创新型企业综合实力的一个主要标志和特征。创新型企业通过对自主品牌的不断创新和管理，形成企业的主导产品，并在同类产品中具有较高的知名度。创新型企业对主导产品的经济收益进行自主支配和决策，对品牌知识产权拥有控制权和所有权。④创新型企业具有较强的综合效益，自身发展良好。创新型企业的销售收入和利润总额呈稳定上升势头，并且随着企业创新活动的不断进行和创新成果的积累，创新型企业的创新体系和机制要逐步完善，企业组织协调、市场营销、资源整合、创新管理等方面的综合能力得到提升（吴雪贞，侯冰雪，2007）。⑤创新型企业在行业发展中具有带动性。创新型企业通过不断提升原始创新、集成创新和引进消化吸收再创新能力，使企业的自主核心技术在所属行业内处于领先水平，技术标准成为行业规范或品牌产品成为主导设计。通过在行业内的技术扩散和转移，引领一个新兴行业的产生或带动整个已有行业技术和经济的发展。

2. 创新型企业评价指标体系的构建原则

创新型企业评价指标的构建原则是对创新型企业认识的基础，是建立创新型企业评价指标体系的依据，其对创新型企业的建设起着重要的导向作用。所以，创新型企业评价指标体系的建立应遵循以下原则。

（1）客观性原则。了解企业创新活动状况，分析企业创新能力主要影响指标。结合我国政府评选创新型企业的政策目标和国内企业的发展现状，客观、科学地评选出创新型企业，为促进创新型企业健康发展提供基础。

（2）易操作性原则。评价指标体系的设计要尽量简明扼要、含义明确和科学合理，有明确的等级评分标准，确保统计数据的可得性，对设计的指标能进行有效的测度和统计。

（3）可持续性原则。具有持续创新能力是创新型企业的主要特征，创新型企业评价指标体系的设计应能有效地反映企业的现状和发展趋势。企业持续创新能力是一个相对的、动态系统，成长过程受企业的经济发展和外部创新环境变化的影响。因此，指标的选择必须能够反映创新型企业持续创新能力的持续性演变过程。

3. 创新型企业评价指标体系设计

目前，我国对创新型企业还没有制订统一明确的判定标准（陈勇星，李国栋，潭浩俊，2007），国内较系统建立的创新型企业评价指标体系是深圳市在《深圳市科技创新型企业标准评估体系》中提出的18个评价指标，以及汪永飞等根据创新型企业的发展的不同阶段建立的评价指标体系（汪永飞，陈留平，陈爱民，2007）。本文将结合创新型企业的要素特征，依据评价指标体系的易操作性原则，从创新型试点企业的认定评价和创新型企业成长绩效评价两个角度，构建创新型企业的评价指标体系。

3.1 创新型试点企业的认定评价指标体系

开展创新型试点企业评价的目的，是为了评选出一批以自主创新为导向，当前发展状态良好，具有持续创新能力或潜力的企业。因此，创新型试点企业的申报企业必须满足五个绝对指标才能递交创新型试点企业申报材料：①上年度企业销售收入不得低于3000万元。②企业资产负债率不得高于70%。③过去三年企业的经济效益盈利，并呈上升趋势。④企业具有较高的研发投入比例，年销售收入3000万元以上（含3000万元）10亿元以下的企业，研究开发经费占当年销售收入的比例应达到5%以上；年销售收入10亿元以上（含10亿元）的企业，研究开发经费占当年销售收入的比例应达到3%以上。⑤财务报表经社会中介机构审计，未被出具非标准审计意见。

以上五个指标是一票否决指标，如有一个没有满足，企业就没有申报创新型试点企业的权利。企业达到创新型试点企业参与评审标准后，将被列入创新型试点企业申请表，依照创新型试点企业评价指标体系（见表1）进行创新型试点企业认证评价。结合创新型企业的要素特征，依据评价指标体系的客观性原则，根据我国企业的创新现状，在对创新型试点企业进行认证评价时，还应考虑当时企业的持续创新能力还处于建设期，创新产出和收益方面的指标较少。本文主要是从企业开展持续创新活动的物质和人力资本方面来评价企业的持续创新能力，如表1所示。

其中，企业产学研合作比率＝（企业投入产学研的经费/企业研发经费总额）×100%。主导产品指企业中销售收入最大的那一类产品。企业上年度总资产贡献率＝（利润总额＋税金总额＋利息支出）/平均资产总额×100%。企业上年度销售利税率＝（利税总额/销售净收入×100%）。

表1　　创新型试点企业认证评价指标体系

要素特征	指标层
创新战略A	企业制定了明确的创新战略A1
	企业建立了创新的激励制度A2
	企业领导层对技术创新重视A3
	企业专职从事研究开发的科技人员数占职工总数的比例B1
	企业高级技工占职工总数的比例B2
	企业研发机构人员数B3
	企业技术开发核心实验仪器设备原值B4
	企业产学研合作比率B5
持续创新能力B	企业职工经济技术创新活动开展情况B6
	企业累计发明专利数B7
	企业上年度研发投入占销售收入比例B8
	企业已投入实际应用的创新项目总数B9
核心技术自主性C	企业是否拥有主导产品的关键技术知识产权C1
	企业自主创新技术项目占核心技术总数的比重C2
	企业自主技术在主导产品中的比重C3
企业发展D	企业上年度利润总额D1
	企业上年度总资产贡献率D2
	企业上年度销售利税率D3
	企业上年度万元产值综合能耗D4

续表

要素特征	指标层
行业带动性 E	企业国内同行业综合排名 E1
	企业获得的质量保证体系认证标准数 E2
	企业研制的具有自主知识产权的国际、国家、行业技术标准的数量 E3
	企业技术新产品获得国家级、省级的认定数量 E4

3.2 创新型企业成长绩效评价指标体系

在企业被认定为创新型试点企业 3～5 年后，要对被认定的创新型企业进行绩效评价，把试点工作开展不好或发生重大变动不宜再做试点的企业调整出创新型试点企业名单，将试点工作开展好的企业命名为创新型企业。依据评价指标体系的可持续性原则，结合创新型企业的要素特征，考虑在对创新型企业进行成长绩效评价时，创新型企业的创新活动已较为成熟，本文主要从创新产出和收益方面去检验创新型企业的可持续发展能力，构建了创新型企业进行成长绩效评价的指标体系（见表 2）。

其中，假定政府是在 2009 年对创新型企业的成长绩效进行评价，则实证选择创新型试点企业 2006—2008 年的相应测度值。

企业近三年专职从事研究开发的科技人员增长率 = ［（2007 年企业专职从事研究开发的科技人员数 − 2006 年企业专职从事研究开发的科技人员数）/ 2006 年企业专职从事研究开发的科技人员数 × 100% +（2008 年企业专职从事研究开发的科技人员数 − 2007 年企业专职从事研究开发的科技人员数）/ 2007 年企业专职从事研究开发的科技人员数 × 100%］/2。

企业近三年研发投入增长率、企业近三年发明专利数增长率计算方法同上。

新产品指下列两种类型的产品：一是全新产品，其用途、技术设计和材料三者都有显著变化的产品。二是在原有产品的基础上，性能得到提高或改进的产品。若产品的改变仅仅是在美学上（外观、颜色、图案设计、包装等）的改变及技术上的较小变化，属产品差异不作为新产品统计。

企业近三年新产品销售额增长率 = ［（2007 年新产品销售额 − 2006 年新产品销售额）/2006 年产品销售收入 × 100% +（2008 年新产品销售额 − 2007 年新产品销售额）/2007 年产品销售收入 × 100%］/2。

企业近三年新产品数量增加值比重 =（新产品数量增加值/产品总数量增加值）× 100%。

企业进三年新产品成本降低率 =（新产品成本降低额/原产品成本总额）× 100%。

企业近三年核心技术总项数增长率 = [(2007 年企业核心技术总项数 - 2006 年企业核心技术总项数) / 2006 年企业核心技术总项数 ×100% + (2008 年企业核心技术总项数 - 2007 年企业核心技术总项数) / 2007 年企业核心技术总项数 ×100%] /2。企业当年拥有自主核心技术的产品市场占有率 = (当年本企业拥有自主核心技术的产品销售收入/当年全国同类产品销售收入) ×100%。

企业近三年综合能耗减少率 = (煤、水、电消耗的减少量/2006 年综合能耗量) ×100%

表 2　　创新型企业成长绩效评价指标体系

指标层	分指标层
创新战略 A	企业创新战略实施情况 A1
	企业创新管理体制、机制建设与运行效果 A2
持续创新能力 B	企业近三年专职从事研究开发的科技人员增长率 B1
	企业近三年研发投入增长率 B2
	企业近三年发明专利数增长率 B3
	企业近三年已投入实际应用的创新项目数增长率 B4
	企业近三年新产品销售额增长率 B5
	企业近三年新产品数量增加值比重 B6
	企业近三年新产品成本降低率 B7
核心技术自主性 C	企业近三年核心技术总项数增长率 C1
	企业近三年拥有自主核心技术的产品市场占有率变化情况 C2
企业发展 D	企业近三年利润总额增长率 D1
	企业近三年销售利税增长率 D2
	企业近三年综合能耗减少率 D3
	企业近三年污染控制程度 D4
行业带动性 E	企业近三年国内同行业综合排名变化情况 E1
	企业近三年获得的质量保证体系认证标准数变化情况 E2
	企业近三年研制的具有自主知识产权的国际、国家、行业技术标准的数量变化情况 E3

4. 结论与建议

本文通过对当前学术界研究创新型企业的理论成果的概述，从要素特征方面对创新型企业的内涵进行了界定，认为创新型企业是指以创新战略为指导，通过全面创新和持续创新，建立拥有自主知识产权的知名品牌，以实现自身发展、行业带动和社会经济增长的企业，并从创新战略、持续创新能力、核心技术自主性、企业发展和行业带动这五个方面对创新型企业的要素特征进行了分析。依据创新型企业的要素特征和创新型企业评价指标体系的客观性、易操作性以及可持续性原则，本文从创新型试点企业的认定评价和创新型企业成长绩效评价两个角度，构建了创新型企业的评价指标体系（见表1和表2）。

对实施本文所构建的创新型企业评价指标体系的有关问题提出了以下建议：

（1）由于创新型试点企业的规模、发展阶段和所处的行业有所不同，行业之间可比性差，利用统一的评价指标体系对其进行评价，所得的评价结果将会缺乏合理的科学依据。因此，进行评价时应尽可能分行业进行，也可以根据行业特点进行指标的调整，对企业申报创新型试点企业的一票否决指标也应根据企业所处地区经济的发展水平和当地企业发展的现状进行指标标准的调整。

（2）为客观、真实、有效地实施对创新型企业的综合评价，增强评价的可操作性，减少随意性和主观性，在使用此评价指标体系时有必要建立规范的评价标准。首先，针对每项评价指标，请有关专家参照国际标准制订对创新型企业评选的基本标准；其次，以制订的基本标准为参照，划出好、较好、中、较差和差五个等级。

（3）在本文设计的创新型企业评价指标体系中，有些指标如企业领导层对技术创新重视、企业创新管理体制、机制建设与运行效果、企业近三年污染控制程度等综合性较强，在使用此评价指标体系对创新型企业进行评价时宜采用量化—半量化相结合的综合评价方法。

参考文献

[1] 蔡齐祥，张威，卢霞．创新型企业评价标准研究的若干问题探讨［J］．科技管理研究，2007，27（1）：40－42.

[2] 陈勇星，李国栋，潭浩俊．建设创新型企业的基本条件［J］．商场现代化，2007（1S）：284－285.

[3] 冯海昱，黄德春．创新型企业内涵新探［J］．科技管理研究，2007，27（4）：24－26.

[4] 科技部．科技部关于创新型企业试点工作实施方案及创新型企业试点方案主要内容要求［J］．中国科技信息，2006（16）：6－7.

[5] 孙明华．论创新型企业的特点和作用［J］．商场现代化，2007（5）：97－98.

[6] 夏冬，程家明．创新型企业的产权激励：基于创新资源均衡的分析［J］．技术经济与管理研究，2005（5）：45－46.

[7] 汪永飞，陈留平，陈爱民．创新型企业的评价指标体系及其评价模型［J］．统计与决策，2007（9）：81－82.

[8] 吴雪贞，侯冰雪．建设创新型企业的策略［J］．决策与信息，2007

(5): 48-49.

[9] 张金水，张志彤. 创新型企业衡量标准研究 [J]. 科技管理研究，2006，26 (10): 27-29.

[10] 张良. 创新型企业发展的成功经验及其启示 [J]. 华东理工大学学报，2000 (3): 33-36.

中韩企业全面创新管理模式分析比较
——海尔模式与三星模式

王文亮　晋晶晶*

基于全面创新管理理论，以海尔集团和三星集团作为中韩企业全面创新的代表，深入分析了海尔集团和三星集团的创新历程，提出“战略—市场”导向型的海尔 TIM 模式和“技术—市场”引领型的三星 TIM 模式，并利用波特的五力模型对两种模式进行了对比分析，总结了两大集团的 TIM 模式的特点及不足。最后提出，全面创新管理是企业管理模式的发展趋势，企业应基于自身发展状况选择适合自己的全面创新管理模式。

1. 全面创新管理理论

按企业创新的要素及各要素间的作用原理，将创新管理理论分为三类：①以单一创新为主、仅强调技术创新的传统创新管理理论；②以组合创新为主，重视技术、组织、文化与制度协同作用的组合创新管理理论；③创新管理理论的新范式——全面创新管理理论（total innovation management，TIM）（许庆瑞，谢章澍，郑刚，2004）。

全面创新管理理论最早由浙江大学许庆瑞于 2002 年正式提出，是迄今为止最先进、最科学的创新管理理论。该理论以培养核心能力、提高企业竞争力为中心，以各要素创新（组织创新、市场创新、战略创新、管理创新、文化创新、制度创新等）的有机结合与协同创新为手段，凭借有效的创新管理机制、方法和工具，力求实现全员创新、全流程创新、全时创新、全球化创新、全价值链创新（许庆瑞，等，2003）。

---

* 王文亮、晋晶晶，河南农业大学信息与管理科学学院。本文发表于《技术经济》2012 年第 3 期。

许庆瑞最早构建了 TIM 立体概念模型，之后郑刚在许庆瑞设想的基础上，提出了全面协同创新钻石模型。其含义是：影响技术创新绩效的战略、技术、市场、文化、制度、组织六大要素在全时空域和全员参与的框架下实现全方位、全要素的全面协同，以促进创新绩效的提高（郑钢，2004）。

通过回顾相关文献，可以看到，学者们对 TIM 的研究主要集中于 TIM 的理论溯源，TIM 与传统创新观的区别，TIM 的概念模型、内涵与特征、维度，实行 TIM 的动因，以及 TIM 的制度创新、全员创新等方面，相关案例分析也主要是单案例分析，多案例对比研究尚且不多。本文主要以海尔集团和三星集团为例，研究二者的全面创新模式，并进行对比分析，找出各自的优势和不足，以期为企业发展提供借鉴。

2. 海尔的“战略—市场”导向型 TIM 模式

2.1 海尔集团简介

从 1984 年创立初期的一家濒临倒闭的集体小厂到现在的拥有 7 万多名员工的全球化集团，海尔经历了四个阶段的发展——名牌战略阶段、多元化战略阶段、国际化战略阶段、全球化品牌战略阶段。①在名牌战略阶段，海尔的重点是对产品进行全面的质量管理，只生产冰箱单一类产品，在生产中探索并积累企业管理经验，以期为今后的发展奠定坚实的基础；②在多元化战略阶段，海尔进军黑色家电领域，实现了产品的多元化生产；③在国际化战略阶段，海尔的产品批量销往全球主要经济区域市场，形成自己的海外经销商网络与售后服务网络，其品牌已具有一定的知名度、信誉度与美誉度；④在全球化品牌战略阶段，海尔逐步整合全球的研发、制造、营销资源，将全球的资源为己所用，努力创造本土化主流品牌。

2.2 海尔集团的 TIM 模式

海尔集团各阶段的创新要素见表 1。从表 1 中可以看出，作为我国实施全面创新管理的代表企业之一，海尔集团在实施全面创新的过程中有所侧重。其中，战略和市场这两个创新要素在海尔的全面创新过程中处于主导地位，文化创新作为一种软实力，渗透在员工头脑和企业的日常创新活动中，组织、技术、管理、制度这些创新要素处于协同地位。

表 1　　海尔集团各阶段的创新要素

创新要素	发展阶段			
	第一阶段（1984—1991 年）	第二阶段（1992—1998 年）	第三阶段（1999—2005 年）	第四阶段（2006 年至今）
战略创新	名牌战略	多元化战略	国际化战略	全球化品牌战略
管理模式创新	TQM[1]	OEC[2] 管理模式	“市场链”流程再造	“人单合一”与“T 模式”
文化创新	质量意识，市场意识	市场难题就是创新课题	注重速度、创新，快速响应市场需求	零库存下的“即需即供”
市场创新	国内市场	逐步在国际市场崭露头角	“先难后易，无内不稳，无外不强”	“三位一体”的本土化模式；“走出去、走进去、走上去”
技术创新	技术引进	模仿创新	合作创新与自主创新相结合	自主创新与合作创新相结合
组织创新	直线职能制	事业本部制	扁平化的组织结构	网络化组织结构

注：1. TQM，total quality management，即全面质量管理。

2. OEC，overall every control and clear，即每天对每人每件事进行全方位的控制和清理。

资料来源：作者根据有关资料整理。

3. 三星的“技术—市场”引领型 TIM 模式

3.1　三星集团发展历程

三星集团是韩国第一大企业，也是跨国企业集团。三星集团包括众多的国际下属企业，旗下子公司有三星电子、三星物产、三星生命、三星航空等，业务涉及电子、金融、机械、化学等众多领域。其中，三星电子是三星集团旗下最大的子公司，目前已是全球第二大手机生产商、全球营收最大的电子企业，2011 年其市值为 1500 亿美元。三星集团的发展经历了八个时期：1938—1969 年，三星集团处于起步阶段；1970—1979 年，三星集团实施多元化发展战略，进军化学及机械领域；1980—1989 年，三星集团以“技术为本，挺进世界市场”；1990—1993 年，三星集团开始向世界一流企业努力靠近；1994—1996 年，三星集团提出“新经营”宣言并付诸实践；1997—1999 年，三星集团引领数字时代；2000—2003 年，三星集团成为韩国经济的支柱；2004 年至今，成为全球一流企业。

3.2　三星集团的 TIM 模式

三星集团各阶段的创新要素见表 2。

三星的成功是技术和市场的成功。通过分析，我们认为，三星集团在进行全面创新过程中，非常注重企业文化，时刻树立危机意识，以技术和市场这两个创新要素为主导，以人才为基础，将组织、战略、管理、制度等创新要素进行协同，最终实现全面创新。

表 2　　三星集团各阶段的创新要素

要素	时间							
	1938—1969 年	1970—1979 年	1980—1989 年	1990—1993 年	1994—1996 年	1997—1999 年	2000—2003 年	2004 年至今
战略创新	萌芽时期	多元化战略	技术为本，开始挺进世界市场	向世界一流企业努力靠近	重技术、更重团队精神	成为引领数字时代的企业	成为韩国经济的支柱	成为全球一流企业
市场创新	国内市场	开拓多元化市场	建设海外生产基地	占领国际市场	成立美洲、欧洲、中国总部	转让部分业务；三星电子进军中国 CDMA 市场	保持国际领先；合作销售；在全集团内实行分享经营	进军南非市场，扩大欧洲市场
技术创新	制造为主，技术、设备的引进	技术引进	加大技术开发投资额；设立综合技术院	技术转让	合作创新与自主创新相结合	自主创新能力大幅提高，合作创新与自主创新相结合	多项技术世界领先，具有很强的自主创新能力	保持技术领先，自主创新与长期合作创新相结合
文化创新	强调集体意识、民族精神	能进能退的经营原则	尖端技术与尖端经营；“最低、最优、最先”原则	人才第一；经营改革运动	新经营；团队精神	经营改革计划	“二次新经营”，克服经济萧条的负面影响	追求长期、全面合作
组织创新	自上而下的命令－控制型模式	部门经营责任制	个人经营责任制	分出下属公司	扁平化组织结构	扁平化组织结构	扁平化组织结构；成立合资公司	扁平化组织结构；“公司系统”组织结构
制度及管理方法创新	公开招聘制度；会长秘书室制度	社长团会议	“一日业务日记”制度	“地区专家”制度、早期出勤制度	引进六西格玛质量管理方法		《三星 Farlow 制度》	

4. 海尔模式与三星模式对比分析

本部分从国内大环境、行业环境以及企业内部环境3个角度，借鉴已有文献（许庆瑞，顾良丰，2004），利用波特的五力模型，对海尔与三星进行了对比，进而对比分析了二者的TIM模式（见表3）。

表3　海尔模式与三星模式的对比

指标分解		海尔	三星	海尔TIM模式	三星TIM模式
国内大环境	行业归属	家电	高科技	创新难度较大	利于创新
	劳动力资源	资源丰富、价格低廉	劳动者的受教育程度较高	可采用低成本战略	为创新提供更多机会
	市场空间	巨大	不是太大	紧紧把握市场，挖掘自己更大的市场空间	紧紧把握市场，并努力寻找国外市场
行业环境	新进入者的威胁	进入壁垒低	威胁较大	需要创新	迫切需要创新
	供应商的讨价还价能力	较弱	较弱	对创新影响不大	对创新影响不大
	买方讨价还价能力	较强	较弱	持续凭借低成本战略不可行，应实现技术创新	对创新影响不大
	替代产品的威胁	较大	很大	需要技术创新	需要技术创新，甚至是技术突破
	同业竞争者的竞争强度	强	强	迫使企业创新	迫使企业创新
企业内部环境	战略制定	简单明晰	复杂	战略恰当是该企业取胜的法宝之一	为企业发展指明方向
	技术创新能力	一般	很强	依靠市场来弥补技术的部分缺失	将技术创新作为取胜的重要法宝
	企业文化	开放式	开放式	适于创新	蕴含民族精神，更适于创新
	企业制度	严格	新颖、严格、有效	新颖程度有所欠缺	其他企业可效仿

4.1　海尔：战略—市场导向型TIM模式

首先，企业制订出正确恰当的战略规划，在创新战略的指导下，坚持市场第一，紧密把握市场动向，关注客户需求，把客户需求作为创新的源头，以创新文化作为软环境，再协同其他各创新要素来实现全面创新。

4.1.1 特色

（1）战略方面。

在每个发展阶段，海尔集团首席执行官（CEO）张瑞敏都能在纵观全局的基础上，制定出极为恰当的公司战略（喻子达，李垣，2006）。海尔对自己的实力非常了解，不做超过能力范围的事情，稳中求发展。首先集中于单一产品，在该产品做大、做强之后再实现产品的多元化，逐步涉猎其他产品，并发展其他产业。在市场开拓方面同样如此，产品由国内市场逐步进入国际市场，然后考虑在国外建厂，实现国外本土化，最终达到全球化（许庆瑞，蒋健，杨涛，2004）。

（2）市场方面。

通过对海尔的分析可以看出，在战略的指导下，海尔时刻将市场创新置于首位。为了有效提高其全球化品牌实力，零距离满足全球消费者的差异化需求，海尔集团的市场创新部应运而生。市场创新部主要负责海尔的全球市场营销、品牌管理、客户关系管理、客户服务管理等。通过客户管理，为客户打造美好住居生活解决方案，创海尔第一竞争力的全球化品牌。市场创新部的主体包括全球品牌运营部、中国区、海外区、顾客服务、TCE&Q（客户全程体验满意和质量体系）、家居、生活家电，连接了海尔与客户从售前到售后的每一个环节。正因为如此，海尔集团时刻都能准确把握市场动向，了解客户需求，以客户需求为导向进行创新，同时通过树立品牌、营销创新等一系列举措，最终实现并保持市场领先地位。

4.1.2 不足之处

在技术创新方面，海尔自主创新能力还不强，有相当一部分技术创新都是通过引进、模仿和合作来实现的，这也是我国家电产业普遍存在的一个问题。技术关乎企业的核心竞争力，它不易被模仿，一个企业只有拥有很强的自主研发能力，才能在激烈的竞争中立于不败之地。当前，我国家电行业的技术创新能力普遍较低，主要依靠价格竞争来争夺市场，这就导致了整个行业利润的下降。而国外家电企业目前在技术上已远远领先于我们，如果仅仅依靠价格战来获取市场占有率，那么海尔的辉煌能否长久持续存在？为此，我们必须树立危机意识，在引进外来技术的同时注重自主创新，加强研发投入和人才队伍的建设，为实现自主创新提供保障。

4.2 三星：技术—市场引领型TIM模式

三星集团一方面在现有技术的基础上突破改造，创造出新的产品；另一方面以市场需求为导向进行新产品研发。并以创新文化为软环境，协同其他各个创新要素，最终实现全面创新。

4.2.1 技术方面

1990 年，三星集团在电子产业方面开发出 16M DRAM；接着在 1992 年开发出世界首款 64M D-RAM……；最后于 2010 年成功开发出运行速度比 DDR3 DRAM 快 2 倍、耗电量大幅降低的 DDR4 DRAM，并在世界上首次推出 3D 家庭影院。2011 年，三星集团生产出世界首款移动 AP 品牌 Exynos 和采用 Switch Grip 功能的摄像机。据统计，2010 年三星集团的电子产业在美国的专利数已达到 4551 项，仅次于美国的 IBM 公司。

纵观三星集团在技术上的发展历程，主要经历了三个阶段：技术引进→消化吸收再创新→技术联盟。

（1）第一阶段：技术引进。

20 世纪 90 年代初，三星集团还是一个将中国的家电企业如海尔、长虹等视为主要竞争对手的企业。它于 1969 年进入家电和电子产业，成立之初并不拥有和掌握最起码的技术，只是从索尼进口黑白电视机成套散件和基本的组装技术，在外国技术人员指导下进行组装（魏勇，刘军，2007）。

（2）第二阶段：消化吸收再创新。

一般来说，如果企业单纯地依靠引进外国先进技术，难以实现持续创新，因为任何企业对自身最新的、核心的技术都实行保护主义，因此能够从其他企业购买到的通常是一些比较低端的，甚至是别人早已熟练掌握的技术。如果单纯依靠技术引进，而不去自行研发新技术，那只能跟在别人后边去生产别人早已淘汰的产品，永远无法在市场上获取主动权（王文亮，刘岩，2010）。

自 2005 年朴根熙就任大中华区三星集团总裁以来，中国三星一直不断强化其高端市场策略。在引进外来技术的同时，不断加大研发投入，每年三星至少有 9% 的销售收入用于研发投资。三星在国内外都设有众多研究所和研究分所。其中，中长期核心技术及尖端产品等基础核心技术由综合技术院负责研发，中短期新产品及其必要的核心技术等应用技术由各公司的研究所负责，短期新产品以及如何改善产品性能和降低成本等由研发事业部负责，这种研究体系既有分工又有联系。

三星集团还不断引进先进人才，并对人才进行培养，为企业进行技术创新积蓄力量。三星的研发网络遍布各地，在韩国有 6 个研发中心，在美国、英国、俄罗斯、以色列、印度，日本和中国等 9 个国家拥有 18 个以上的研发中心。这些研发中心的主要任务，就是吸引当地顶尖的人才，研究最新的本地科技发展趋势，并应用那些可以产生最大效益的技术（张文彬，王毅，2011）。在三星，创新不只是研发人员的专利，所有员工都是企业创新的主体。

2011 年，三星电子的研发投入达到 79.9 亿美元，在全球 IT 研发投入中排行第二，仅次于美国的微软。而中国企业往往热衷于技术引进，对自身技术能力的提高和培育不积极。结果，在技术上陷入“引进一代，落后一代；再引进，再落后”的怪圈，甚至以“技术不重要，市场才重要”作为产品创新的指导思想，这最终导致我们不仅没得到技术，而且还把市场拱手让人（李金龙，2006）。

（3）第三阶段：技术联盟。

在企业具有一定的自主创新能力后，通过与别的技术领先型企业进行技术联盟，一方面向它们贡献自己的成熟技术，另一方面“拿来”它们的已有技术，为我所用，大大减少自己的研发成本。但需要注意是，技术联盟必须在企业掌握一定的核心技术之后才能实现，如果自身不具备自主研发能力，是没有企业愿意与之合作的。

4.2.2 市场方面

除了实现技术领先之外，三星集团极为重视市场，以市场为导向不断进行新产品的开发设计。在产品的工业设计，功能配置，满足消费者对时尚、精神体验方面的需求上煞费苦心。

2001 年，三星在中国市场上推出第一台具有双屏显示功能的手机，以其迷人简约的款式构造，一举打破诺基亚长期构筑的直板式手机占据领导地位的市场格局。2008 年 9 月，三星生产的泡沫洗衣机首次亮相韩国市场，它受全能电脑程序的控制，可以按照衣物多少选择洗涤时间，大大减少了对衣服的磨损。与三星传统内筒相比，它采用的钻石型内筒脱水孔直径降至 2.4mm，脱水孔数量也大大减少，令洗涤更深入、更彻底。同时，它还设有断电记忆、自我诊断、过热保护等智能保护程序。从 2010 年开始，泡沫洗衣机出口到美国、欧洲等地，创下了 230% 左右的年均销量增长率。

4.2.3 制度方面

针对每个阶段的发展要求，三星都制订出恰当严格的制度，以保证战略目标的实现。比如，在国际化过程中，三星采用地区专家制度，将业绩优秀有潜力的年轻人委派到其他国家，进行为期一年的自我管理式培训，让他们融入当地的文化中，去体验和感受当地的人文环境和习俗，了解人们的消费习惯，从根本上把握当地人的消费倾向。正因为如此，三星搜集了很多国家很多地区的资料，为其实现国际化提供了极为重要的信息。

5. 启示

（1）企业应该基于自身发展状况，选择适合自己的全面创新管理模式。海尔集团和三星集团的全面创新管理模式是值得其他企业借鉴的，它们的不足之处我们也应当避免。企业在效仿的同时，不能盲目照搬，要根据自身的发展状况和优势，选择适合自己的全面创新之路。当前，我国大多数企业还处于成长的薄弱阶段，各方面都还很不成熟，因此没有意识，也没有能力去追求全面创新。全面创新管理是一个渐进的过程，是随着企业的发展完善来逐步实现的。

（2）全面创新管理是企业管理模式的发展趋势。全面创新管理理论强调的是对各创新要素进行有机结合与协同，并通过有效的创新管理机制、方法和工具，最终实现企业竞争力的提升。企业要想永续经营，并保持领先地位，进行全面创新管理是至关重要的。试想，如果企业只重技术、重制度，而不注重企业的软实力，员工对企业没有太多的感情与责任感，那企业要想成为超一流企业，无疑是纸上谈兵。因此，从长远来看，企业在管理方式上应该朝着全面创新管理模式方向发展。

参考文献

[1] 李金龙．以自主创新推动企业战略转型——韩国三星的战略转型对中国企业的启示［J］．前沿，2006（9）：51－53.

[2] 喻子达，李垣．中美企业全员创新管理模式比较——海尔模式与GE模式［J］．管理工程学报，2006（1）：112－117.

[3] 许庆瑞，顾良丰．中美企业全面创新管理模式比较——海尔模式与惠普模式［J］．科学学研究，2004，22（6）：658－662.

[4] 许庆瑞，贾福辉，谢章澍，等．基于全面创新管理的全员创新［J］．科学学研究，2003，21（z1）：252－256.

[5] 许庆瑞，谢章澍，郑刚．全面创新管理的制度分析［J］．科研管理，2004，25（3）：6－12.

[6] 许庆瑞，蒋健，杨涛．面向全面创新管理范式的战略模式分析［J］．科学学与科学技术管理，2004（10）：20－23.

[7] 王文亮，刘岩．从技术引进到自主创新——河南金龙精密铜管集团自主创新战略案例分析［J］．技术经济，2010，29（8）：24－28.

[8] 魏勇，刘军．技术创新是中国家电企业生命力的源泉［J］．技术与创新

管理，2007，28（1）：100－102.

[9] 张文彬，王毅．我国重点工业企业技术创新能力建设的问题与对策[J].技术经济，2011，30（5）：15－19.

[10] 郑钢．基于TIM视角的企业技术创新过程中各要素全面协同机制研究[D].杭州：浙江大学，2004.

第三篇　创新网络篇

企业研发网络的特征和结构模式分析

王文亮　刘　岩*

企业研发网络成为企业获取研发资源、缩短技术开发时间、减少研发投资费用与分散风险的有效组织形式。本文基于对企业研发网络的界定，分析企业研发网络的特征与基本结构形式，并分析构成研发网络的各结点的功能。

随着新经济的到来，我们已经进入了一个全新的时代——网络经济时代，信息化、网络化和全球化是网络经济时代的主要特征。面对市场信息的多变性、需求的复杂性、学科的交叉性、技术的综合性和资源的有限性，单个企业充分认识到仅靠自身的力量无法应对市场的瞬息万变和技术交叉融合发展的需要，难以维持原有的竞争力，于是，联合研究开发成为一股不可阻挡的潮流。正是在信息化、网络化的背景下，研发网络作为企业有效借助外部力量和资源的创新模式，已经越来越广泛地应用到企业的创新活动中（肖成池，欧庭高，2004）。

1. 企业研发网络概念内涵的界定

网络概念源于神经生理学，目前在计算机、通信、信息科学中得到广泛应用，在《辞海》中的定义为：由一组给定的点、若干连接这些点的边以及这些边上的某种数值（长度、运费或流量、界限等）所组成的总体。

国内外相关学者对创新网络进行了大量的研究，在相关文献中对创新网络的定义提到最多的是弗里曼（Freeman）在他的文献评论里讨论的创新网络概念。他提出创新网络是“应付系统创新的一种基本制度安排，网络构架的主要联结机制是企业间的创新协作关系”（Freeman，1991）。哈尔滨工业大学王大洲博士从综述的研究角度界定了企业创新网络的概念，认为企业创新网络是企业创新活动

---

* 王文亮、刘岩，河南农业大学信息与管理科学学院。本文发表于《技术经济》2010 年第 10 期。

所有已发生的网络，即在技术创新过程中围绕企业形成的各种正式与非正式协作关系的总结构（王大洲，2006）。清华大学吴贵生和李纪珍（2000）的研究课题成果认为，创新网络被看作是不同的创新参与者（制造业中的企业、研发机构和创新导向服务供应者）的协同群体。他们共同参与新产品的形成、开发、生产和销售过程，共同参与创新的开发与扩散，通过交互作用建立科学、技术、市场之间的直接和间接、互惠和灵活的关系（吴贵生，李纪珍，2000）。陈新跃等（2002）指出，企业创新网络是企业为提升创新能力，通过契约关系或在反复交易的基础上以及应用互联网信息技术手段与外部组织机构建立的彼此信任、长期协作、互利互动的各种制度安排，并构造出以企业为中心，以大学、政府、其他企业、科研院所、资本市场为外围结点的企业创新网络构成图示模型。李新春（2000）认为，创新网络指以技术创新、产品设计到市场化的一整套政治的、市场的、社会的组织安排。在这一动态发展的组织结构化过程中，知识的积累、技术创新的概念化和市场化、信息的交流与扩散、合作与竞争、各方为开发新技术市场利润而形成的各种正式与非正式关系，这些构成了一个动态的创新网络（李新春，2000）。

从以上文献研究可以看出，目前国内外学者对创新网络的描述仍然没有统一的定义，但是，上述研究的共同点在于创新网络作为促进技术创新活动的一种组织结构，这种组织结构对广大企业来说是至关重要的。

虽然创新网络概念在国内外已得到广泛使用，但作为创新网络的一个重要组成部分，研发网络却很少在现有的研究中明确地提出。研发网络是一种特殊的创新网络，是由企业及相关组织（客户、供应商、其他相关企业、大学、科研机构、政府、金融机构以及中介服务机构等）以契约协议、社会关系等纽带联结形成的研发组织，以知识与技术共享为作用基础，以现代信息技术为支撑，以共同提高技术研究和开发的速度与质量为目标组建的跨时间、空间和地域的组织模式。网络构架的主要联结机制是各个网络成员间的研发关系，每一个关系网络中的行动者就形成一个结点。

2. 企业研发网络的基本特征

作为一种新的研发模式，企业研发网络具有一般网络组织所具有的特点，但也有其自身的一些重要特征，归纳起来主要有开放性、多元化与广泛性、协同性、动态性和平等性。

2.1 开放性特征

任何系统都是耗散结构系统，系统与外界不断交流资源、能量和信息。并且只有当系统从外部获取的能量大于系统耗散的能量时，系统才能克服熵而不断发展壮大（周三多，陈传明，鲁明泓，1999）。企业亦是一个耗散结构系统，企业研发也具有一个耗散过程，只有企业获取的外部研发要素大于企业内部耗散去的研发要素时，企业才能通过研发目标的实现得到不断成长和发展。企业通过企业研发网络获取研发要素，所以企业研发网络必须是一个具有开放性的网络通路。

同时我们发现，在信息技术高度发展和广泛运用的今天，企业不会满足小范围的网络，而是借助于 Internet、现代通信工具，打破时间和空间的界限，在世界任何一个角落寻找更多的伙伴，获得远距离的知识和互补性的资源，并不断向外部开辟新的市场。所以，企业研发网络在与外部的联结过程中，应该呈现出开放性的特征。

2.2 多元化与广泛性特征

企业研发网络的基本结点包括企业、客户、供应商、其他相关企业、大学、科研机构、政府、金融机构、中介服务机构等，这使得企业研发网络具有多元化与广泛性特征。多元化指网络结点类型的多元化，有营利性的企业、非营利性的公共事业、政府等，每种类型的结点在网络中发挥着不同的作用。广泛性指每种结点的来源是广泛的、没有数量的限制，随着网络的扩大，数量不断增加。

在企业研发网络中，研发过程的进行往往发生在网络结点之间的交流上。网络中的企业和其他行为主体都是网络中的实体节点，而结点连线是它们之间发生的某种交流，这种联结是一点到多点的，是多维的，是纵横交错、纷繁复杂的。结点密度越大，则交流机遇越多；结点越多，产生的思维交叉点越多，则研发能力越强，企业研发网络也越具有多元化和广泛性特征。

2.3 协同性特征

一方面，任何企业和行为主体自身都具有一定的资源和能力，但是难以具备所有方面的资源和能力，因而有必要利用外部资源来弥补自身的不足，并形成网络联结来构筑核心技术能力；另一方面，由于近 20 年来全球化趋势的推动，企业的研发活动和资源趋于分散，而构建企业研发网络则可以保持网络成员研发能力的整体竞争力。所以在企业研发网络中，各结点必须具备各自的资源和能力，取长补短，借助网络，协同作战。

2.4 动态性特征

企业研发网络是一个开放式的组织，由于网络成员通过契约协议、社会关系等纽带联结，因此进入网络组织没有很大的壁垒，退出网络组织也是自由的。所以，网络中各结点及其相互之间的网络联结随时都在发展变化。同时，企业研发网络往往具有任务导向性，它是围绕着研发项目而组成的临时性网络，具有高度的敏捷性，其规模和成员都处于变动之中，组织的边界也是不确定的，而且网络中流动的技术以及知识和信息也在不断变动。所以，企业研发网络具有高度的动态性，通过网络中结点及其之间联结的不断变化，企业研发网络可以逐渐完成动态的创新与演化过程。

2.5 平等性特征

企业研发网络主要是以契约、协议、信息交流、知识交流等形式形成的，网络内各结点无论规模大小、功能强弱，都能够通过网络化的形式在自愿互利原则下实现合作或者互补性资源的交换或交流，各结点始终拥有自己独立的决策权，合作过程是双方达成一致的结果。因此，网络成员之间是一种松散、自愿的联结，彼此不存在相互控制，是一种平等的关系。

3. 企业研发网络的结构

网络的基本要素是结点和联系，只有结点没有联系不成网络，一个完整的企业研发网络是指各结点及其关系的总和。结网关系的形成是基于企业研发活动中的技术合作、研发项目、知识和信息交流等关系联结，这些关系联结能够促进企业新产品的研究与开发，是企业技术创新的重要平台。

在企业研发网络中，网络基本联结既包括基于共同的社会文化背景下建立的研发人员、技术中介人员、企业家、政府官员等之间的人脉关系网络，又体现在企业在其研发活动中，选择性地与其他行为主体以资金、信息、人才、技术、知识的流动等为联结的交互关系网络。通过这些互惠的正式的交互关系以及非正式的人脉关系，各网络结点都可以超越自身的资源和能力限制，把原本属于其他行为主体的互补资产、互补技术等大量的外部资源纳入自身的发展需求当中。

企业研发网络中各种类型结点发挥着不同的作用，按照作用与功能把这些结点进行归类，我们就可以得到企业研发网络的基本形式（如图 1 所示）。在基本形式中，每一个结点表示某一类型的机构和组织的总和。如果对每一类结点进一步细化，就可以标注出每一个企业和机构。结点之间的连线表示机构之间的关系，关系链可以是资金联结、信息联结、项目交流、人员交流和知识交流等，也可以是基于共同社会文化背景下的复杂人脉关联。

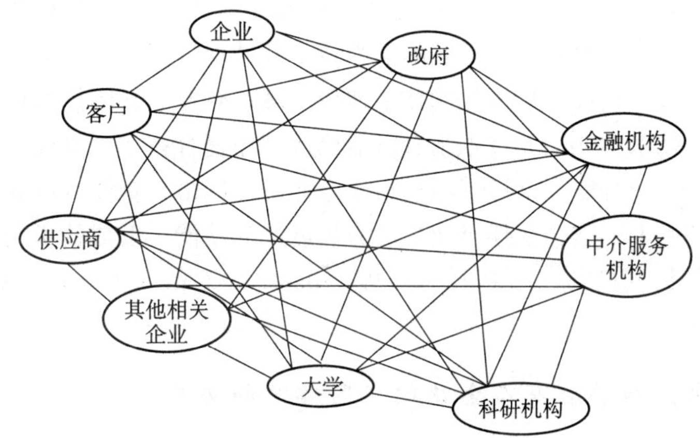

图1　企业研发网络的基本形式

企业在研发网络中处于主体位置，是技术创新活动的主要承担者，同时也是创新成果的受益者、风险的承担者。因此，在企业研发网络基本形式的基础上，按照结点在企业研发网络中的作用分类，将企业作为企业研发网络的核心结点，其他各结点都称为非核心结点，对企业研发网络结点的功能做进一步分析（如图2所示）。

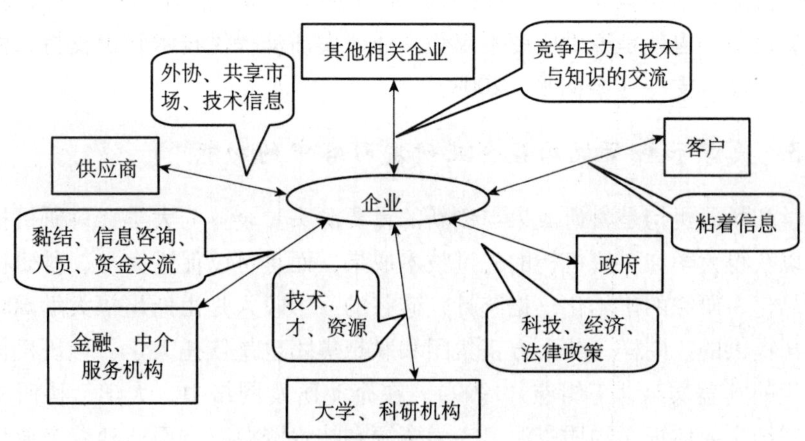

图2　企业研发网络结点功能框架

从图2可以看出，不同结点在企业研发网络中发挥的作用是不同的，下面将选取企业研发网络中若干结点进行分析。

3.1 其他相关企业（主要是合作伙伴和竞争对手）在企业研发网络中的功能

企业与企业之间存在着极为广泛的网络联系，尤其是在技术迅猛发展的今天，对于单一的企业要同时在所有的前沿技术领域保持积极的研究十分困难，很少有企业能在各个领域维持领先的技术地位。某一企业的外围技术可能正是另一家企业的核心技术，他们的技术组合可能构成某项复合技术。因此，同行业之间就有可能进行广泛合作。这样，通过组建企业研发网络，企业可以在专注于自己核心能力的基础上，结合伙伴企业的能力扩展产品功能，形成技术组合优势，发挥研发资源的协同效应，实现技术突破（Bayona，Garcia-Marco，2001；Miott & Sachwald，2003）。

3.2 客户和供应商在企业研发网络中的功能

客户和供应商是技术创新的重要信息来源。据调查科学仪器的创新源有77%是客户，半导体与印刷电路板的创新源有67%是客户，接线装置的创新源有11%是客户、56%是供应商，等等。可见客户和供应商在技术创新中起到重要的作用（许庆瑞，2000）。因此，快速获取客户提供的产品需求信息、新产品设想和原型设计，企业能加速新产品开发进程，节省新产品开发成本，减少市场风险，提高研发效率。同时企业与原材料供应商、零部件供应商以及设备供应商的互动式交流能够给企业带来许多技术资源和设备资源，企业可以了解到新兴技术、新型设备，也就是说供应商不仅为企业研发活动提供技术知识支持，而且还提供物质或设备支持（余向平，2008）。

3.3 大学和科研机构在企业研发网络中的功能

大学和科研机构是科研成果与创新的重要源头。企业与大学、科研机构合作不但可以获得大学和科研机构的先进技术成果，而且可以促进大学、科研机构成果的商品化、研究的市场化。据统计，硅谷的一半收入是由斯坦福大学600多个衍生公司提供的。同样，北大方正集团和联想集团也是依托大学、科研机构的力量而诞生的（盖文启，王缉慈，1999）。在企业研发网络中，大学、科研机构与企业的联结主要体现在物质资源、人力资源和技术资源三方面。随着企业规模的不断扩大，以及大学和科研机构所面向市场的改革，大学、科研机构和企业之间的技术研发合作会越来越广泛（王文亮，王丹丹，2009）。

3.4 政府在企业研发网络中的功能

政府不仅是创新活动的主要参与者，而且更是创新活动的推动者。政府通过引导、激励、保护和协调等方式影响着企业创新的整个过程（冯鹏志，2001）。与企业和大学、科研机构不同，政府作为企业研发网络中的主要结点，主要考虑政府部门的行为可以对企业研发网络中各行为主体的合作发挥重要的作用。在网络发展的不同阶段，政府部门分别扮演着促动者、管理者和服务者等不同的角色，它通过公共政策和行动对研发网络中各成员的行为进行规范和协调，保障着整个企业研发网络协调运转和健康发展。

3.5 金融和中介服务机构在企业研发网络中的功能

研发产业是一项高风险、高投入的行业（王文亮，王丹丹，2008），因此，企业研发网络的形成和有效运行，离不开金融机构的资金支持和中介服务机构的良好服务。企业与金融机构之间的信任关系是网络联结的基础，在充分信任的基础上，金融机构大量资金的投入，可以承担企业研发的风险，为企业注入前进的动力，是企业维持持续竞争力的燃料。而中介服务机构在各行为主体间起到穿针引线、铺路架桥的作用，使它们实现协同合作的目的。通过一系列技术咨询、技术推广、技术提供、技术培训、人才推荐等服务项目的开展，中介服务机构成为企业研发网络中沟通企业与其他行为主体间的一个关键结点。

4. 结论与思考

综上所述，企业研发网络是一个以企业为研发主体，政府政策法规为激励，中介服务为桥梁，金融、大学、科研机构、供应商、客户为支撑的运行平台。从总体上看，目前关于企业研发网络的结构、运行、实证研究的文献很少，本文试图从企业研发网络的背景、定义、特征、基本结构、结点功能对企业研发网络列出一个初步的概念框架，以期对企业研发网络有一个初步的理解。

当然本文对企业研发网络的研究仅仅是初步的探索，对企业研发网络还有很多问题期待以后的进一步研究：在网络运行的不同阶段中，企业研发网络内部成员角色的演变；企业研发网络和企业核心竞争力的关系；企业研发网络的联结形式对研发绩效的影响；企业研发网络的运作机理和协同模式；关于企业研发网络形成、运作和发展的详细过程的案例研究，等等。

参考文献

[1] 陈新跃，杨德礼，董一哲．企业创新网络模式选择研究．科学管理研究[J].2002，20（6）：13－16.

[2] 冯鹏志．迈向知识经济的路径与力量［J].自然辩证法研究，2001（4）：46－52.

[3] 盖文启，王缉慈．论区域创新网络对我国高新技术中小企业发展的作用[J].中国软科学，1999（5）：102－106.

[4] 李新春．企业联盟与网络［M].广州：广东人民出版社，2000.

[5] 王大洲．企业创新网络与治理［M].北京：知识产权出版社，2006.

[6] 王文亮，王丹丹．研发产业的生命周期特征及发展策略分析［J].技术经济，2008，27（5）：60－64.

[7] 吴贵生，李纪珍．技术创新网络和技术外包［J].科研管理，2000，219（4）：33－43.

[8] 肖成池，欧庭高．虚拟化——科研组织的发展趋势［J].科技情报开发与经济，2004（3）：117－119.

[9] 许庆瑞．研究、发展与技术创新管理［M].北京：高等教育出版社，2000.

[10] 余向平．供应链视角下集群式创新网络的构建［J].科技进步与对策，2008，25（5）：30－33.

[11] 周三多，陈传明，鲁明泓．管理学——原理与方法［M].上海：复旦大学出版社，1999（6）：115.

[12] 王文亮，王丹丹．我国 R&D 产业成长的投入—产出分析［J].技术经济，2009，28（9）：1－4.

[13] Bayona C.，Garcia-Marco T.，Huerta E. Firms' motivations for cooperative R&D：An empirical analysis of Spanish firms［J].Research Policy，2001，30（8）：1289－1307.

[14] Freeman C. Networks of innovators：A synthesis of research issues［J].Research Policy，1991，20（5）：499－514.

[15] Miott. i L，Sachwald F. Co-operative R&D：Why and with whom? An integrated framework of analysis［J].Research Policy，2003，32（8）：1481－1499.

校企协同创新驱动要素分析——以河南农业大学为例

王文亮　李雪梅　肖美丹　吴　静*

高校和企业是产学研合作的两大主体，校企协同创新作为一项重要的创新战略，对提升我国的科技竞争力和经济发展水平具有关键性的作用。本文在前人研究的基础上，基于扎根理论对河南农业大学校企协同创新的驱动要素进行探究。研究发现，校企协同的驱动要素包括人力资本、技术创新、战略创新、平台建设、资金支持等，提出校企协同创新建设要注重各个驱动要素的集成，整合优势资源，实现共享。

协同创新已经成为整合科技资源、提高创新效率、增强创新效果的重要途径（陈劲，2011）。胡锦涛总书记在庆祝清华大学建校100周年大会的讲话中，强调我国高校特别是研究型大学要在"积极提升原始创新、集成创新和引进消化吸收再创新能力"的同时，同科研机构、企业开展深度合作，"积极推动协同创新"（胡锦涛，2011）。协同创新是高等教育赋予地方高校的历史使命，是地方经济社会发展的现实需要（石虹，2013）。校企协同创新对高校的人才培养、企业的产品科技含量的提升有很重要的意义。然而，由于管理体制、社会文化等诸多因素的影响，我国目前还普遍存在科技与经济"两张皮"的现象，即企业的核心技术能力不强以及高校和科研机构的科技成果转化率不高。这不仅造成了科技资源的浪费，而且难以对经济和社会的可持续发展起到有力的支撑作用（何郁冰，2012）。此外，现有研究多聚焦于校企合作的模式、存在的问题、校企合作的机制创新等内容，缺乏对校企协同创新驱动要素的研究。校企协同创新主要表现为产学研用多主体的深度合作，但深度合作并不是自发的，因为各主体的利益诉求

* 王文亮、李雪梅、肖美丹、吴静，河南农业大学信息与管理科学学院。本文发表于《技术经济与管理研究》2015年第1期。

和出发点都不一样（陈劲，2011）。因此，明确校企协同创新的驱动因素，对校企合作的发展具有重要的意义，有利于政、产、学、研、用的深度合作。基于此，本文采用归纳性纵向单案例分析方法，运用扎根理论对河南农业大学校企发展历程进行分析，系统地梳理出校企协同创新的驱动要素。

1. 文献回顾

协同概念的提出最早可以追溯到1971年德国学者哈肯（Haken）的《系统论》。他认为，协同是复杂系统本身固有的自组织能力，是形成系统有序结构的内部作用力，并统一解决了系统从无序转变为有序的过程。协同创新的概念最早由美国研究员彼得·葛洛（Petez Glooz）提出。他认为，协同创新是“由自我激励的人员组成的网络小组形成集体愿景，借助网络交流思路、信息及工作状况，合作实现共同的目标”（蒋石梅，等，2012）。英国的费里曼（Freeman）在1987年首先提出了产学研合作的概念，随着科技的进步、发展以及研究的不断深入，又将产学研合作发展成为产学研协同创新。产学研协同创新在20多年来受到国内外理论界与实践界的普遍重视（蒋石梅 等，2012）。吴悦（2012）认为，校企协同创新是指高校与企业、科研机构作为基本主体投入各自的优势资源和能力，在政府、科技服务中介机构、金融机构等相关主体的协同支持下，共同进行技术开发的协同创新活动。这种创新活动的核心是合作双方共同进行技术开发，政府通过法规、政策进行引导和鼓励，科技服务中介机构提供相关信息服务，金融机构提供资金支持，共同完成技术开发和技术创新活动。姜佰文等（2013）学者认为，产学研协同创新是合作各方以资源共享或优势互补为前提，以共同参与、共享成果、共担风险为准则，为共同完成一项技术创新所达成的分工协作的契约安排，以企业为技术需求方、以大学或科研机构为技术供给方的研发合作是主要形式。协同创新意味着资源和要素突破创新主体间的壁垒，遵循价值链原则进行有效汇集和布点，充分释放彼此在“人才、智慧、资本、信息、技术”等创新要素上的活力，从而实现深度融合与合作（姜佰文，等，2013）。

大量的文献对协同创新的驱动要素进行了研究，提出了许多不同的见解。徐庆瑞（2003）在研究协同创新内在要素维中指出，技术创新是核心，战略创新是导向，市场创新是的路径，管理创新是动力机制。孙金梅（2006）基于集成创新理论，分析了企业集成创新的要素由战略集成、组织集成、知识集成、资源和能力集成、组织集成和时间集成组成。毛雪莲（2007）在对以往文献研究的基础上，总结出了影响企业高校合作创新的四方面维度：合作主体水平、合作技术水平、合作沟通水平、合作外部环境。郑刚（2008）基于TIM理论视角，探讨了技术创新过程中技术、战略、组织、文化、制度、市场等各关键要素的协同问题，首次提出了各创新要素全面协同的概念。范德成等（2009）从环境、投入、产出、合作机制和效应等方面入手，建立产学研技术协同创新绩效评价指标体系，并运用模糊积分法对中国产学研技术合作创新进行评价，找出存在的问题并提出改进的措施。张扬（2010）认为，信息资源协同配置是由目标要素、主题要素、机制要素、流程要素、技术要素和资源要素构成的综合体系。孙兵（2010）以科技创新理论和战略协同理论为研究基础，从健全规章制度、优化组织结构、改进运作方式、建立指标体系、完善运行条件等方面构建协同科技创新机制的基本要素。苏敬勤（2012）运用多案例研究方法对企业的多元化战略进行研究，认为外部环境、技术能力、管理能力和资源整合能力是企业多元化战略的驱动因素。陈劲（2012）指出，科技、市场、文化是协同创新的三种驱动力。协同创新不仅需要科技、市场的外部驱动，而且需要文化的内部驱动。

综上所述，校企协同创新是指以面向科技前沿和社会发展前沿需求为导向，集结“政产学研用”多方创新主体，围绕涉及国家核心利益的重大战略性前瞻性问题、产业发展中的普适性问题等创新议题，打破创新主体间的体制壁垒，建立协同创新的平台，充分释放各种创新要素的活力，开展深度合作。协同创新已经受到国内外学者的广泛关注，然而现有关于协同创新驱动要素的研究主要集中于企业协同创新内部驱动要素，对校企协同创新的驱动要素缺乏系统性的深入研究。

2. 研究方法与数据来源

2.1 研究方法

本文采用单案例研究方法，案例研究是构建和验证理论的有效方法，是回答“为什么”和“怎么样”的首选研究策略（Eisenhardt，1989）。采用单案例研究方法有助于归纳和探索管理实践中出现的新现象和新问题，能够更加深入地进行案例调研和分析；有助于通过提高分析样本数量来提高研究的信度和效度（苏敬勤，崔淼，2011）。本文旨在研究校企协同创新驱动要素，这些要素是复杂的、多方面的，从案例到理论的“分析性归纳”可能更适合探索和解释上述研究现象。

2.2 案例选择

本文选择河南农业大学作为案例研究的依据是：①案例典型性。河南农业大学属于省属重点院校，至今已有百年历史。②数据可获得性。发展路径比较清晰，积累了大量可公开获取的资料信息，有利于进行经验概括和理论提升。③情境的适宜性。河南是农业大省，高度重视技术的推广与发展，关注政产学研联盟与协同合作。

2.3 资料收集方法

本研究采用二手资料进行案例的分析与说明。二手资料具有稳定性，可以反复阅读，自然且确切，包含事件中出现的确切的名称、参考资料和细节覆盖面广、时间跨度长等特点（Yin，2003）。本文数据来源主要来自三个方面：①间接地收集学校的有关各项资料，时间截取 1984—2014 年上半年。主要从网络、期刊、报纸等媒介上收集政策文本、档案资料、重大新闻事迹。②搜集整理学校的发展历史、年度报告、战略规划、会议演讲等资料。③相关科研资料，包括期刊文献以及书籍。多样性的数据来源有助于进行三角测量，保证研究的信度与效度（Yin，2008）。

2.4 数据分析策略

扎根理论（grounded theory）被认为是定性研究方法中最科学的一种（Hammersley，1990）。扎根理论是由格拉泽和斯特劳斯（Glaser & Strauss，1967）发展而来的，是通过对真实的案例资料从上往下而进行的探索性研究技术。研究者在研究开始之前一般没有理论假设，直接从实际观察入手，从原始资料中归纳出经验概括，然后上升到理论。扎根理论在理论建立的整个过程中不断运用比较原则，从收集到第一份资料开始，研究者就进行比较以刺激思考，并能全面、扼要地抓住研究现象的主要特质。扎根理论的操作过程主要通过开放式编码（open coding）、主轴性编码（axial coding）与选择性编码（selective coding）3 个阶段（Weed，2005）。

3. 案例描述

从总体来说，我国校企合作的协同关系经历了一个由低层次向高层次、由点到线到面、由松散合作向紧密合作、由小规模到大规模、由突击式碰撞式合作向深层次实体化运作的过程，其基本的发展趋势是结合的领域不断拓宽、层次不断提升，正在向深层次、紧密型和实体化的方向发展。对于河南农业大学校企合作的发展历程，本文通过文献和档案整理，按照校企合作发展特点和规律性进行阶段划分：

第Ⅰ阶段：校企合作初级阶段（1984—1992年）

在校企合作初级阶段，学校主导教育，一切从学校的利益出发，重视科研、制订规章制度、师资队伍建设等，被动地与企业合作。在人才培养方面，1984年，受全国烟草总公司委托代培烟草（种植）专科生，受省交通厅委托代培汽车运用工程本科生；1988年，学校开办计划外烟草专科班，缓解了企业的人才急需；同时，开办了大学后继续教育。在科技进步方面，1988—1991年，学校取得省部级三等奖以上的科研成果，居全国同类农业院校的前列；1988年，全省高校共有16项成果获省科技进步奖，其中9项为农大获得，占56.2%。期间，办起了复合微肥厂、饲料添加剂厂等校办产业，通过转化成果，实现科技服务。

第Ⅱ阶段：校企合作缓慢发展阶段（1993—2002年）

在校企合作缓慢发展阶段，学校为谋求发展主动寻求合作，加强横向联合，将企业引进学校，参与学校的人才培养，投入设备和资金帮助学校建立校内实训基地，通过技术合作、技术转让、科技咨询的形式，拓宽经费来源渠道。1993—2002年，由国家、省、校批准成立的研究中心、基地、室（所）共18个。1993—2002年，学校共实现科技成果转化经费380多万元。在人才培养方面，1995年，实施“251”人才工程；1997，采取“一人一策，一院一策”的办法，鼓励引进高层次人才；1999年，成立大学生科技竞赛领导小组；1998年，河南农业大学科教试验园区建立。之后，组建了大学生创业中心，开展大学生创业论坛等工作。组织“企业家课堂”，邀请企业家介绍创业过程和创业经验。在校内管理体制改革方面，人事分配制度改革，初步建立了激励与约束机制；探索建立以院为主体的校、院两级办学体制改革。

第Ⅲ阶段：校企合作快速发展阶段（2002—2010年）

在校企合作快速发展阶段，政府扮演了校企合作的引导者和推动者的角色，提出了财政扶持政策、捐赠政策、税收优惠政策、有关鼓励和奖励政策，等等。在优惠和奖励政策方面：2004年，颁布的《财政部、国家税务总局关于教育税收政策的通知》《中共中央、国务院关于实施科技规划纲要增强自主创新能力的决定》、中央和国务院办公厅出台了《关于进一步加强高技能人才工作的意见》、《河南省自主创新体系建设和发展（2009—2020）》，等等。在政策的推动下，2006年，开始探索校地农企新模式；2007年，加入郑州高新区产学研创新战略联盟，通过政府的支持与引导，以市场为导向，整合各方面的资源；2007年，与河南大用实业有限公司合作办学，建立大河农牧商学院；2009年，走农业国际化道路，与中地海外建设集团有限公司合作，设立非洲农业产业园；2009年，根据签署的《关于合作共建河南农业大学及开展相关工作的协议》，农业部从科研立项、技术推广、农业教育培训等方面，加大对河南农业大学的政策和项目支持力度，进一步推动农科教结合、产学研协作机制。

第Ⅳ阶段：校企合作一体化阶段（2011年至今）

近几年，我国校企合作在不断反思和创新中逐步走向深化，积极探索政、产、学、研、用多主体的合作形式，共享信息资源。2011年，完善网络信息平台建设，建立“五网合一”的立体化农业科教信息服务平台、“远程视频诊断系统”气象专栏。2011年，7家省内种业公司与河南农业大学、市农科院等科研机构建立河南现代种子产业技术创新战略联盟，旨在探索“协作开发、优势互补、利益共享、责任共担”的管理模式，整合及协调各类资源，推动产学研紧密结合，以提升种子的科技含量和市场竞争力。2012年，河南农业大学与河南省气象局共同建立“河南省农·气象专家联盟”实现信息、技术、服务等资源的共享。2011计划是校企协同创新的发展步入了一个新的台阶。在这一阶段，学校围绕校企合作的人才培养模式、体制、政策、动力机制、运行机制、合作平台和教育模式等问题，进行了广泛的探讨和研究。

4. 案例编码分析

4.1 开放性编码

开放性编码是将前期搜集的资料按照发生时间排序，并在此基础上进行数据概念化和范畴化。为保证此环节的科学合理性，邀请多人参与，通过资料和概念之间反复、认真的分析讨论，最后得到简短明确的概念。首先对搜集到的资料进行初步整理，按上文提到的时间段分类整理，围绕“校企合作的创新驱动要素”这一核心议题对每一阶段的数据进行开放式译码。这些资料主要来自内部资料和权威机构公开的资料，首先对这些资料进行初步的概念化，然后按照相互间的逻辑关系，对这些概念进行不间断的前后比较，并在此基础上修订和合并形成初始范畴，结果见表1。

表1 开放式译码示例

阶 段	初始范畴
第Ⅰ阶段	完善规章制度、内部改革、优化组合、精简高效、重点学科建设、增设专业、专业奖学金、转变科研观念、协作攻关、科技服务、适应经济建设、科研项目、成果转化、多形式办学、计划外专科班、后继续教育、学科梯队建设、师资队伍建设、青年教师培养、结合生产、兴办产业、补助、学校优惠政策、实验室建设、筹集企业资金
第Ⅱ阶段	人才为根本、创业精神、大学生创业中心、创业教育、创业实践、挑战杯、外聘，返聘，兼任补充教师、队伍稳定、251人才工程、一人一策、一院一策略、学科队伍建设、导师队伍建设、创新基金、人才基金、出国进修、青年科技基金、导师队伍建设、非学历教育培训、研究性人才、科技开发、科技扶贫、科技推广、多形式、技术支撑、科教园区、科研基地、开放实验室、省部级研究中心、国家级研究中心、工程实验室、大学科技园、国家小麦工程技术中心、实习基地、实验室建设水平和质量提高、社会发展与进步的需求、调整指导思想、改革为动力、调整学科和专业结构、人事分配制度改革、干部管理体制改革、办学体制改革、后勤社会化改革、校内凝聚力、竞争机制、激励与约束机制、内部管理、创新创业、科技竞赛小组、评价机制、企业家课堂仿真式训练、技术推广、管理理念、建立竞争激励机制、过程管理、改革管理体制、资金筹措、科学发展基金、科技国家队、社会需求、横向合作、技术合作、技术转让、科技咨询、拓宽资金来源
第Ⅲ阶段	技术开发、技术改造、技术推广、技术转移、人才政策、平台政策、信贷支持、奖励、补助、财政政策、税收优惠政策、产学研平台、创业平台、孵化器、政府创业基金、实践基地、共建研究平台、研究室、国家级研究中心、重点实验室、技术推广中心、生产基地建设、战略、科研立项、农科教合作、校企合作办校、双创性人才、管理型人才、企业兼职教师入校、专业教师入企、共同开发课程、教材共享、技能大赛、沙盘模拟、企业竞聘会、奖学金、助学金、基金、专题研讨会、技术信息平台、咨询平台
第Ⅳ阶段	多层次、全方位、多渠道、整合信息资源、建立科技服务体系、惠农科教信息港、创新机制、权威性、专业性、品牌价值、运行机制、集成技术体系、沟通机制、实质性合作、组织机构、规划、教学团队、科研团队、开发团队、信息发布平台、信息共享、联盟、科技创新、核心竞争力、集成、凝聚、资源共享、多功能平台、商业化新机制、协同创新、深度合作、形式所需、民生所需、中原经济发展、区域产业发展、协同创新体系、共建、外聘、科技奖励

资料来源：笔者根据研究资料整理。

4.2 主轴编码

开放性译码得出的范畴之间几乎是相互独立的，其间的关系还需要借助主轴译码技术进行剖析。主轴编码是围绕某一范畴的轴线来进行分析，从而发现和建立范畴之间的联系过程。在原始资料概念化的基础上，继续进行编码，首先将同类概念合并。同类概念主要有两种形式：①含义近似，如“阶段Ⅰ科研项目、科技服务、成果转化”归属于“重视科研”等；②含义相关，如“阶段Ⅰ多形式办学、计划外专科班、后继续教育、学科梯队建设、师资队伍建设、青年教师培养”可以归类为“应用人才培养”，对得到的初始范畴继续归类，得到24个范畴，对24个范畴继续进行归类得到6个共性主范畴，分别是人力资本、技术创新、平台建设、资金支持、创新环境和战略创新（见表2）。

表2　主轴译码结果

阶　段	主轴编码（主范畴）
Ⅰ	应用人力培养、重视科研、经济形势、制度/专业完善、基地建设、资金来源
Ⅱ	创新型人才、师资队伍、实习/实训/研究基地建设、社会环境、管理创新、基金/奖金
Ⅲ	技术创新、组织结构、政府政策、资金支持、共同合作、复合型人才
Ⅳ	资金扶持、机制创新、组织机构、多功能平台建设、共享、发展形势
共性主范畴	人力资本、技术创新、平台建设、资金支持、创新环境、战略创新

4.3 选择性编码与故事线

选择性编码是对已分析的主范畴经过再次系统分析，选择一个核心范畴，将分析集中到那些与该核心范畴有关的编码上面，这也是整合、精练与建构理论的过程（蔡林瑞　等，2014）。在此过程中识别出一个核心类别——校企协同创新驱动要素。将各级范畴重置回案例的现实情境可以描绘出串联各个主范畴的“故事线”：校企发展演变的各个阶段，在［外部创新环境］的不断趋势下，转变［观念］，多主体协同，进行［人才］培养、师资队伍建设，搭建［平台］，采取高校的［战略］，促成［技术］的商业化，实现优势互补。因此，校企协同创新模式的内在机理是技术创新、战略创新、平台建设、人力资本、创新环境和资金支持6个主范畴的相互影响和彼此融合。

5. 协同创新驱动要素分析

5.1 人力资本驱动

企业的目的在于盈利，企业为了满足市场的需求，必须引入高科技人才。高校发展的主要任务是全面提升高等教育质量，而创新是提高质量的灵魂，创新性人才的培养是高校创新能力的重要体现。研究发现，人力资本驱动贯穿于校企发展的整个过程中。第Ⅰ阶段，学校为满足企业的用人要求，建立委托培养的人才培养模式、开展大学后继续教育。第Ⅱ阶段，校企协同创新注重创新性人才培养模式，组织企业家课堂，先后举办讲座、演讲70场，以及各类挑战杯比赛。第

Ⅲ阶段，注重复合型、双创型人才培养，师资队伍建设。学校采取校企教师的双向流动机制，即教师可以定期参加企业举办的培训，深入企业内部调研、在企业内部长期驻扎，较大程度上提高了教师解决实际问题的能力，也可以促进学校与企业在各个层面的沟通与交流，提高教学质量。企业定期选派有丰富实践经验的科技人员为学生授课。第Ⅳ阶段，在明确研究方向和优势研究领域的基础上，引进本领域内最适合的学科领军人才，有针对性地引进工作，以保证引进的领军人才能够满足优势研究领域的发展和研究需求。校企协同培养人才模式，提升教员、研发人员的数量和质量，为了解产业发展的最新态势提供了更多机会和途径，有利于提高高校培养学生的就业能力和实践能力以及教师的教学水平，有利于创新意识的激发和创新精神的培养。

5.2 技术创新驱动

科技是协同创新的驱动要素之一（陈劲，等，2012）。日益激烈的技术竞争使企业面临巨大的技术创新需求，作为知识和技术的发现者和传授者，高校无疑是企业最好的合作者。从阶段Ⅰ到阶段Ⅳ，技术转移的内容由以往的单项技术转化向知识转移、技术转移和平台建设等多层次复合性转化，技术转移的方式不再以技术转让为主，而是向产学研联合开发的模式转变。学校高度重视基于协同创新的技术创新工作，深化科技交流合作，注重资源共享、新联动与快速转化，形成促进技术转移的新机制（陈劲，蒋子军，陈钰芬，2011）。1990年后，学校陆续建立了集科研、生产、教学、推广一体化的科技开发型企业（大学衍生企业），将市场意识融入科技活动，开展相关的基础与应用研究，建立技术转移和商业化的机构，积极创造与市场主体的合作机会，汇聚优质资源，提升了技术商业化能力。2011年，学校与7家单位共同组建现代种业技术创新战略联盟，随后相继建立了牧草产业技术创新战略联盟、河南省主食产业技术创新战略联盟。产业技术创新战略联盟是企业与大学和科研机构为实现某个时期的共同战略研发目标，整合、协同彼此的资源和活动而建立起的短期或长期的合作组织。

5.3 平台建设驱动

根据调查统计，至今学校建有34个国家和省部级研究中心、重点实验室、研究基地。在高校建立工程研究中心，以此配置在基础研究、应用研究和技术开发3个层面上，从而使科技成果的产生、中试到商品化形成前后衔接、环环相扣的有机“链条”。重点实验室的建设可追溯至十一届三中全会后，学校通过多种渠道筹集资金，加强重点实验室的建设。国家重点实验室是国家科技创新体系的重要组成部分，是国家组织高水平基础研究和应用基础研究、聚集和培养科技人才、开展高水平学术交流的重要基地，是国家人才梯队建设的重要组成部分（董美玲，2012）。这些优秀平台的建设是培养优秀领军人才的实践载体，研究所营造浓厚学术氛围，实训基地提升自我发展能力，创业基地增强竞争力，重点实验室的建设将有效整合学科资源，提升创新能力，推动其成为关键技术的研发基地，创新人才的培育基地，信息平台的建设实现了信息、技术、服务等资源的共享（杨鹏跃 等，2014）。

5.4 资金支持驱动

资金驱动因素是通过校企合作，高校从企业、政府那里获得捐赠和建设资金，科技成果的研发与转化需要资金的支持。在初始阶段，学校来自企业的经费主要是委托代培生的经费，企业在此阶段合作的积极性不高；第Ⅲ阶段，学校与企业广泛开展合作，企业与高校投入一定比例的资金、人力、设备和场地等，共同建立联合实验室、工程技术研究中心，设立助学金、奖学金、创业基金等形式，企业的规模、注册资金、成立时间、企业的信誉、企业的资金运营状况、合作的期限等因素是高校选择合作对象的考虑因素。第Ⅳ阶段，学校主张多主体协同，扩大资金来源与各方面的资源融合，整合金融机构、中介机构、衍生企业、企业孵化器、政府、研究所等各个主体的优势，从内外部获取和补充资源。资金支持来源的主体、途径、管理方式灵活多变。

5.5 创新环境驱动

经济学上说企业环境分为宏观环境和微观环境两个层次。在第Ⅰ阶段，校企合作是适应经济社会发展，满足企业人才需求，实现学校、企业双方收益的有效途径，是经济社会发展的必然趋势。在第Ⅱ阶段，技术创新活动的特殊性，迫使企业通过与高校建立合作关系来获得更好的发展。在第Ⅲ阶段，政府通过公共政策和行动对合作创新中各成员的行为进行规范和协调，保障了整个校企合作创新网络协调运转和健康发展，政府通过财政政策、税收优惠、高技术人才培养政策等推动了校企协同创新。在第Ⅳ阶段，高校具有与企业合作的内在需求，而企业为了实现可持续的发展，也需要与高校、科研院（所）合作，两者相互合作的内在需求提高了协同的稳定性。

因此，校企协同创新的宏观驱动环境包括科技全球化与信息化、经济社会发展。微观环境包括创新主体日益增强的主动性与积极性、高校自身制定的创新激励政策与措施、政府颁布的旨在指导校企协同创新的科技、经济等相关政策。

5.6 战略创新驱动

在《战略管理》中提到，在企业的发展历程中，战略虽不是万能的，但没有战略确是万万不能的。加强产学研用深度融合，在若干战略性领域构建开展大团队协同创新的组织模式和管理体制，将大幅提升高校承担和攻克重大科技创新项目的能力。在第Ⅰ阶段，1984 年，学校更名为河南农业大学，立志成为以农业为主的综合类院校。当时，制度和专业体系设置不尽完善，学校的关注点是完善学科建设和专业体系、规范制度并落实。在第Ⅱ阶段，管理创新在战略创新中扮演着重要的角色。在制度逐步完善的基础上重视改革，在人事聘用、机构和资源的优化组合上不拘一格，进行人事制度改革、建立院校分级的办学体制改革，完善组织机构，建立独立的组织规范合作的流程，重视科研与合作。管理创新能力是范式冲突情境下统合学术价值和商业价值，平衡企业利益与学术传统价值，进行适应性变革的素质（庞文，丁云龙，2012）。在第Ⅳ阶段，协同机制创新成为在此阶段战略创新的重要手段。高校和企业的领导在校企合作的讲话中提到，积极探索校企协同的运行机制，构建完善的评价机制和利益分配机制，完善平台建设。此阶段，在资源共享的基础上，追求双方利益最大化，完善机制创新，化解潜在的影响双方共赢的隐患。另外，校企合作由最初的共建人才培训基地、进行技术转让与专利许可、校企合作项目研发到最后的共建科研基地、共建产学研技术创新联盟、协同创新联盟，校企合作的模式的转变，无不是战略驱动的结果。

由此可见，战略在协同创新能力提升中发挥导向作用，管理创新和机制创新在战略创新中扮演着重要的角色。

5.7 文化观念驱动

协同创新是一个复杂的系统工程，要真正使具有不同利益追求、不同背景、不同身份的创新要素形成一股强大的合力，首先需要形成一个各个创新主体都能够认同的文化价值基础。陈劲认为，观念文化是影响协同创新的最主要的文化，是创新的内在驱动（陈劲，蒋子军，陈钰芬，2011）。观念文化包含的信仰、理性、价值等表现为创新主体对协同创新的态度。当一种文化被员工认可和接受之后，会成为黏合剂，在校企知识交流、获取、应用、创新中产生凝聚力，建立信任关系。在第Ⅳ阶段，文化驱动较为明显。校企合作的各方领导高度重视“联盟、集聚各方的优势，整合资源、提升凝聚力等”，现任校长在校企合作中提到，“集合教育、科技、人才资源优势，坚定不移地走产学研紧密结合的办学之路。学校要进一步加大产学研结合力度，加速科技创新，加快科技成果转化和推广等。”由此可见，领导力驱动、双方的合作意愿、协同的认可度等都是协同创新文化观念的构成因素。

6. 结论

本文通过单案例纵向研究，基于扎根理论厘清了校企协同创新不同时期的驱动要素。研究发现，人力资本、技术创新、平台建设、资金支持、战略创新、文化观念贯穿于校企协同创新发展的整个过程中。每一阶段驱动因素的地位不同，人力资本、技术创新、平台建设、资金支持都占据着重要的地位。在后期发展中，战略导向下的管理体制创新和机制创新以及文化观念转变起了重要的推动作用。我们可以得到这样的结论：校企协同创新的驱动要素中，人力资本是关键，技术集成是核心，平台建设是基础，创新环境、资金支持是能动因素，战略集成、文化观念是导向。

本研究对校企协同创新的启示主要有：其一，树立协同观。协同创新行为涉及技术、人才、资金、管理、环境等多方面的要素，应避免只关注其一，忽略要素间的协同。其二，构建校企合作共赢的长效机制。建立完善的利益机制、激励机制、评价机制、约束机制等。其三，校企协同创新的发展进化不是孤立地存在于真空之中，需动态响应外部环境。

本文的不足主要表现在包括两个方面：一方面，本文虽然遵循了严格的案例设计和扎根理论分析方法，但是，基于案例归纳出的结论是否能够应用于更多的组织，其外部效度如何，仍有待检验；另一方面，档案整理法都具有一定的主观性，后期需要借助一定的定量研究方法进行验证。因此，未来的研究方向可以从两个方面展开：其一，扩大样本规模，进行多案例比较分析，提高研究结论的外部有效性；其二，开展定量研究，未来可以通过问卷调查等定量手段进一步细化校企协同创新的驱动要素与创新绩效的关系。

参考文献

[1] 蔡林瑞，等．低成本创新驱动制造业高端化的路径研究 [J]. 科学学研究，2014 (3)：389 - 391.

[2] 陈劲，等．协同创新的驱动机理研究 [J]. 技术经济，2012 (12)：6 - 10.

[3] 陈劲，等．协同创新与国家科研能力建设 [J]. 科学学研究，2011 (12)：1762 - 1763.

[4] 陈劲，蒋子军，陈钰芬．开放式创新视角下企业知识吸收能力影响因素研究［J］．浙江大学学报：人文社会科学版，2011，41（5）：71－82.

[5] 董美玲．中美高校与企业合作的动因、方式、成效和环境的比较研究［J］．研究与发展管理，2012（4）：113－115.

[6] 何郁冰．产学研协同创新的理论模式［J］．科学学研究，2012，30（2）：165－174.

[7] 胡锦涛．在庆祝清华大学建校100周年大会上的讲话［N］．人民日报，2011－04－25.

[8] 姜佰文，等．高等农业院校校企产学研用协同创新模式研究［J］．学科与专业建设，2013（3）：74－76.

[9] 蒋石梅，等．产业集群产学研协同创新机制案例研究［J］．技术经济，2012（30）：207－300.

[10] 迈克尔·波特．竞争战略［M］．北京：华夏出版社，2012：33－34.

[11] 毛雪莲．影响企业高校合作创新成功的关键因素［D］．西安：西安工程大学，2007.

[12] 庞文，丁云龙．论大学衍生企业的能力进化格局——基于东北大学和东软集团的精致案例分析［J］．研究与发展管理，2012（4）：103－106.

[13] 石虹．地方高校协同创新研究［D］．兰州：西北师范大学，2013.

[14] A. 斯特劳斯，J. 科宾．质性研究概论［M］．徐宗国，译．台北：巨流图书公司，1997.

[15] 孙兵．高职院校与企业协同科技创新的机制研究［J］．中国高校科技与产业化，2010（10）：32－34.

[16] 苏敬勤，刘静．多元化战略影响因素的三棱锥模型——基于制造业企业的多案例研究［J］．科学学与科学技术管理，2012，33（1），148－153.

[17] 苏敬勤，崔淼．工商管理案例研究方法［M］．北京：科学出版社，2011：13，51－67.

[18] 孙金梅，黄清．企业集成创新要素及评价指标体系［J］．东北林业大学学报，2006，34（3）：97－99.

[19] 杨鹏跃，朱蕾，等．对国家重点实验室学科建设与领军人才培养的探索［J］．研究与发展管理，2014（2）：139－142.

[20] 叶仕满．协同创新：高校提升创新能力的战略选择［J］．中国高校科技，2012（3）：16－19.

[21] 张力．产学研协同创新的战略意义和政策走向［J］．教育研究，2011

(7): 18 -21.

[22] 吴悦, 顾新. 产学研协同创新的知识协同过程研究 [J]. 中国科技论坛, 2012 (10).

[23] 徐庆瑞, 等. 全面创新管理 (TIM): 企业创新管理的新趋势——基于海尔集团的案例研究 [J]. 科研管理, 2003 (5): 6 -10.

[24] 赵扬. 国家创新系统中的信息资源协同配置研究 [D]. 武汉: 武汉大学, 2010.

[25] 郑刚. 基于 TIM 视角的企业技术创新过程中各要素全面协同机制研究 [D]. 杭州: 浙江大学, 2008.

[26] Eisenhardt K. M. Building theories from case study research [J]. Academy of Management Review, 1989, 14 (4): 532 -550.

[27] Fan Decheng, Tang Xiaoxu. Performance evaluation of industry-university-research cooperative thchnological innovation based on fuzzy integral [C]. International Conference on Management Science and Engineering, 2009: 1789 -1795.

[28] Glaser B. , Holton J. The grounded theory seminar reader [M]. Mill Valley: Sociology Press, 2007.

[29] Weed M. A grounded theory of the policy process for sport and tourism [J]. Sport in Society, 2005, 8 (2): 356 -377.

[30] Yin R. K. Applications of case study research [M]. Thousand Oaks: Sage Publications, 2003.

[31] Yin R. K. Case study: Design and methods [M]. CA: Sage Publications, 2008: 157.

我国协同创新中心生态机制影响因素分析

蒋亚楠　陈亚男　王文亮　肖美丹*

随着我国协同创新中心数量的不断增加，如何把协同创新中心办好引起高度重视。本文运用探索性多案例研究方法，基于扎根理论对我国第一批“2011 计划”中的 8 个国家级协同创新中心案例进行分析。研究表明，创新生态环境、创新保障体系、创新生态组织、创新生态动力和创新生态能力是我国协同创新中心生态机制的主要影响因素。在此基础上，本文构建了我国协同创新中心生态机制影响因素理论模型。

实施创新驱动发展、建设创新型国家是提升我国综合竞争力和实现民族伟大复兴的重要战略。与欧美等创新型国家相比，我国在可持续自主创新能力、创新人才培养等方面还有很大差距。在这种情况下，协同创新作为一种新的创新范式，为我国创新型国家建设提供了一条可行之路。在清华大学百年校庆上，胡锦涛提出要积极推动协同创新，通过体制机制改革和政策项目引导，鼓励高校同企业、科研机构等开展深度合作，建立协同创新的战略联盟，提升高校创新能力，支撑创新型国家和人力资源强国建设（胡锦涛，2011）。随后，教育部与财政部联合制订了高等学校创新能力提升计划（“2011 计划”），以建立面向科学前沿、行业产业、区域发展和文化传承创新的重大战略需求的协同创新组织为目标，建成一批协同创新中心。

目前，我国已经建立了国家级、省级、校级等多个协同创新中心，但均处于初级发展阶段，管理体系和运行机制都不完善。据此，本文选取“2011 计划”首批认定中的 8 个国家级协同创新中心为样本，采用扎根理论的数据编码方式，对每个协同创新中心进行探索性案例分析，分析出协同创新中心生态机制

* 蒋亚楠、陈亚男、王文亮、肖美丹，河南农业大学信息与管理科学学院。本文发表于《河南科学》2016 年第 3 期。

的影响因素，从而为当前协同创新中心的理论研究和实践提供借鉴和指导作用。

1. 文献回顾

彼得·葛洛（Peter Gloor）最早给出协同创新的定义："由自我激励的人员组成的网络小组形成集体愿景，借助网络交流思路、信息及工作状况，合作实现共同的目标。"（Gloor，2005）陈劲认为，协同创新是高校、科研机构、企业、政府、中介机构和用户等为了实现重大科技创新而开展的大跨度整合创新组织模式（陈劲，阳银娟，2012）。协同创新中心是为推进高校与高校、科研院所、企业、地方政府以及国外机构的深度合作，探索满足不同需求的协同创新模式的组织机构，是协同创新实施的基地和平台（林健，倪渊，2013）。其一般由高校作为牵头单位，科研机构、企业和政府等作为协同单位。

经文献查阅，学者们在协同创新中心机制方面主要做了以下研究。唐阳提出，高校是创新的主要阵地，应从单兵作战转为协同合作，要在沟通交流手段、资源配置方式、产权分配模式、评价考核标准、人才培养模式等方面积极主动地开展机制改革（唐阳，2012）。郭菊娥和李圭泉（2012）分析了"2011 计划"的目标追求及其实现路径，提出能动致变的演化机制、优化设计的控制机制及其之间的耦合机制是保障协同创新成败的关键。庄怀玢和谢心澄（2014）以量子物质科学协同创新中心为例，探讨了其在建设运行、人才选聘、资源汇聚、科研组织、人才培养、绩效管理等方面的机制体制改革。刘佳（2013）基于同素异形体结构理论，分析了协同创新中心从量变到质变的原理，提出了协同创新中心的联动合作机制、人事管理机制、科研评价机制、人才培养机制、资源整合机制和文化建设机制。孙清忠和黄方方（2014）基于管理协同理论视角，从沟通协调机制、开放共享机制、整合支配机制和评价反馈机制等角度对高校协同创新资源优化配置进行了探索。李晨等（2015）通过对国家首批 14 家协同创新中心案例进行综述，总结从组织管理机制、人才使用机制、科研管理机制和企业参与机制四个方面进行体制机制改革以激发活力。林健和倪渊（2014）从协同创新中心的动力机制、选择机制、资源整合机制和评价机制等运行机制进行建模分析，提出相应的管理策略，以期实现对协同创新中心的有效控制。陈晓清等（2015）对我国大学协同创新中心发展要素进行分析，提出制定目标、研究问题、学科交叉、运作机制等 7 个核心要素对协同创新中心的成败至关重要。

综合上述文献可知，对协同创新中心的研究已引起了学界的足够重视。现有的研究成果对协同创新中心的发展起到良好指导作用，但多数研究局限于理论的归纳总结，缺少具体的量化方法或实证研究，而且从生态系统视角对我国协同创新中心进行探索研究的文献几乎空白。基于此，本文试图以质性研究中的多案例分析方法，基于扎根理论对我国协同创新中心的生态机制影响因素进行了探索。

2. 研究设计

2.1 研究方法

案例研究适合对各种管理现象和问题进行描述、解释以及探索性地深入研究（苏敬勤，孙源远，2015）。本文主要研究协同创新中心生态机制的影响因素，具体要回答其影响因素“是什么”“为什么”和“怎么样”等一系列问题，属于探索性研究。而案例研究正适合于验证和构建新理论，能够具体回答“是什么”“为什么”和“怎么样”的问题（Eisenhardt，1989）。同时，相对于单案例研究而言，多案例研究能够确认共同特征，运用殷（Yin）提出的复制法则，寻找多方支持证据，相互推演、复核，提出更有说服力的结论（陈晓萍，徐淑英，樊景立，2012）。因此，本文采用多案例研究方法。

案例文本数据分析采用的是扎根理论方法，运用系统化的分析程序，直接从实际观察以及多渠道获取的定性资料入手，逐步提炼出能够用于构建理论框架的相关概念和范畴（Glaser，Strauss，1967）。扎根理论方法的核心是资料的收集和分析，该过程包含理论演绎和归纳，在整个研究过程中，资料的收集和分析是同时发生的，又是连续循环进行的（张敬伟，2010）。

2.2 案例选择

在研究样本数量的确定上，殷（Yin）提出随着案例研究样本数量的增加，研究结论的信度和效度也会随之得到改善（Yin，2002）。艾森哈特（Eisenhardt，1989）认为，多案例研究的样本数量以 4 ~ 10 个为宜。据此，本文选取 8 家协同创新中心为案例研究对象。另外，为使本文研究更具典型性和全面性，分别从面向科技前沿、行业产业、区域发展和文化传承创新 4 种类型中选择 2 家创新中心。其中，以量子物质科学协同创新中心、宇航科学协同创新中心、中国南海研究协同创新中心和河南粮食作物协同创新中心为主案例，其余 4 家为辅助案例。样本信息如表 1 所示。

表 1　　样本基本信息

	中心名称	牵头单位	类别
主案例	量子物质科学协同创新中心	北京大学	科技前沿
	宇航科学与技术协同创新中心	哈尔滨工业大学	行业产业
	中国南海研究协同创新中心	南京大学	文化创新
	河南粮食作物协同创新中心	河南农业大学	区域发展
辅案例	量子信息与量子科技前沿协同创新中心	中国科学技术大学	科技前沿
	先进航空发动机协同创新中心	北京航空航天大学	行业产业
	司法文明协同创新中心	中国政法大学	文化创新
	苏州纳米科技协同创新中心	苏州大学	区域发展

2.3 数据收集

在明确了案例研究的方法、选定了案例研究对象后，应明确案例数据收集的主题和收集方法。数据的收集主题是“哪些因素对协同创新中心的生态运行机制起促进或制约作用”。苏敬勤、刘静认为，二手数据具有较高的可复制性、较高程度的客观性和较低地获取成本等特点（苏敬勤，刘静，2013b），以及他们通过分析国内案例研究数据源现状，从效度和信度 2 个维度讨论得出利用二手数据进行案例研究的规范性和科学性（苏敬勤，刘静，2013a）。故数据收集方法主要为二手数据、非正式交流和直接观察等渠道，主要包括：①进入协同创新中心进行实地调查，获取可利用权威资料；②中国期刊网、中国重要报纸全文数据库、报纸上公开发表的文章、报道等；③协同创新中心官网，百度、谷歌等搜索引擎提供的网络资料；④各协同创新中心负责人访谈录等。资料的收集与补充持续进行，并且在数据收集过程中，通过多个信息来源的交叉验证，以确保所有案例资料的准确性。

3. 数据分析与研究发现

3.1 开放性编码

开放性编码的目的在于指认现象、界定概念和发现范畴，其关键是将收集到的资料进行分解、比较、贴标签使之概念化和范畴化。为保证此环节的科学合理，共 3 名编码人员反复对资料和概念进行讨论分析，直至达成一致意见，部分编码结果如表 2 所示。

表 2　　开放性编码示例

中　心	概　念
河南粮食作物协同创新中心	战略需求、协同单位、建设目标、提供技术、人才支撑、发展思路、汇聚创新人才、组织管理、人员聘任、人才培养、资源整合、资源共享、绩效考评、独立自主运行、中心主任负责制、主任职责、中心使命、具体任务、组建团队、模式创新、突破核心、自主招生、创新能力、现代农业实验区、四位一体物化平台、农业信息化、成果转化、技术培训、人事管理制度、独立财务管理制度、自主培养、科研组织模式、基地建设、按需设岗、竞争上岗、目标管理、优劳优酬、人才培养机制与模式、科技创新基金、访问学者、政策支持、体制机制改革、区域特色、科研创新平台、完整产业链、创新文化、创新精神、学术会议、利益分配、领导重视、持续创新能力
宇航科学与技术协同创新中心	综合使命、科技任务、高水平人才、优势资源、创新研发基地、标志性成果、学科融合、团队合作、研发与运用平台、体制机制创新、资源汇聚、资源共享、人才培养、建设目标、建设思路、创新团队、突破核心技术、原始创新能力、战略规划、研发任务、国际影响力、团队建设、自主招聘、科研队伍规模、人员流动机制、绩效考核评价、国际交流合作、国际交流平台、虚拟独立法人制、利益分配机制、运行管理机制、科研组织模式、基础科学研究、自主创新能力、岗位设置、职称晋升、人员边界管理、薪酬模式、人员退出机制、课程体系建设、创新实践能力、学术合作基地、基础设施、政策支持、资金投入、文化创新、流程创新、竞争、信息沟通、成果转化
量子物质科学协同创新中心	战略需求、创新任务、显著合作成果、竞争力、创新体制机制、超级实验平台、资源集聚、合作模式、高水平人才聘用和培养、科研创新能力、三位一体（人才、学科和科研）、统筹管理、人事制度、科研组织模式、交流共享、知识管理、深厚学科渊源、教师预聘制度、科教结合、优越地理位置、创新平台、人才团队建设、岗位流动、管理服务、技术支持、政策支持、资金投入、自主招生、绩效考核、科研成果产出、战略规划研讨会、国际招聘、资源共享、联合培养、创新潜力、创新目标、利益分配、顶层设计、协同决策机制、优化资源配置、岗位退出机制、国际科研合作、创新文化建设、人员评价激励、创新精神、组织管理
中国南海研究协同创新中心	战略需求、多学科协同、体制机制改革、南海战略决策、基础研究、动态监测、研究平台、学术创新体、高端智库、国际交流对话、独立完整的治理结构、研究团队、人才培养、学科协同、队伍协同、资源整合与优化、信息共享、知识管理、政府政策、学校政策、激发创新思维、自主招生、聘用制度、岗位管理制度、创新氛围、绩效考核评价、科研组织创新、协调、矩阵研究机制、资源共享、创新文化建设、开放协同意识、协同合作交流、沟通机制、科研成果积累和转化、利益和成果共享机制、可持续创新能力、优势互补、集成创新

3.2　主轴编码

主轴编码是在开放性编码的基础上对资料包含的概念进行浓缩和归纳，依据概念之间的内在联系和类型关系对其进行合理的初步联结。我们按照施特劳斯和科宾（Strauss & Corbin）提出的“分析现象与其原因、背景、条件、行动与互动策略以及结果之间体现的逻辑关系”之一典型范式，通过与资料的进一步互动把各范畴联系起来。通过这个过程，最终得到 11 个副范畴和 5 个主范畴，编码结果如表 3 所示。

表 3　　主轴编码

主范畴	副范畴	包含概念（示例）
创新生态环境	创新文化建设 政策支持	创新文化、创新精神、创新氛围、沟通 国家政策、学校政策
创新保障体系	人才汇聚与培养 资金支持与管理	人才聘用和培养、绩效考核、联合培养 资金投入、创新基金、资金管理
创新生态组织	资源管理	资源整合与共享、创新平台、知识管理
创新生态动力	组织管理机制 团队建设	组织管理模式、科研组织模式、岗位设置 科研创新团队、学科协同
创新生态能力	战略需求 国内外合作交流 利益分配	战略需求、综合使命、政策支持 交流合作、国际交流平台建设、访问学者 科研成果产出与转化、利益分配机制
	创新生态能力	自主创新、原始创新、成果转化、荣誉感

3.3　选择性编码

选择性编码的主要任务是识别出能够统领其他范畴的“核心范畴”，并以“故事线”的方式把核心范畴和其他范畴系统地联结起来，通过资料与正在成型的理论的进一步互动来完善各个范畴及相互关系，从而建立起更加缜密的扎根理论（Strass，1987）。通过对 11 个副范畴和 5 个主范畴的深入分析，同时结合原始资料，发掘可以用“我国协同创新生态机制影响因素”作为核心范畴来统领其他范畴。基于此，该“故事线”可以简单描述为：在各级政策支持和已形成良好的内外创新文化背景下孕育出有利于协同创新中心创新发展的稳定生态环境，充足的人、财、物的投入与管理为中心运行提供坚实保障，高效的创新组织模式以及充沛的创新动力，持续不断推动中心协同创新生态能力的提升，在这些影响因素作用下中心形成一个良好的循环生态系统。图 1 列示了我国协同创新中心生态机制影响因素的理论模型。

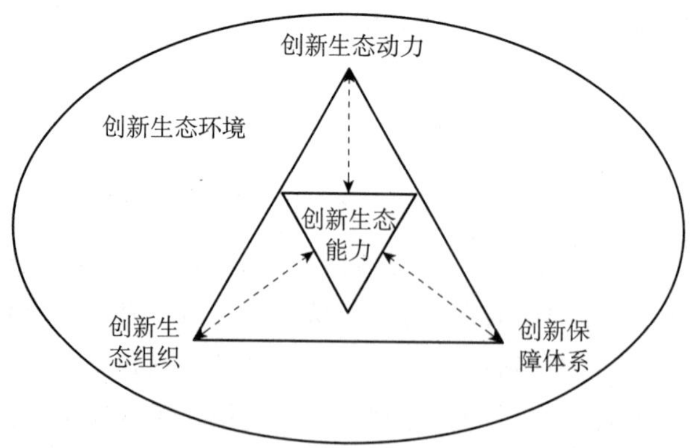

图 1　我国协同创新中心生态机制影响因素理论模型

3.4 理论饱和度检验

理论饱和度检验是决定何时停止采样的鉴定标准。为了验证上述扎根分析是否饱和，本研究对剩余的4个辅助协同创新中心案例进行编码和分析，在进行开放性编码后，发现模型中的关系类别已发展的非常丰富，没有形成新的重要范畴和关系。因此，可以认为上述的理论模型是饱和的。

4. 模型阐释

4.1 创新生态环境

任何行业组织的构建与发展都需要适宜的内部和外部环境，对于协同创新中心来说更是如此。为解决我国长期以来创新动力不足、效率不高、产学研创新主体相对分离的问题，教育部实施"2011计划"，旨在培育一批能够"应对国家重大需求，面向世界科技前沿"的高水平协同创新中心。国家及省市地区在政策、资金等方面都给予了极大的鼓励和支持，营造了全面促进创新的良好外部大环境。对于协同创新中心内部环境来说，创新文化的建设、创新氛围的形成等至关重要，它们是影响中心最终产出的软环境，直接关乎创新的效率。比如，中国南海研究协同创新中心本着"海纳百川、和谐共生、合理竞争、宽容失败、崇尚使命、倡导奉献"等原则，树立开放的协同意识，努力构建尊重人才，鼓励创新、倡导贡献的学术文化氛围，在这种创新生态环境下取得了一系列的成绩。

4.2 创新保障体系

协同创新中心的保障体系主要是指人力、物力、财力和无形资源的配置与管理。网罗高质资源，优化资源配置，提高资源共享质量，使协同创新中心的资源配置从无序走向协同配合的有序状态，为中心的发展打下坚实的基础。

在人力资源方面，各个协同中心均以任务为牵引，广招国内外优秀人才，制订各人才种培养模式，进行绩效考核评价、人员激励及退出等创新机制体制改革等。比如，量子物质科学协同创新中心引入国际化统一标准的人才聘任机制，吸引了许多优秀科学家和青年人才的关注，诺贝尔奖得主崔琦教授也加入了该中心。另外，中心在国际复杂材料研究中心框架下建立了中国分部，与ICAM全球70多个分支机构共建学生联合培养机制。

在物质资源方面，主要是指公共平台、设备等基础设施的整合与共享。协同创新中心都是以重点大学为依托，这样既可以降低中心购买和添置基础设施的费用，同时也提高了资源的利用率。比如，河南农业大学为河南粮食作物协同创新中心提供必要充足的办公、试验场所和实验仪器设备，中心新增仪器设备由学校和共同体参与单位统一论证采购，与协同体共享共用。

在财力资源方面，中心建立之初多依靠国家、各级政府、牵头单位和协同体的支持，后期成果转化会成为中心主要资金来源。比如，河南粮食作物协同创新中心每年由国家拨付3000万元建设经费，连续支持4年；省教育厅、省财政厅投入首批启动经费800万元，并每年根据教育部经费拨付情况进行1：1配套支持；河南农业大学支持中心一期建设经费1700万元，每年支持中心500万元设立开放基金等。中心王泽霖教授团队研究成果及相关技术成果转化率100%，被国内多家企业抢购，迄今为止，已获项目资助和技术转让费达已近亿元。

在无形资源方面，主要是指信息资源、知识产权、社会地位等，将这些无形资源加以整合利用，有利于实现中心创新目标。比如，宇航科学与技术协同创新中心建立了共享的资源信息档案和管理网络；在知识产权归属上，司法文明协同创新中心制订了《司法文明协同创新中心人事聘任、评价、考核管理办法》，其中指出对以司法文明协同创新中心署名但以其他协同高校为第一署名单位，本校为第二署名单位发的研究成果，计入本校教师科研考核工作量等。

4.3 创新生态组织

协同创新中心的组织体系包括中心的组织管理体制、科研组织管理模式、创新团队的建设等，其目的是保障中心高效运转，提升中心的自主创新能力，提高产学研协同创新绩效。研究发现，我国协同创新中心的组织管理机制以管理委员会领导下的中心主任负责制、委员会制为主。比如，河南粮食作物协同创新中心采用“管理委员会→中心主任→创新平台→创新团队”四级组织管理体制；北京航空航天大学先进航空发动机协同创新中心采用的是委员会制，理事会是最高决策机构，其下设发展咨询委员会、运行管理委员会、检查审计委员会等。中心在科研组织管理方面多实行利用协同创新平台优势以吸引重大项目为牵引的团队建设模式，根据任务需要进行团队岗位设置及管理。

4.4 创新生态动力

协同创新中心构建与发展的动力源主要来自以下四个部分：国家或区域发展的战略需要、政府的政策支持、利益分配和国内外交流合作。“2011 计划”建设基本原则是“国家急需、世界一流”，重点解决面向科学技术前沿、行业产业经济发展、区域发展和我国社会主义文化建设四方面重大问题。中心以完成上述使命为己任、为荣誉，是中心持续创新发展的动力。比如，河南粮食作物协同创新中心以支撑河南粮食持续增产增效，保障实现2020年河南粮食增长300亿斤以及探索转变河南粮食作物生产方式和新型农业现代化发展道路等目标为中心发展不竭动力。政府加大对协同项目的支持，尤其是那些具有高难度、高风险和关键技术的项目，政府的加入可以有效地降低中心各主体的风险，提高他们的参与积极性。协同主体间的利益分配情况直接影响着中心的发展。中心应根据各协同体贡献大小，制订科学合理的利益分配机制以保证利益分配的客观公正。多元化的国内外交流合作是中心取得创新绩效的推动力，通过引进国内外先进的理念和技术以提升自身竞争力。比如，宇航科学与技术协同创新中心定期举办国际研讨会，邀请国内外顶尖学者进行学术交流，派学者去国外科研机构访问交流等。

4.5 创新生态能力

创新生态能力主要是对协同创新中心在系统运行过程的监测与评估以及运行结果的体现与反馈。在中心运行重大项目过程中，一定要做好实时监控，定期进行阶段性目标评估，如出现与原定计划不符，工作人员必须对项目运行过程进行检查以找出症结并实施调控。此过程可以激发员工创新潜能，培养团队意识，提升中心整体创新能力。对项目最终科研成果的产出和转化要进行客观评价和总结，以丰富创新经验，提升自主可持续创新能力。比如，量子物质科学协同创新中心的谢心澄教授领衔的团队，在中心原有的基础上，进一步集中优势，总结经验，克服种种困难，开创新地提出自旋超导概念以及类金兹堡—朗道理论，该成果可能成为自旋超导领域的里程碑。

5. 结论与思考

本文采用多案例研究和扎根分析方法，对案例素材加以三级编码，发掘并归纳了创新生态环境、创新保障体系、创新生态组织、创新生态动力与创新生态能力5个范畴构成的我国协同创新中心生态机制影响因素理论模型，经由理论饱和度检验，结果显示饱和度检验得以通过。

本文的理论贡献在于：一是运用质性研究方法，基于影响因素的整体性研究提出了我国协同创新中心生态机制影响因素理论模型；二是以生态系统视角对中心机制影响因素进行深入分析和归纳，丰富了产学研协同创新方面的理论研究。实践贡献在于具体影响因素的提出有利于我国正处于初级阶段的协同创新中心找到较有效的机制运行模式，对中心的建设和发展有很好的指导和借鉴意义。

当然，本文虽然采用了规范的质性多案例研究方法，但仍缺乏跨时间的比较研究，需要在以后进行跨时间的案例研究，以对现有结论进行检验和完善。另外，本文只分析我国协同创新中心的生态机制影响因素，缺少协同创新中心的创新绩效分析，未来可以实证研究协同创新中心的影响因素与创新绩效之间的关系。

参考文献

[1] 陈劲，阳银娟．协同创新的驱动机理 [J]．技术经济，2012 (8)：6 - 11，25.

[2] 陈晓萍，徐淑英，樊景立．组织与管理研究的实证方法（第二版）[M]．北京：北京大学出版社，2012.

[3] 陈晓清，詹启伟，姜田．我国大学协同创新中心发展要素分析 [J]．研究与发展管理，2015 (4)：93 - 99.

[4] 郭菊娥，李圭泉．“2011 计划”的目标追求及其实现路径 [J]．西安交通大学学报：社会科学版，2012 (5)：107 - 109.

[5] 胡锦涛．在庆祝清华大学建校 100 周年大会上的讲话 [EB/OL]．(2011 - 04 - 24)．http：//theory. people. com. cn.

[6] 李晨，吴伟，韩旭．以体制机制改革激发创新活力——国家首批 14 家协同创新中心案例综述 [J]．高等工程教育研究，2015 (2)：34 - 38.

[7] 林健，倪渊．协同创新中心卓越绩效运行机制研究 [J]．中国高校科技，2013 (8)：30 - 33.

[8] 刘佳．“2011 计划”协同创新中心建设的组织管理保障与政策创新研究 [J]．科技进步与对策，2013 (10)：1 - 6.

[9] 唐阳．高校开展协同创新的思考 [J]．中国高校科技，2012 (7)：14 - 16.

[10] 孙清忠，黄方方．高校协同创新中心资源优化配置机制构建探析——基于管理协同理论视角 [J]．高教探索，2014 (5)：26 - 29.

[11] 苏敬勤，刘静．案例研究规范性视角下二手数据可靠性研究 [J]．管理学报，2013a (10)：1405 - 1409，1418.

[12] 苏敬勤，刘静．案例研究数据科学性的评价体系——基于不同数据源案例研究样本论文的实证分析 [J]．科学学研究，2013b (10)：1522 - 1531.

[13] 苏敬勤，孙源远．商业案例、教学案例和案例研究的关系 [J]．管理案例研究与评论，2010，3 (3)：255 - 259.

[14] 张敬伟. 扎根理论研究法在管理学研究中的应用 [J]. 科技管理研究，2010 (1): 235-237.

[15] 庄怀玢，谢心澄. 面向科学前沿推进协同创新体制机制改革——量子物质科学协同创新中心改革特色与新进展 [J]. 中国高校科技，2014 (7): 9-11.

[16] Eisenhardt K. M. Building theories from case study research [J]. Academy of Management Review, 1989, 14 (4): 532-550.

[17] Glaser B. G. Strauss A. L. The discovery of grounded theory [M]. New York: Aldine Publishing Company, 1967.

[18] Gloor P. A. Swarm creativity: Competitive advantage through collaborative innovation networks [M]. New York: Oxford University Press, 2005.

[19] Strass A. L. Qualitative analysis for social scientists [M]. New York: Cambridge University Press, 1987.

[20] Yin R. Case study research: Design and methods (3rd Edition) [M]. Thousand Oaks: Sage Publication, 2002.

产学研协同创新生态机制影响因素研究

王文亮　肖美丹　吴　静　王力斌*

本文基于河南粮食作物协同创新中心案例研究，从协同创新中心内部、期刊、报纸等媒介收集并整理资料，对协同创新中心发展的各个阶段进行分析，报告了协同创新中心目前生态运行状况。本文通过采用扎根理论方法，对资料中生态机制影响因素的相关内容进行概念化、范畴化和编码处理。研究发现，创新生态环境、创新生态保障、创新生态动力、创新生态能力是产学研协同创新生态机制的四大影响因素。其中，创新生态环境是前提，创新生态保障是基础，创新生态动力是关键，创新生态能力是映像。在此基础上，构建产学研协同创新生态机制影响因素模型，并对模型机理进行具体阐述。产学研协同创新的生态建设必须注重其运行过程中的各种影响因素，以实现其健康有序发展。

近年来，在科技进步、国际竞争、生态发展等驱动下，企业、大学和科研院所等创新活动组织形态和政府创新政策都发生重要变化，在此背景下，创新生态系统作为一种新的创新范式被广泛研究。中国共产党第十八次全国代表大会上的报告提出我国要实施创新驱动发展战略，形成有中国特色的产学研协同创新体系，以及随后“2011 计划”的实施都是对这一范式的敏锐性把握。

产学研协同创新是世界各国建设国家创新体系的重要内容。综观文献可知，我国学者在很多方面对产学研协同创新进行了探索研究，但以生态系统视角去深入分析的文献相对较少。有鉴于此，本文以河南粮食作物协同创新中心为研究对象，对中心生态系统运行过程进行剖析以探索产学研协同创新生态机制的影响因素。本文的理论和实践贡献主要体现在：采取质性研究中的扎根理论方法，基于影响因素的整体性研究提出产学研协同创新生态机制影响因素模型，对产学研

---

* 王文亮、肖美丹、吴静、王力斌，河南农业大学信息与管理科学学院。本文发表于《技术经济与管理研究》2016 年第 3 期。

协同创新在实证研究方面提供进一步的理论支撑；在实践价值方面，河南粮食作物协同创新中心是国家首批协同创新中心之一，基于它的研究成果能促进中心快速稳定发展，切实为区域经济发展服务，推动省内外高校与当地支柱产业中重点企业或产业化基地的深度融合以及对国内其他协同创新中心的实践有启示价值。

1. 文献回顾

彼得·葛洛（Peter Gloor）（2005）最早给出协同创新的定义："由自我激励的人员所组成的网络小组形成集体愿景，借助网络交流思路、信息及工作状况，合作实现共同的目标。"我国学者陈劲指出，协同创新是以知识增值为核心，企业、政府、知识生产机构（大学、研究机构）、中介机构和用户等为了实现重大科技创新而开展的大跨度整合的创新组织模式（陈劲，阳银娟，2012）。在科学新发现成为技术创新源头的背景下，产学研协同创新被提出。这种创新体现在知识创新和技术创新的协同，是大学作为创新中心与企业作为创新主体的合作，它不是简单的项目合作，而是共建创新平台，是利益共同体（洪银兴，2015）。我国学者从模式（何郁冰，2012）、特征和理论框架（涂振洲，顾新，2013）、影响因素（何海燕，王子文，姜李丹，2014）、运行机制（金惠红，薛希鹏，雷文瑜，2015）等多重角度对产学研协同创新进行了深入研究，理论正逐步趋于成熟。

自20世纪90年代以来，日本经济持续低迷乃至出现"失落的十年"，而美国制造业重振雄风，硅谷更是成为经济持续增长的代表，硅谷的持续发展导致了创新生态的提出。摩尔（Moore）是第一个系统地从企业角度论述生态系统的学者，他认为企业生态系统是一种由客户、供应商、主要生产商、投资商、政府、社会服务机构和其他利益相关者等具有一定利益关系的组织或群体结构的动态结构系统（Moore，1996）。在此基础上，伊恩斯提和莱文（Iansiti & Levin，2004）用生态位的概念论述创新生态系统，认为创新生态系统是由拥有不同生态位但又彼此相关的企业所组成，若其中某个生态位发生变化，其他生态位会相应发生变化。阿德纳和卡普尔（Adner & Kapoor，2010）主要关注创新生态系统聚类，认为创新依赖外部环境的变化与生态系统的成员参与，创新生态系统是将个体与他者联系，并提供面向客户的解决方案，输出价值的一种协同机制（Adner，2006）。我国学者柯立平认为，创新生态系统作为一种新的竞争模式，较适用于具有成熟市场经济制度的发达国家，而发展中国家的创新体系还具有浓厚的建设和配置意义（柯立平，2014）。李万、常静认为，随着国内学术界大量对创新生态系统进行不断地探索研究，以及国家及各省市在创新实践中对创新生态系统的重视，我国的创新生态系统很快会被建立起来（李万 等，2014）。国内主要学术研究有：黄鲁成（2003）运用生态学理论对区域创新系统的生态位特征、演化规律、运行机制等进行了探讨；贺团涛等（2008）针对高科技企业的创新生态形成机理、演进趋势以及风险识别与控制机制展开了深入研究；张利飞（2009）总结了高科技企业创新生态系统的定义以及对其运行机制进行分析；吴绍波（2013）、梅强等（2013）分别对战略性新兴产业生态系统的治理机制和风险控制机制进行了论述；曾国屏和苟尤钊（2013）回顾了创新研究由创新系统转变为创新生态系统的历程，探讨了创新生态系统的概念、模型和特征，进而考虑了建设和完善创新生态、落实创新驱动发展战略的若干问题；梅亮和陈劲（2014）通过科学计量方法得出目前创新生态系统的理论研究主要围绕商业生态系统、价值创造、开放式创新、创新生态系统四大聚类展开；李煜华等（2014）运用逻辑方程构建创新生态系统内企业和科研院所协同创新模型，分析其协同创新稳定性及条件，并提出实现创新生态系统稳定协同创新的重要途径以及相应的协同创新策略；陈衍泰等（2015）基于中国电动汽车的跨案例研究，分析了产业创新生态系统的价值创造和获取机制等。

基于以上文献回顾，我国在创新生态系统方面的研究还处于起步阶段，研究主题偏重于企业，研究内容多聚焦于理论文献综述、概念特征，以及创新模式等角度展开，对创新生态机制方面的研究缺乏深入探讨。另外，多数文章属于较为宏观的描述归纳，缺乏有足够证据支持的质性研究。因此，本文在典型案例分析的基础上对产学研协同创新生态机制影响因素进行研究。

2. 研究设计

2.1 研究方法

由于案例研究适合对各种管理现象和问题进行描述、解释以及探索性地深入研究，故适用以下情景：①需要回答“为什么”“怎么样”的问题；②研究者几乎无法控制研究对象或关注的重心是当前现实生活中的实际问题（Yin，2003）。我们对产学研协同创新生态机制的研究尚缺乏充分的归纳和总结，因此，本研究比较适合采用案例研究方法。

单案例研究适合于探索性研究。在有关研究问题非常少见的情况下，通过运用案例进行探索性研究，可以明确一些与“是什么”有关的问题，也可以通过典型案例研究明确“怎么样”的问题（苏敬勤，张琳琳，2013）：即对本文所要研究产学研协同创新生态系统来说，哪些因素会影响生态系统的正常运转与平衡；采取怎样的措施才能正向运用这些影响因素等。由此，本研究适合采用单案例研究。

案例分析文本数据采用的是扎根理论方法，此方法最早由格拉泽和施特劳斯（Glaser & Strauss，1967）提出。它主要运用系统化的分析程序，直接从实际观察以及获取的定性资料入手，通过对原始资料进行系统分析和归纳，逐步提炼出能够用于构建理论框架的相关概念和范畴。目前，扎根理论已被学者公认为定性研究中最权威和最规范的研究方法，在教育学、心理学和管理学等诸多学科领域得到了广泛的应用（费小冬，2008）。扎根理论方法的核心是资料的收集和分析，该过程包含理论演绎和归纳，在整个研究过程中，资料的收集和分析是同时发生的，又是连续循环进行的（张敬伟，2010）。

2.2 案例选择

案例选择遵循关键的案例（所选案例可以满足检测某一理论的条件）、极端或独一无二的案例（案例非常罕见以致对研究非常有价值）以及启示性案例的标准（苏敬勤，张琳琳，2013），选取河南粮食作物协同创新中心为研究对象。聚焦于河南粮食作物协同创新中心主要是因为：

2.2.1 案例的典型性

河南粮食作物协同创新中心是河南省首批被教育部、财政部认定的国家级“2011 协同创新中心”，依附于具有百年历史的省重点院校——河南农业大学，协同单位有河南工业大学、河南省农业科学院、北京奥瑞金种业有限股份公司、河南永优种业科技有限公司和河南平安种业有限公司。

2.2.2 案例数据的可获得性

作为河南农业大学教职工，能够得到权威的内部资料。中心的组织机构和体制机制较为健全，发展思路清晰，能够获得大量可公开的资料信息。

2.2.3 情景的适宜性

我国现阶段全面贯彻实施创新驱动发展战略，大力促进各个领域的产学研协同创新生态系统深入融合，河南粮食作物协同创新中心应运而生，具有极大的研究价值。

2.3 数据来源

扎根理论研究的特点之一就是数据的多元化和丰富化，该理论认为“一切皆为数据”（Glaser，1998）。这里的数据包括通过问卷调查和实地调研获得的一手数据，也包括从报纸、期刊杂志、网络等采集的二手数据。苏敬勤、刘静认为，二手数据具有较高的可复制性、较高程度的客观性和较低的获取成本等特点（苏敬勤，刘静，2013b），以及他们在通过分析国内案例研究数据源现状的基础上，从效度和信度两个维度讨论利用二手数据进行案例研究的规范性和科学性（苏敬勤，刘静，2013a）。因此，本文的样本案例数据资料主要来源于实地调研和二手资料，主要包括：①进入协同创新中心进行实地调查，获取可利用权威资料；②中国期刊网、中国重要报纸全文数据库、报纸上公开发表的文章、报道等；③《河南日报》《大河报》《光明日报》《东方今报》《郑州晚报》《农民日报》《河南农业大学校报》等综合性报纸和专业性报纸上的文章；④协同创新中心官网，百度、谷歌等搜索引擎提供的网络资料等。资料的收集与补充持续进行，并且在数据收集过程中，通过多个信息来源进行交叉验证，以确保案例资料的准确性。

2.4 数据分析策略

在利用扎根理论分析过程中，数据的丰富化和多样化使得编码工作非常繁杂，为了提高编码的工作效率，保证编码质量，本文遵循以下数据分析策略：①为了保证编码的一致性和准确性，编码过程全部采用手工完成；②在笔记本上为案例数据的分析建立备忘录，记录该案例编码的结果和修改过程；③在现有资料编码过程中，不断搜集新的数据资料以补充编码结果，直到编码出现饱和状态，提高结论的准确性。

3. 数据分析流程

3.1 开放性编码

开放性编码就是把搜集来的资料进行分解，不断比较资料反映现象的异同，然后为现象贴上标签，使之概念化与范畴化的过程。整个过程大致遵循以下程序：资料—贴标签—概念化—范畴化。根据此程序，我们对粮食作物协同创新中心案例进行开放性编码（部分举例）（见表1）。为了能够对资料进行更有逻辑性的分析，本文首先对收集到的资料进行归纳整理，通过上述编码程序初始得到标签221个，去除重复并概念化和范畴化之后得到创新根基、重大成果创新、软实力文化、国家战略要求、政府政策支持等104个概念，文化建设、政策支持、资金支持、资源管理等11个范畴，如表1所示。

表 1　　开放编码举例（节选）

案例证据资料	概念化	范畴化
早在20世纪70年代，河南农大就牵头组建了河南省小麦、玉米“高（产）稳（产）优（质）低（成本）”研究推广协作组，组织河南省多学科、多部门、多层次的科技人员开展协同攻关。从“九五”开始，连续主持“国家重中之重”“国家粮食丰产科技工程”等重大科研项目，先后获得一批在理论上有重大突破、在技术上有重大创新、在生产上有重大推广价值的科研成果，创造了小麦、夏玉米一年两熟15亩连片亩产全国最高产量纪录和夏玉米同面积世界最高产量纪录。中心在运行过程中采取一系列措施激发中心的活力，形成了各协同体间紧密协同、深度融合、资源成果共享的良好氛围，加强协同创新中心软实力文化建设	创新根基 重大成果创新 软实力文化	文化建设
十八大后，国家将创新驱动发展上升到国家战略层面，“2011计划”的提出顺应创新发展的需求，河南粮食作物协同创新中心能够首批入选国家“2011计划”，得益于国家粮食安全的战略要求。中心培育组建期间，省政府出台文件，从吸引人才、平台建设、专项经费等5个方面给予支持。河南农业大学高度重视协同创新中心建设工作，将协同创新中心作为先行先试的政策特区，成立专门机构	国家战略要求 政府政策支持 校政策支持	政策支持
国家每年拨付3000万元建设经费，连续支持4年；河南省教育厅、省财政厅投入首批启动经费800万元，并每年根据教育部经费拨付情况进行1：1配套支持河南粮食作物协同创新中心建设等政策；河南农业大学支持中心一期建设经费1700万元，每年支持中心500万元设立开放基金等。河南工业大学每年支持1000万元运转经费；3个协同企业支持1900万元运转经费，并分别建设1个协同创新成果转化示范和教学科研实习基地	政府资金支持 校资金支持 协同单位资金支持	资金支持
中心依托作物学国家一级重点学科、国家小麦工程技术研究中心等国家和省部级科研平台；建有小麦、玉米种质资源创新与新品种选育、现代农业示范基地建设等7个协同创新中心等；结合国家粮食核心区建设规划布局，中心在河南省豫北高产灌区、豫东补灌区、豫南雨养区、豫西旱作区4个主要粮食生态类型区，分别建设“一田三区”高产高效样板田；中心与长葛市、豫粮集团共建国家“2011计划”3万亩现代农业试验区；浚县、滑县、光山县、西平等现代农业实验区也在紧张有序的建设中。河南农业大学负责为中心提供必要充足的办公、试验场所和实验仪器设备；中心新增仪器设备由学校和协同体参与单位统一论证采购，与协同体共享共用，并建立资源共享信息档案和管理网络，对所有仪器设备实行“云”管理	平台建设 基地建设 资源共享	资源管理
……	…… 共计104个概念	…… 共计11个范畴

3.2 主轴性编码

主轴性编码主要是为了建立各主要范畴之间的联系，从而发现资料中各部分之间的有机关联。施特劳斯和科宾（Strauss & Corbin，1997）提出一个典型范式（paradigm model），即分析的现象及其原因、背景、条件、行动与互动策略以及结果之间体现的逻辑关系。按照这种方法，通过与资料的进一步互动，研究者可以把主要范畴的关系按照这个逻辑予以展现。于是，资料以一种抽象的形式又被组合到一起。本文通过主轴编码发现范畴之间存在一定的因果关系和逻辑推理关系，将这些关系重新进行归类和命名，最终将11个范畴归类为4大类（见表2）。

表2 主轴编码结果

主范畴	影响关系的范畴
创新生态环境	政策支持 文化建设
创新生态保障	资金支持 资源管理 人事管理 组织管理
创新生态动力	人才培养 创新团队 合作交流
创新生态能力	创新价值 利益分配

3.3 选择性编码

选择性编码是指通过描述现象的“故事线”来梳理和发现核心范畴，把核心范畴与其他范畴系统地连接起来，搜集新的资料验证其间的关系，并进一步通过资料与正在成型的理论的互动来完善各个范畴及相互关系，从而建立起概念密实、充分发展的扎根理论（Strass，1987）。通过对104个概念和11个副范畴以及4个主范畴的深入分析，同时结合原始资料，发掘可以用“产学研协同创新生态机制影响因素”作为核心范畴来统领其他主范畴。基于此，此“故事线”可以简单地描述为：在国家政策大力支持和协同主体及辅助单位良好创新文化的创新生态环境下，人、财、物以及科学的组织管理体制作为产学研协同创新生态运行的保障，人才的培养、优秀团队的创建以及多领域的合作交流为产学研协同创新生态运行提供源源不断的动力，创新价值和协同主体间利益分配是产学研协同创新生态运行能力的体现，它们共同构成了产学研协同创新生态机制的影响因素。

4. 理论模型

依据上述扎根理论分析，构建产学研协同创新生态机制影响因素模型（见图1）。

模型主要概念阐述：

（1）创新生态环境。创新生态环境是指产学研协同创新活动生态运行需要的内外部环境。其中最关键的外部环境是创新政策，内部环境是创新文化，创新政策的支持和良好创新文化的建设对产学研协同创新的生态运行不可或缺。

产学研协同创新组织的建立和发展需要适宜的内外部环境。为解决我国长期以来协同创新动力不足、效率不高、产学研创新主体相对分离的问题，国家实施创新驱动发展战略，大众创业，万众创新。教育部、财政部响应国家号召，实施了“高等学校创新能力提升计划”，建立一批以完成国家重大战略需求为目标的协同创新中心。国家及省市地区在政策、资金等方面对协同创新活动都给予了极大的鼓励和支持，营造了全面促进创新的良好外部环境。对于协同创新机构内部环境来说，创新文化的建设、创新氛围的形成等至关重要，它们是影响中心最终产出的软环境，直接关乎着创新的效率。产学研协同创新是一个复杂系统工程，要使具有不同背景、不同利益追求和不同身份的各协同主体形成一个具有凝聚力的合体，最重要的是要形成一个被各方都认同的创新文化。在创新活动实施过程中，高涨和谐的创新氛围对创新目标的完成有很大的促进作用。

（2）创新生态保障。创新生态保障是指产学研协同创新活动生态运行所需要的最基础条件。完善的资金渠道、合理充足的资源配置、高效科学的人事管理和组织管理体制为产学研协同创新生态运行提供充分保障。

现阶段，我国产学研协同机构的资金来源主要为国家拨款、协同单位支持、自筹、银行贷款等，缺乏在发展过程中得到风险投资的帮助和支持。另外，从总量上看，我国科技成果转化率只有25%左右，真正实现产业化的不足5%，由此导致科技成果转化资金远远低于发达国家。因此，我国应加快实现科研资金的支持从单一依赖政府转变为依靠风险投资，完善融资渠道，为我国产学研协同创新成果转化为生产力提供源源不断的资金动力。在资源配置方面，我国的协同创新机构多以重点大学为依托，这样降低了中心购买和添置基础设施的费用，同时也提高了资源的利用率。但对于像信息、知识等更重要的无形资源来说，协同创新机构之间应进行更深层次的整合和共享，以实现创新目标。协同创新机构要以具体创新任务为牵引，招揽国内外优秀人才，根据任务属性和人才特点制定各种人才培养模式，进行绩效考核评价，人员激励及退出等人事管理体制改革。组织管理体制主要包括组织管理模式和科研运行模式，高效的组织管理模式有利于组织各单位之间的沟通协调和工作效率的提高，清晰的科研运行模式有利于科研项目建立和实施以及科研成果的产出和转化。

（3）创新生态动力。创新生态动力是指产学研协同创新活动生态运行所需要的持续推动力。创新人才的汇聚与培养、创新团队的建设以及国内外的合作交流能够为产学研协同创新生态系统不断注入新的活力。

目前，我国面临人才培养和科研前沿结合不够紧密、科研后备力量不足的问题，科研创新机构应该充分利用高校生源、师资、国际合作、教学试点等条件，彻底打破高校和科研院所间人才培养资源分割化的现状，汇聚最优秀的人才，让他们在科研中成长。对于创新团队建设，协同创新机构应采取利用协同创新平台优势以吸引重大科研项目从而形成高水平人才集聚效应，汇聚学科优势人才力量，打造高水平创新团队。同时制订合理的团队绩效评价准则，增强创新团队的凝聚力。在交流共享方面，协同创新机构应利用自身平台多创造国内外同行间交流与合作的机会，时刻保持与外界信息的畅通，把握科技前沿，打造以我为主，为我所用，开放共享，共同进步的学术环境。

（4）创新生态能力。创新生态能力是指产学研协同创新活动生态运行结果的直观映像。创新价值和利益分配是创新生态能力的体现和反馈，其中创新价值包括产学研协同初期的核心目标以及协同过程中的价值外溢，利益分配是否合理直接影响协同单位间的合作满意度。

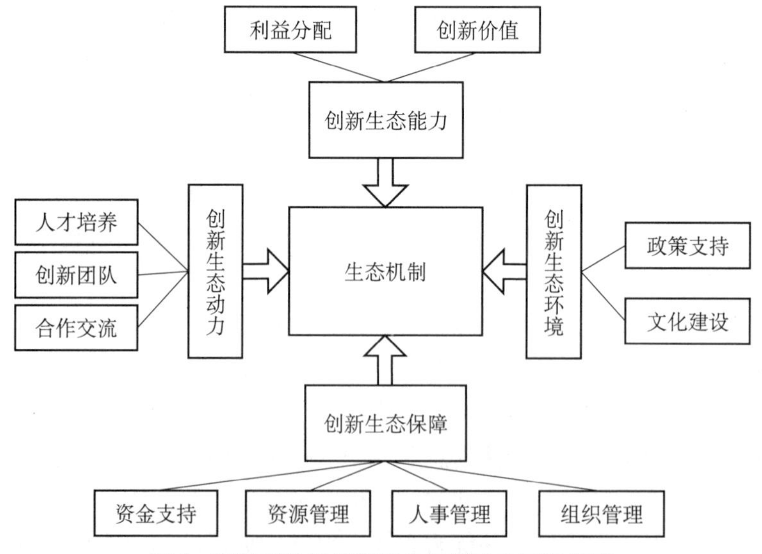

图1　产学研协同创新生态机制影响因素模型

产学研协同创新活动是建立在一定的具体战略目标之上的，目标的达成意味着创新价值的实现，也是产学研协同创新生态运行的证明。在产学研协同过程中会产生很多附加价值，比如科研机构自主创新能力的提升、高校的知名度上升、良好的示范效应、其他风险投资的资助等，这些都会进一步提升创新生态能力。创新生态能力最重要的体现是科研成果的转化及相应的利益分配。虽然产学研各方的具体目标有所不同，但科研成果转化水平和利益分配的合理性对产学研协同绩效却有相当重要的影响。只有正确处理好了产学研各方的利益关系问题，建立合适的利益协调机制，才能充分调动各方的积极性，推动产学研协同创新的有效运作。另外，在产学研协同创新活动运行过程中，一定要做好项目的实时控制，定期进行阶段性目标评估，找出运行中存在的问题并实施控制，此举可以激发员工的创新潜能，培养团队协同意识，有利于促进创新生态能力的提升。

5. 结论与思考

本文采用单案例研究和扎根分析方法，在资料收集整理的基础上，经历开放式编码，主轴编码和选择性编码系列编码流程，最终构建出产学研协同创新生态机制影响因素模型，得出如下结论和启示：

（1）产学研协同创新生态运行的前提是创新生态环境的形成。协同创新过程离不开政府的积极引导和集成作用，政府创新政策的提出和实施在很大程度上决定着创新走向。河南粮食作物协同创新中心正是在国家将创新驱动发展上升到国家战略，提出“2011 计划”的创新环境下产生的。创新文化是创新主体凝聚合力的基础，河南农业大学作为中心的主办单位，早在 20 世纪 70 年代就开始组建优秀创新团队，主持多项国家重大科研项目，形成了坚实的创新文化积淀，协同单位在多年的行业发展中形成了良好的创新文化。

（2）产学研协同创新生态运行的基础是创新生态保障的建立。政府、学校和协同单位在中心成立之初给予大量资金支持，用于采购科研设备、建设科研平台和实验基地等，对中心的发展起到重要的支撑作用。中心采用“定岗位、定条件、定任务、定考核、定奖励”的五定人员聘用机制和“四位一体”的科研运行模式，为中心运行提供制度保障。

（3）产学研协同创新生态运行的关键是创新生态动力的持续。一方面，中心通过制定各种政策吸纳人才，采取本硕博拔尖人才、应用型人才、国际粮食作物访问学者等培养模式打造优秀创新团队。另一方面，通过定期举办学术交流会议以及与国内外相同或相关行业的领先机构进行多领域交流访问，提升人才培养水平和质量，推动中心国际化水平的提高。

（4）产学研协同创新生态运行的映像是创新生态能力的体现与反馈。中心以“国家急需、世界一流、制度先进、贡献重大”为核心价值，不断提升在“人才、学科、科研”三方面的创新能力，充分发挥自身优势和特色，大力推进产学研创新生态系统深度融合，加速科研成果的转化，增加中心利润源。另外，中心实行“责权统一，成果共享，风险共担”的利益分配机制，保证协同单位的互利公平。当中心运行结果与当初设定目标有出入时，就会采取反馈调节机制，找到系统运行过程中的症结加以解决。

本研究得出的结论及其模型构建是在特定研究情境下产生的，对国内其他“2011 计划”协同创新中心、重点实验室等协同创新机构的建设有参考价值和指导意义。但由于采用的是单案例研究方法，在数据分析和总结过程中有可能缺失一些必要信息，模型的理论饱和度还有待进一步检验。未来的研究方向可以采用跨空间和跨时间的多案例研究对该结论进行验证和拓展，以及对产学研协同创新生态机制进行构建和实证分析，进一步夯实本研究的理论基础和实践价值。

参考文献

[1] 陈劲，阳银娟. 协同创新的驱动机理 [J]. 技术经济，2012 (8)：6 - 11，25.

[2] 陈衍泰，孟媛媛，张露嘉，范海霞，Dimitris Assimakopoulos. 产业创新生态系统的价值创造和获取机制分析——基于中国电动汽车的跨案例分析 [J]. 科研管理，2015 (S1)：68 - 75.

[3] 费小冬. 扎根理论研究方法：要素、研究程序和判断标准 [J]. 公共政策评论，2008 (3)：23 - 43.

[4] 何海燕，王子文，姜李丹. 我国产学研协同创新影响因素研究——基于 Ordered Logit 模型实证分析 [J]. 华东经济管理，2014 (9)：106 - 110.

[5] 贺团涛，曾德明，张运生. 高科技企业创新生态系统研究评述 [J]. 科学学与科学技术管理，2008 (10)：83 - 87.

[6] 何郁冰. 产学研协同创新的理论模式 [J]. 科学学研究，2012 (2)：165 - 174.

[7] 洪银兴. 产学研协同创新研究 [M]. 北京：人民出版社，2015：2.

[8] 黄鲁成. 区域技术创新系统研究：生态学的思考 [J]. 科学学研究，2003 (2)：215 - 219.

[9] 金惠红，薛希鹏，雷文瑜. 产学研协同创新的运行机制探讨 [J]. 科技

管理研究，2015（5）：21－25.

［10］李万，常静，王敏杰，朱学彦，金爱民．创新3.0与创新生态系统［J］．科学学研究，2014（12）：1761－1770.

［11］李煜华，武晓锋，胡瑶瑛．共生视角下战略性新兴产业创新生态系统协同创新策略分析［J］．科技进步与对策，2014（2）：47－50.

［12］柯立平．提高创新体系效能，完善创新生态系统［N］．科技日报，2014－01－17.

［13］梅亮，陈劲，刘洋．创新生态系统：源起、知识演进和理论框架［J］．科学学研究，2014（12）：1771－1780.

［14］梅强，张兵，李文元．战略性新兴产业创新生态系统风险控制机制研究——基于企业的视角［J］．企业经济，2013（2）：23－26.

［15］苏敬勤，孙源远．商业案例、教学案例和案例研究的关系［J］．管理案例研究与评论，2010，3（3）：255－259.

［16］苏敬勤，刘静．案例研究规范性视角下二手数据可靠性研究［J］．管理学报，2013a（10）：1405－1409，1418.

［17］苏敬勤，刘静．案例研究数据科学性的评价体系——基于不同数据源案例研究样本论文的实证分析［J］．科学学研究，2013b（10）：1522－1531.

［18］苏敬勤，张琳琳．动态能力维度在企业创新国际化各阶段中的作用变化分析——基于海尔的案例研究［J］．管理学报，2013（6）：802－809.

［19］涂振洲，顾新．知识流动的产学研协同创新过程研究［J］．科学学研究，2013（9）：1381－1390.

［20］吴绍波．战略性新兴产业创新生态系统协同创新的治理机制研究［J］．中国科技论坛，2013（10）：5－9.

［21］曾国屏，苟尤钊，刘磊．从“创新系统”到“创新生态系统”［J］．科学学研究，2013，31（1）：4－12.

［22］张敬伟．扎根理论研究法在管理学研究中的应用［J］．科技管理研究，2010（1）：235－237.

［23］张利飞．高科技企业创新生态系统运行机制研究［J］．中国科技论坛，2009（4）：57－61.

［24］Adner R.，Kapoor R. Value creation in innovation ecosystems：How the structure of technological interdependence affects firm performance in new technology generations［J］. Strategic Management Journal，2010，31（3）：306－333.

［25］Adner R. Match your innovation strategy to your innovation ecosystem［J］.

Harvard Business Review, 2006, 84 (4): 98.

[26] Iansiti M., LevienR. Strategy as ecology [J]. Harvard Business Review, 2004, 82 (3): 68-81.

[27] Glaser B. G. Doing grounded theory: Issues and discussions [M]. Mill Valley: Sociology Press, 1998.

[28] Glaser B. G. Strauss A. L. The discovery of grounded theory [M]. New York: Aldine Publishing Company, 1967.

[29] Gloor P. A. Swarm creativity: Competitive advantage through collaborative innovation networks [M]. New York: Oxford University Press, 2005.

[30] Moore J. F. The death of competition: Leadership and strategy in the age of business ecosystems [M]. New York: Harper Business, 1996.

[31] Strass A., Corbin J. 质性研究概论 [M]. 北京: 巨流图书公司, 1997.

[32] Strass A. L. Qualitative analysis for social scientists [M]. New York: Cambridge University Press, 1987.

[33] Yin R. K. Applications of case study research [M]. Thousand Oaks: Sage Publication, 2003.

产学协同创新生态机制理论假设与结构模式分析

王文亮　陈亚男　肖美丹　沙德春*

知识经济全球化背景下，单一组织很难拥有创新所需的全部资源，越来越多的企业选择通过契约关系、合作网络、战略联盟等方式与高校（科研院所）、政府、金融机构、中介机构等协同创新，产学协同创新成为普遍趋势。近年来，创新系统的研究从以往的关注要素构成和资源配置的静态结构性分析，演变为强调各创新主体之间作用机制的动态演化分析（曾国屏，苟尤钊，刘磊，2013），创新生态理论逐渐兴起。创新生态理论认为，创新并非线性的或机械的过程，而是一个生态系统，国家的技术和创新领导地位取决于有活力的、动态的创新生态系统（克林顿 等，1999）。

生态系统是指在一定空间和一定时间，由生物群落与其外部环境构成，其中生物借助物质循环、能量流动、信息传递而相互联系、相互影响、相互依赖，具有自适应、自调节和自组织功能的复合体（杨持，2000）。创新生态系统作为自然生态系统的类比概念，可以看作是一个区间内不同创新种群（企业、高校和科研机构、政府、金融和中介服务机构等）之间及创新环境之间，通过物质流、能量流、信息流的联结传导，形成共生竞合、动态演化的开放、复杂系统（李万，2014）。朱迪·埃斯特琳等（2010）将创新生态系统的不同栖息者分为：研究群落、开发群落和应用群落。孙福全（2012）指出，创新生态系统具有自组织性、多样性、平衡以及创新主体的共生共荣。黄鲁成（2003a；2003b；2004）对区域技术创新生态系统的生存机制、稳定机制和调节机制进行了探讨。张利飞（2009）研究了高科技产业创新生态系统基于平台的开放式创新机制、技术标准推广机制、企业生态位决策机制和利益协调机制。贺团涛（2008）构建了包括

---

* 王文亮、陈亚男、肖美丹、沙德春，河南农业大学信息与管理科学学院。本文发表于《河南农业大学学报》2016 年第 5 期。

“知识分布—互动—竞争—演化” 4 个层面的知识创新生态系统理论框架，并探讨了其运作模式。虞佳等（2013）认为，应该构建产学研协同创新生态系统。目前创新生态系统的理论研究主要围绕商业生态系统、价值创造、开放式创新、创新生态系统四大聚类展开，形成了以共生演化为核心特征，以案例研究为主流方法，以制度经济学视角、战略管理理论、创新管理理论为理论基础的三大主要流派（梅亮，陈劲，刘洋，2014）。基于创新生态系统的产学协同创新研究对解决中国的产学研合作实践中存在的诸多问题，如多主体间合作动力不足、合作路径选择不合理、产学研脱节等（王进富 等，2013）具有现实作用，同时对完善创新生态理论具有重要的理论价值。现有研究成果主要围绕创新生态系统的模型构建和案例分析，缺乏对其组织运作的原理、机制的探讨。因此，本研究在产学协同创新的基础上，通过探究协同创新过程中创新主体间形成的相互作用的生态关系及其影响因素，对产学协同创新生态机制提出理论假设，分析其组成结构。

1. 产学协同创新生态系统的概念和特征

创新生态系统并没有统一的概念界定，学者们从不同层次阐述了其内涵，企业技术创新生态系统解释为面向顾客需求，以技术标准为纽带，基于配套技术由高科技企业在全球范围内形成的共存共生、共同进化的创新系统（张利飞，2010）。产业创新生态系统是指一个区域内或者跨区域的某个产业在相关物质条件和文化环境下各种创新群落之间以及与创新环境之间，通过知识传播、技术扩散、信息循环，形成具有自适应与修复、学习与发展功能的开放的复杂的大系统（余凌，杨悦儿，2012）。区域技术创新生态系统是指在一定的空间范围内技术创新复合组织与技术创新复合环境，通过创新物质、能量和信息流动而相互作用、相互依存形成的系统（2003a）。因此，本研究认为，在产学协同创新的过程中，企业、高校等主要创新主体以及政府、金融机构、中介服务机构等相关创新主体，基于一定的创新生态机制相互作用、相互影响，形成了共生共荣、动态演化的产学协同创新生态系统。生态系统的组成有生物和非生物两大部分，生物部分包含系统内的所有生物，非生物环境包括能源、气候、土壤、岩石、水、空气、原料等（杨持，2000）。在此基础上，产学协同创新生态系统的构成要素应包括两方面。①创新主体层面，包括企业、高校等创新物种联结形成的产业和高校两大主要创新种群，政府、中介服务机构、金融机构、用户等支持创新种群；②创新环境层面，包括创新资源、市场环境、人文环境、自然环境等要素。其中，创新资源包括创新人才、风险资金、信息、知识技术、自然资源等，人文环境包括制度与政策环境、创新观念与社会氛围、基础设施环境等（黄鲁成，2003a）。

产学协同创新生态系统拥有一般创新生态系统的共同特点，即具有开放性、多样性、自组织和创新主体共生共荣等主要特征。产学协同创新生态系统作为国家创新生态系统的子系统，并不是孤立封闭的，而是一直与其他子系统相互作用、相互影响的，在技术研究、开发、扩散的每个环节上都与外界保持着密切的联系，并不断与周围环境进行着能量、物质与信息的交换，因此产学协同创新生态系统是开放的系统。产学协同创新生态系统中的创新活动是由产、学、研、政、金、介、用协同完成的，其核心是产学双方合作进行技术开发和知识创新，政府通过法律、政策进行引导和鼓励，中介机构提供相关信息和服务，金融机构提供资金支持。因此，产学协同创新生态系统的多样性不仅体现在创新主体的不同，而且更是创新全要素资源协调系统。创新主体之间的合作，不仅仅是单纯的技术合作，更多的是一种利益合作，通过各自投入优势资源和能力，创新主体间形成了复杂的价值网络，在合作共生中不断演化发展，一旦共生关系被打破，生态系统的平衡和稳定将受到破坏（李万 等，2014）。

2. 产学协同创新生态机制的理论假设

2.1 产学协同创新生态机制的内涵

在生态学中，生态机制是指生态系统中各构成要素（生物成分、非生物成分）之间相互作用的制约关系，及其调节功能。产学协同创新生态系统组成的基本要素是创新物种（企业、高校、科研院所、政府、金融、中介等），物种联结形成创新种群和创新群落，各创新种群、群落与创新环境之间通过能量的流动、物质循环和信息传递相互作用，在共生竞合中动态演化，进而促进了可持续创新能力的提高和环境的改善，形成系统整体演化。良性的创新生态系统不断向前进化发展，持续接近动态最优目标。因此，产学协同创新生态系统内部始终存在着种群联结、资源流动、环境改善以及创新能力提升 4 种互为条件、循环促进的动态变化（见图 1），产学协同创新生态机制是指创新要素之间动态演化的制约关系及作用方式。产学协同创新生态机制的意义在于促进产业与高校在协同创新过程中形成共生共荣的合作关系，合理配置创新资源，改善创新环境，最终实现可持续创新能力的提高和产学协同创新生态系统的健康平稳发展。

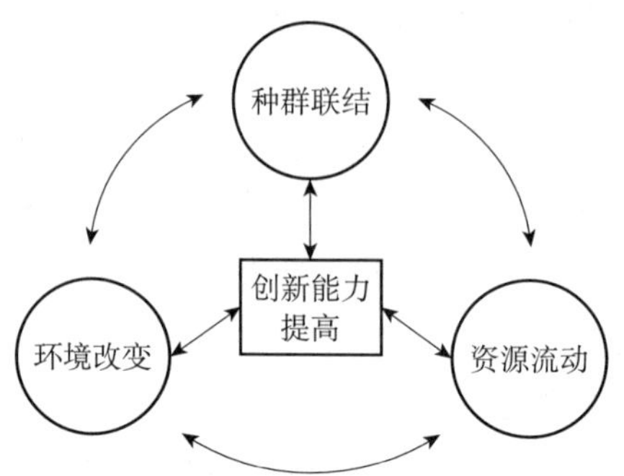

图1　产学协同创新动态演化模型

2.1.1　种群联结

在产学协同创新生态系统中，创新种群联结实质上就是创新主体间的协同创新。具体来说，是企业、高校（科研院所）等主要创新主体联结政府、金融机构、中介服务机构、用户等，以资源共享、优势互补为前提，以共同参与、共享成果、共担风险为准则，分工协作、共同进行技术开发创新活动（王文亮，黄淑华，2012）。其中，企业作为技术需求方，通过种群联结的主要目的是获取互补性研究成果、开发新产品和市场开拓以获取更多的商业利益。高校及科研院所是技术供给方，核心诉求是科技成果转化和自身科研能力的提升。政府通过法规、政策引导和支持产学协同创新，达到驱动经济发展的目的（何郁冰，2012）。创新种群联结的内容主要包括创新伙伴的选择、合作模式选择等。产学协同创新组织是多主体、大跨度整合的组织，可以最大限度地集成和汇聚各创新主体的资源进行优化配置，形成创新合力和新优势，加速科技成果的转化，并推动科学研究面向产业创新需求，形成科技发展和产业发展共同进步。根据目前中国产学协同创新组织层次和紧密程度，主要有项目契约式、共建机构式、技术联盟式和虚拟网络式等组织形式（王章豹，韩依洲，洪天求，2015）。总的来说，创新组织作为实现产学协同创新提供的路径和方法，创新主体受合作主体的数量、合作技术、合作目标等因素的影响选择不同的协同创新组织形式。

综合以上分析，本文提出以下假设：

假设1a 项目契约对种群联结有显著的正向影响；

假设1b 共建机构对种群联结有显著的正向影响；

假设1c 技术联盟对种群联结有显著的正向影响；

假设1d 虚拟网络对种群联结有显著的正向影响。

2.1.2　资源流动

产学协同创新系统的创新资源包括创新人才、风险资金、信息、知识技术、自然资源等。其中，创新人才是产学协同创新生态系统最重要的创新资源，是发挥其他创新资源作用、促进创新资源流动的中介，也是提高创新能力的决定因素。人才在不同创新种群间的流动，整合内外部的知识技术，有利于隐性知识的传播。作为知识经济时代的第一生产要素，知识技术往往主导着创新生态系统的运行和演化，知识增值是协同创新的核心。技术研发需要大量的资金投入，企业虽然相比高校拥有更加充裕的资金，但仍需金融机构的支持。信息资源的传递，提高了创新主体获取信息的能力，缩短了创新的生命周期。产学协同创新生态系统是一个开放的系统，能量、物质、信息的流动和转化是其基本功能。物质、能量以及信息的自由流动是创新种群协同创新的前提和基础。产学协同创新具有资源共享性，创新主体之间通过人才流动、资金支持、知识、技术、信息的共享，实现资源的双向流动。创新主体间的学习机制是资源在不同创新主体间流动的另一途径，通过相互学习和知识交流，改变了资源的空间分布。产学协同创新能够打破学科、组织、体制、机制的樊篱，突破部门、区域、行业甚至国别的界限（王章豹，韩依洲，洪天求，2015），最大限度地集成和汇聚各创新主体的创新资源，优化配置，提高资源的利用效率，促进资源的循环重组。总的来说，创新资源的流动促进了创新主体间、创新主体与创新环境之间的相互作用，资源共享、学习和集成则是进行资源的合理配置、协调和整合的重要途径。

综合以上分析，本文提出以下假设：

假设 2a 资源的学习对创新资源的流动有着显著的正向影响；

假设 2b 资源共享对创新资源的流动有着显著的正向影响；

假设 2c 资源集成对创新资源的流动有着显著的正向影响。

2.1.3 环境改善

创新环境对创新种群生存和发展存在制约作用，而创新种群的联结在一定程度上可以改变创新环境，两者存在相互制约、相互影响的生态关系。在产学协同创新生态系统中，创新环境包括创新资源环境、市场环境、制度和政策环境、文化环境和自然环境。在产学协同创新过程中，创新主体通过对资源的整合、配置和协调，改变了创新资源环境。技术供需双方的合作，扩大了市场规模。政府通过规划科技园区、建设协同创新中心、实施科技体制改革、调整创新政策等改善了制度和政策环境。创新主体间的战略协同融合了各自的创新文化和价值理念，而自然环境也因技术创新的压力增大而产生变化。在协同创新过程中，创新主体和创新资源的集聚一定程度上会使创新环境更有利。政府的资金扶持和相关创新政策，尤其是产业的财税政策、人才政策、专项计划等成为影响制度和政策环境和基础设施环境的关键因素。中介服务机构是创新主体与市场间知识流动和技术转移的桥梁和纽带，促进了知识和技术的转移和扩散，推动了创新成果的产业化和市场化，而良好的服务环境需要完善的中介服务体系的支撑。另外，创新主体的价值观和文化理念对创新环境也产生了重要影响。可持续发展已经成为关键的价值导向，有效地保护和改善了自然生态环境。而开放包容、锐意进取和敢冒风险的社会文化氛围改善了产学协同创新生态系统的软环境。因此，创新环境的改善与政府政策、中介服务以及可持续的价值观、良好的文化氛围息息相关。

综合以上分析，本文提出以下假设：

假设 3a 政府的激励政策对创新环境改善有显著的正向影响；

假设 3b 完善的中介服务体系对创新环境改善有显著的正向影响；

假设 3c 可持续发展的价值观对创新环境改善有显著的正向影响；

假设 3d 良好的创新创业文化氛围对创新环境的改善有显著的正向影响。

2.1.4 创新能力提升

生态系统中生态环境对生物有限制作用，而生物会积极地适应环境以增强其生存能力。可持续的创新能力不仅是产学协同创新生态系统的最终目标，而且也是创新种群的根本需求。因此，创新能力提升既是创新种群整合内外部资源、满足环境变化需求的结果，也是促进创新种群乃至系统整体演化升级的动力。企业的创新能力主要体现在创新资源投入的数量和质量，识别创新机会和管理创新活动，创新产品设计、生产和营销等方面，高校的创新能力主要体现在人才的培养、知识的创造和传播等。知识和技术的积累是创新主体提升创新能力的主要途径，而技术和知识的积累是持续学习的结果。创新能力学习是从外部识别和获取所需的知识，通过对这些知识的消化和吸收，将其纳入自身的技术轨道建设，进而提升组织整体的创新能力。能力学习是提升创新能力的首要阶段，但是其花费的时间和成本较高，在产学协同创新过程中，能力转移更有利于创新能力的快速、有效提升，通常高校与企业在建立创新能力，转移风险投资与承担机制、资源共享机制、学习机制的基础上，把高校的知识创新能力、人才培养能力等转移到企业的创新活动中。能力的持续是创新能力提升的最高阶段，在能力学习和能力转移的基础上，培育自主“造血机能”，形成自主创新能力，创造性地开发出具有自主知识产权的知识、技术与方法，并快速实现商业化运作。产学协同创新的本质是知识的跨组织转移和学习管理。总的来说，创新能力提升可以促进创新主体间合作关系的长效稳定，加速产学协同创新生态系统的动态演化，能力学习、能力转移和能力持续是创新能力提升的重要途径。

综上所述，本文提出以下假设：

假设 4a 能力学习对创新能力提升有显著的正向影响；

假设 4b 能力转移对创新能力提升有显著的正向影响；

假设 4c 能力持续对创新能力提升有显著的正向影响。

2.2 产学协同创新生态机制结构模型

根据以上理论假设，本研究认为，产学协同创新生态机制应包括创新组织生态机制、创新资源生态机制、创新环境生态机制以及创新能力生态机制，其结构模型如图 2 所示。

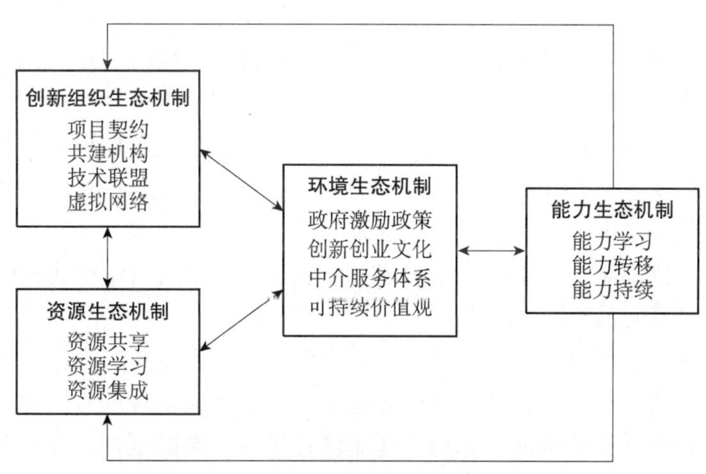

图 2　产学协同创新生态机制结构模型

2.2.1 创新组织生态机制

创新组织生态机制是指创新主体在协同创新过程中的活动载体与联结方式，包括多种形式，如以契约关系为基础的项目式创新组织生态机制、共建机构式创新组织生态机制、通过联盟构建形成技术联盟式创新组织生态机制、以网络联结为主要纽带的虚拟网络式创新组织生态机制等。其中，项目式创新组织生态机制是指产学双方订立契约，以项目为载体，在明确合作各方的权利和义务、合作获得收益的分配办法的前提下，建立合作关系，共同开展项目研究，实现技术转移。该模式主要包括技术转让、委托研发、联合开发等。共建机构式创新组织生态机制是指创新主体共同投入一定比例的资金、人员、设备、场地等联合共建研发机构、协同创新中心、高科技园区等。其中，共建研究机构又包括共建实验室、研究院（中心、所）、中试基地、工程研究开发中心等（王章豹，韩依洲，洪天求，2015）。共建协同创新中心是实施高等学校创新能力提升计划的重要平台，由企业、高校、科研、机构和政府的共同参与，以高校为主导，包括面向科学前沿、面向文化传承创新、面向行业产业和面向区域发展 4 种类型。共建高科技园区是政府主管部门通过政策导向和税收优惠，为高科技园区营造一个良好的内外部环境，吸引产学研各方以园区为平台，开展高新技术研发、协同攻关、科技企业孵化、技术转移等协同创新活动，包括高新技术产业开发区、大学科技园、科学城、创业园、孵化器等主要类型。以联盟构建为基础的创新组织生态机制是由多个创新主体通过共享彼此的研发资源、分担成本和风险、实现共同的研发目标而建立的联盟组织，如产业技术联盟、产学研战略联盟等。产业技术联盟是一些企业在行业协会或龙头企业的引导下建立的；产学研战略联盟是产学研各方共同建立的，以“知识—技术— 信息”交流为主要方式的知识生产的协同创新组织模式，促进合作各方保持长期、稳定、互惠、共生的协作关系。虚拟网络式创新组织生态机制是产学研等创新主体利用互联网将不同区域机构的成员联系起来，以搭建实现共同创新目标的新型网络组织运行模式和虚拟研发平台（王章豹，韩依洲，洪天求，2015）。如产学研虚拟合作教育就是一种建立在信息技术和远程交流的基础上，以国家意志为保证、以产学研共同参与为特征的虚拟式协同创新模式。创新组织生态机制是形成产学创新生态系统自组织演化的基础。

2.2.2 创新资源生态机制

创新资源生态机制包括资源共享、资源学习、资源集成等，是指协同创新过程创新资源配置、整合及创新成果的分配方式。资源共享是创新主体协同创新的前提，合作各方在充分沟通的基础上建立信任机制，共同创建、参与和管理资源共享渠道和平台，在此过程中尊重合作者的知识产权同样非常重要。资源学习是协同创新主体间的互动学习，产学研的组织间学习是一种非竞争性的合作学习，核心过程包括以往的学习经验、对外部知识的模仿、信息和概念的移植、将外部知识整合到内部知识结构中（何郁冰，2012）。在开放式创新环境下，显性知识的学习比较容易，隐性知识却难以获取，人才流动通常是传播隐性知识的主要方式。因此，资源学习应当重视隐性知识的学习，建立学习型组织。资源集成包括对创新主体内外部资源的集成。内部资源集成的途径包括利用信息技术开展管理，建立学习组织和加强知识管理等；外部资源集成途径包括与其他创新主体建立战略联盟和产品研发平台，外部资源内化等；内部资源充分共享、外部资源最佳互补才能提高资源配置效率和创新绩效（谢科范，董芹芹，陈云，2007）。通过资源共享、资源学习、资源整合等一系列活动，创新生态系统内部产生新的共有的知识，进而促进创新主体的知识内化。创新组织生态机制的目标在于促使物质流、能量流、信息流在产学协同创新生态系统中的自由流动，保障产学协同创新生态系统的生命力与活力。

2.2.3 创新环境生态机制

创新环境生态机制是指在协同创新过程中协调和维护创新主体各方关系的组

带，包括可持续发展的价值观、政府的制度和政策、完善的中介服务体系和创新创业的社会文化。生态化的系统范式内在的要求创新主体以可持续的价值观来进行创新活动。不仅体现在创新主体各方要目标长远，建立长效稳定的协同创新机制，而且体现在发展资源节约、生态友好理念的低碳技术上，不仅要创新生态，而且更要生态创新。政府需要完善环境方面的法规与政策，以促进绿色经济增长，同时发展以用户为中心的需求侧创新政策（李万，等，2014）。中介服务机构包括技术中介、风险投资组织、技术市场、行业协会、技术转移中心等，是高校与企业间稳定和持续合作的桥梁和纽带。在协同创新过程中发挥着信息交流、沟通粘合、咨询服务、知识整合、评估鉴定、孵化和商业化（冯庆斌，2006）等功能，完善中介服务体系，建立专业规范的科技中介服务机构需要以市场调节为主，按市场化独立运作，建立自律性运行机制，使中介机构成为风险及利益的主体（冯庆斌，2006）。良好的社会文化氛围是创新创业的重要源泉。创新文化是人们进行创新活动的精神动力，可以提高人们的凝聚力和创新意识。创新主体应当培养平等、开放、敢冒风险和容忍失败的创新理念。创新环境生态机制为产学协同创新生态系统的稳定和平衡提供了保障。

2.2.4 创新能力生态机制

创新能力生态机制是指创新主体具有的形成、保持、深化协同创新活动的各种禀赋与特征，包括能力学习、能力转移、能力持续等。产学协同创新生态系统中创新主体间的特殊成员关系、知识共享路径、互补性能力与资源以及高效的创新组织管理，为创新能力学习、能力转移提供了组织竞争优势（Dyer，Singh，1998）。创新能力的学习主要包括科学知识、技术知识、经验知识与技巧，个人、团队和组织都是能力学习的主体，获取知识技能是个人技术学习的主要过程；提炼知识和技巧、注重内部沟通是团队学习的主要内容；获取和应用知识、有效地处理和解析组织内部的各种信息继而持续修正组织行为的过程，是组织整体的学习行为。创新生态系统内部的组织学习是通过资源共享机制，整合各个成员既有的知识，形成新的知识体系，继而成员根据自身特点，内化外部知识。产学协同创新生态系统中的能力转移主要通过项目合作、企业创立和人员支持三种方式（陈昀，贺远琼，周振红，2013）。项目合作是最为常见的知识转移机制，包括合同研究、专利和技术许可、项目资助、卫星实验室等；大学衍生企业的创立是依赖大学知识产权初始分配而成立的新企业，通过生产创新性产品，为高层次人才提供就业岗位；人员支持的方式有专家咨询、学生实习和毕业生聘用，联合培养等，创新生态系统的成功很大程度上取决于系统内部知识的转移绩效。创新能力的持续涉及知识的创造和知识产权的保护，在通过能力学习和能力转移扩充自身知识体系的同时，进行新一轮的组织学习，包括显性知识和隐性知识的互动，逐步促进知识再生。技术创新是知识产权的源泉，获得知识产权是企业创新的动力之一，提高知识产权管理水平有助于促进创新主体的发展和增强竞争优势。

2.3 产学协同创新生态机制的内部逻辑关系

产学协同创新生态机制是由创新组织生态机制、创新资源生态机制、创新环境生态机制和创新能力生态机制形成的统一整体，四层机制互为条件，相互作用，共同促进产学协同创新生态系统的稳定持续。首先，创新组织生态机制是基础。不同的创新种群具有不同种群特征，不同的创新物种的内部属性不同，只有依据各自的特点和互补性，形成互利共生的合作模式才能使产业创新链（即知识创造、产品开发和技术商业化）得以互补、拓展和延伸。其次，创新资源生态机制是核心。协同创新的本质是对创新要素的整合，以及创新资源的协调整合。因此，利用合作研发、人员流动、技术转移等方式，促进各类资源在不同创新主体间的有效流动和共享集成，是产学双方协同创新的核心，也是知识创造的关键。再次，创新环境生态机制是保障。协同创新不仅要求创新主体间的内部联结作用，而且需要外部环境的支持，营造良好的制度支持软环境，提供持续的营养供给和精神导向，促进创新主体与环境之间互动、调节的动态平衡，是形成可持续创新能力的重要保障。最后，创新能力生态机制是动力。产学协同创新活动的目标和理想模式下的最终结果是创新能力的提升，同时企业提高了技术能力，获得商业利益，高校的知识创新能力增强，科研经费增加。在此基础上，创新主体间信任加深，合作经验更加丰富，产学协同创新的条件也更加有利，新的创新成果成为激励进一步合作的动力。

3. 结论

产学协同创新是以知识增值为核心，企业、高校、政府、中介机构等为实现重大科技创新而开展的大跨度整合的创新组织模式。与传统创新模式相比，产学协同创新更具整体性、动态性特征，对提高我国产业核心技术创新能力，增强高校和科研院所的知识创新能力和科技创新成果的转化，推动国家创新生态系统的建设都具有重要意义。本研究在创新生态理论的基础上，对在产学协同创新过程中，企业、高校等创新要素及创新环境、创新资源间的相互作用进行了分析，研究表明，产学协同创新生态机制对创新生态系统内部种群联结、资源流动、环境改变和创新能力提升等动态演化起到制约和调节的作用。构建产学协同创新生态系统需要产业和高校等主要创新主体在创新生态机制的作用下形成种群结构合理、互利共生的协同组织模式，达到创新组织生态，形成资源自由流动的创新资源生态，以及可持续发展观念深入人心、自然生态环境优美的创新生态环境，最终实现创新能力持续提升的创新能力生态。

参考文献

[1] 陈昀，贺远琼，周振红. 研究型大学主导的区域创新生态系统构建研究［J］. 科技进步与对策，2013，30（14）：32－36.

[2] 冯庆斌. 基于群落生态学的产学研合作创新研究［D］. 哈尔滨：哈尔滨工程大学，2006.

[3] 贺团涛，曾德明. 知识创新生态系统的理论框架与运行机制研究［J］. 情报杂志，2008（6）：23－25.

[4] 何郁冰. 产学研协同创新的理论模式［J］. 科学学研究，2012，30（2）：165－174.

[5] 黄鲁成. 论区域技术创新生态系统的生存机制［J］. 科学管理研究，2003（2）：47－51.

[6] 黄鲁成. 区域技术创新生态系统的调节机制［J］. 系统辩证学学报，2004（2）：68－71.

[7] 黄鲁成. 区域技术创新生态系统的稳定机制［J］. 研究与发展管理，2003（4）：48－52，58.

[8] 李万，常静，王敏杰，朱学彦，金爱民. 创新3.0与创新生态系统［J］. 科学学研究，2014，32（12）：1761－1770.

[9] 梅亮，陈劲，刘洋. 创新生态系统：源起、知识演进和理论框架［J］. 科学学研究，2014，32（12）：1771－1780.

[10] 孙福全. 创造有生命力的创新生态系统［N］. 经济日报，2012－02－01（15）.

[11] 王文亮，黄淑华. 校企合作创新网络特征对知识转移绩效的影响机制——基于河南省的实证分析［J］. 技术经济，2012，31（5）：24－28.

[12] 王进富，张颖颖，苏世彬，刘江南. 产学研协同创新机制研究——一个理论分析框架［J］. 科技进步与对策，2013，30（16）：1－6.

[13] 王章豹，韩依洲，洪天求. 产学研协同创新组织模式及其优劣势分析［J］. 科技进步与对策，2015，32（2）：24－29.

[14]［美］威廉·J. 克林顿，［美］小阿伯特·戈尔，曾国屏. 科学与国家

利益［M］. 北京：科学技术文献出版社，1999：31.

［15］杨持. 生态学［M］. 北京：高等教育出版社，2000.

［16］虞佳，朱志强. 基于生态学理论的产学研协同创新研究［J］. 科技通报，2013，29（7）：225－230.

［17］余凌，杨悦儿. 产业技术创新生态系统研究［J］. 科学管理研究，2012，30（5）：48－51.

［18］谢科范，董芹芹，陈云. 基于资源集成的自主创新模式辨析［J］. 科学学研究，2007（S1）：110－113.

［19］曾国屏，苟尤钊，刘磊. 从"创新系统"到"创新生态系统"［J］. 科学学研究，2013，31（1）：4－12.

［20］张利飞. 高科技企业创新生态系统运行机制研究［J］. 中国科技论坛，2009（4）：57－61.

［21］［美］朱迪·埃斯特琳. 美国创新在衰退［M］. 闾佳，翁翼飞，译. 北京：机械工业出版社，2010.

［22］Dyer J. H.，Singh H. The relational view：Cooperative strategy and sources of interorganizational competitive advantage［J］. Academy of Management Review，1998，23（4）：660－679.

第四篇　机制效应篇

校企合作创新网络运行机制调查分析——以河南省为例

王文亮　刘　岩*

根据对河南省60家创新型企业的调查数据，从该省校企合作创新网络的信任机制、学习机制、利益分配机制、激励机制、协调机制五个方面进行了分析，针对调查分析的结论提出了促进我国校企合作创新网络发展的对策建议。

校企合作创新网络可看成是由基本创新主体、辅助主体及外部环境构成的开放式系统，即以大学和企业为基本创新主体，以政府、金融机构、中介机构等为辅助主体，各主体以共同利益为基础，以资源共享或优势互补为前提，在技术创新的全过程或某些环节共同投入，共同参与，共享成果，共担风险，通过与外部环境的交互作用，实现技术研发、成果转化、咨询服务等创新活动的组织形态（Wang，Liu，2010）。为了研究校企合作创新网络在实践中的运行情况，本文采用问卷调查的方法，选取河南省60家创新型企业，共发放企业问卷60份，回收有效问卷56份。其中包括民营企业32家，国有控股企业9家，外资企业3家，其他类型企业12家；从企业规模上分为特大型企业3家，大型企业19家，中等企业31家，小型企业3家。根据此次调查数据，从河南省校企合作创新网络的信任机制、学习机制、利益分配机制、激励机制、协调机制五个方面进行了分析，针对调查分析中发现的主要问题，提出了促进我国校企合作创新网络发展的对策建议。为进一步充分发挥企业和高校的有效资源，加快我国校企合作创新建设的步伐，尤其是为探索我国校企合作创新网络的运行机制及政策建议提供相关依据和参考。

---

* 王文亮、刘岩，河南农业大学信息与管理科学学院。本文发表于《技术经济》2011年第8期。

1. 研究基础

随着市场竞争的日趋激烈，技术更新的速度越来越快。作为技术创新主体的企业，由于自身创新资源的有限性，难以适应这一趋势，需要寻求其他创新资源的合作，创新网络由此应运而生。关于创新网络，国内外学者从不同的角度对其进行了研究，弗里曼（Freeman，1991）认为，创新网络是为了系统性创新的一种基本制度安排，网络架构的主要联结机制是企业间的创新合作关系。并进一步把创新网络的类型分为合资企业和研究公司、合作 R&D 协议、技术交流协议、直接投资、许可证协议、分包、生产分工和供应商网络、研究协会、政府资助的联合研究项目等。奥拉夫·阿姆德（Olaf Amdt，2000）则把创新看作各个参与者的协同群体，认为网络的创新作用大于各个参与个体的创新能力总合。范和魏格曼（Van & Waggeman，2000）则深入探究了网络分类，将创新网络细分为正式网络和非正式网络，强调了创新网络的复杂性。斯滕伯格（Sternberg，2000）在其论文中探讨了创新网络对创新环境的影响，进一步分析了创新网络对创新的促进作用。国内学者也对此进行了大量研究，如池仁勇（2005）研究了中小型创新网络的形成机制；魏江（2003）研究了小企业集群及其创新网络的基本内涵和结构及其知识溢出效应；霍云福等（2002）等研究了创新网络的联结机制；张伟峰和万成（2004）研究了创新网络的构建动因与模式；何亚琼等（2002）对区域创新网络中组织间学习机制进行了研究；刘兰剑和司春林（2009）从知识转移界面视角研究技术创新网络。

国内外关于校企合作创新的研究主要集中在对校企合作创新的影响因素、模式选择、动机、动力模型、政策分析等方面，如毛雪莲在对以往文献研究的基础上，总结出了影响企业和高校合作创新的四方面维度以及各个维度下的具体因素：合作主体水平（许诺承担义务、资源互补、合作经历、合作时间）、合作技术水平（技术差距、技术成熟度）、合作沟通水平（信任、信息共享、信息传递及时、信息传递可靠、参与程度、冲突解决技巧）和合作外部环境（政府、中介），并提出了这些因素与企业和高校成功合作创新之间关系的相关假设（2007）。姜照华（1996）把校企合作的模式总结为十种模式：一体化模式、高科技园模式、共用模式、中心模式、工程模式、无形学院模式、项目组模式、包揽模式、政府计划模式和战略联盟模式。国内外众多学者研究校企合作创新的动机得出的结论是合作创新能够节约合作各方的交易成本、实现知识技术的独占、降低 R&D 成本、分散技术创新风险、将科技成果的外部效应内部化、弥补创新资源的不足、降低过度竞争、获得规模经济等（2007）。在研究校企合作创新动力模型方面，最具有代表性的就是由埃兹科维茨和雷德斯多夫（Etzkowitz & Leydesdorff，2000）建立的政府—大学—企业（GUI）合作关系的三重螺旋结构（triple-helix）。

总的来说，国内外学者主要从网络概念、网络结构、构建动因、联结机制、组织间学习、知识转移等角度对创新网络进行了研究，而对校企合作创新的研究大部分是基于微观的考察，如大学视角、企业视角等单一主体或者客体的视角。研究内容也主要集中在影响因素、模式选择、动机、动力模型、政策分析等，缺乏从创新网络的角度，基于系统理论和开放式创新理论来探讨中观层面——基于开放式创新的校企合作创新网络的运行机制，使人们难以对校企合作创新的实质规律有一个较为完整清晰的认识。

2. 研究对象的选择

"机制"一词最早来自希腊语。其本意是指机器的构造和动作原理，即机器在运转过程中各个零部件之间的相互联系及运转方式（王同亿，1991）。后来人们将"机制"一词引入经济学的研究，经济学中的机制是指经济机体内各构成要素之间相互联系和相互作用的制约关系及其功能，由于机制是在经济机体运行中发挥功能，所以又称为运行机制（MBA 智库百科，2010）。因此，校企合作创新网络的运行机制是指校企合作创新网络中的各个构成部分相互联系、相互作用，在充分发挥自身特点和作用的基础上使校企合作创新网络实现持续、稳定的发展。

校企合作创新网络的运行机制是整个校企合作创新网络运行的核心，它由信任机制、学习机制、利益分配机制、激励机制、协调机制组成。通过建立信任机制可增加各方面的交流，增强彼此间的信任，保持长期的合作关系；通过建立学习机制可以为网络创造一个有利于组织学习和交流的平台，促使组织创造性地学习；通过建立一定的利益分配机制可以保障网络的运行效果，尽可能实现各网络成员的利益最大化；通过建立激励机制对参与主体实施有效激励，使它们能够最大限度地发挥积极性、主动性和创造力，从而有利于合作创新活动的开展；通过建立协调机制可以在网络成员之间在出现分歧时，通过协调达成一个各方都能接受的方案，保证合作顺利进行。信任机制是前提，协调机制是基础，激励机制是手段，学习机制是渠道，利益分配机制是目标。它们相互影响、相互作用，共同促进校企合作创新网络产生信息共享效应、知识转移效应、利益共享效应、共同效应及协同运作效应，从而为网络成员带来效率和收益的提高以及合作关系的提升。

3. 调查数据及其分析

3.1 信任机制

信任是校企合作创新网络的基本运行机制（Morgan，Hunt，1994），贾文帕和莱德纳（Javenppa & Leidner，1999）从信任随时间变化的角度出发，区分了影响信任建立和维持的各种行为，包括主动性行为、任务或程序定向、积极的语调、轮换领导、任务目标的清晰性、角色分派、时间管理、反馈性质、频繁的甚至是高强度的互动等。伊莎雅（Ishaya，1999）等人研究提出，促进信任加深的因素有频繁的沟通、信息预先分类、任务清晰界定等。在前人研究的基础上，本文将校企合作创新网络结点间信任关系的影响因素概括为合作经历、声誉、沟通、合作网络生命周期、相互依赖性、制度保障等。

从调查结果（如图 1 所示）可以看出，企业认为影响校企合作各方信任关系的因素排在前三位的是“有效的沟通”“合作经历”“制度保障”。而对于“相互依赖性”“合作网络生命周期”两项仅有 5% 的企业做了选择。这是因为目前形成合作创新网络的企业还非常有限，校企合作更多的是基于某个项目的合作，参与合作的各个组织彼此之间并没有过多地依赖，可能仅仅因为项目的需要而临时配对，所以建立校企合作创新网络对于高校和企业的发展来说显得尤为重要。

选择有效的沟通作为主要因素，是因为良好的合作经历能够增强自身参与合作创新的信心，也能获得对方的肯定，而良好声誉的传播也能增强双方合作的信心。无论是否之前有良好合作经历或者良好的声誉，在各方决定参与合作的情况下，有效的沟通能够增加相互之间的了解和互动，进一步增强合作各方之间的信任感。

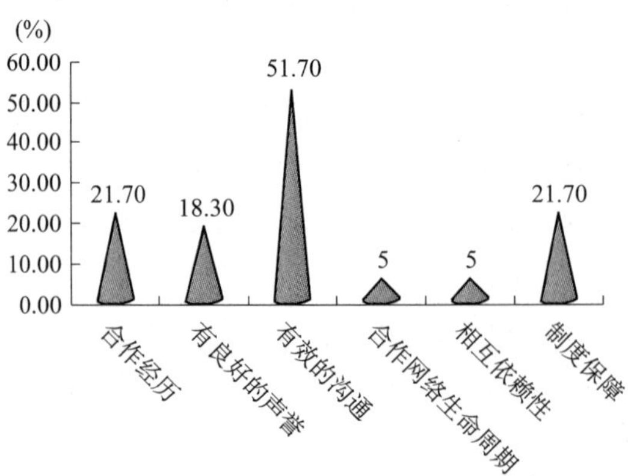

图 1　影响校企合作各方信任关系的主要因素

3.2 学习机制

3.2.1 科研成果过于偏重理论难以转化，成为企业从高校获取知识遇到的主要障碍

校企合作创新网络是校企合作创新学习的重要载体，不同结点之间通过知识的交流与学习，有利于网络内外知识的吸收和整合，使知识资源得到进一步优化配置，最终实现知识的共享、传播、转移、扩散，进而提高高校和企业自身的技术能力，促进校企合作的良性循环。西莫宁（Simonin，1999）从已有的知识转移研究文献中提取出四大影响因素：①公司特性，包括公司的战略意图、组织能力、合作方选择、信任；②知识特性，包括知识的因果模糊性、内隐性，以及复杂性和专属性等；③合作方特性，包括合作方之间的紧张关系、知识源缺乏动机和可信任度、接收方缺乏吸收能力；④情境特性，包括丰富/贫瘠的组织情境、沟通的便利性、关系的本质等。莱尔斯和萨伊克（Lyles & Salk，1996）用知识背景、技术能力、培训课程、对新创意的资金资助和海外培训机会的加权平均值来度量公司的吸收能力。在前人研究的基础上，本文将校企合作创新网络结点间知识转移的影响因素概括为高校的知识转移动机，知识转移能力和经验，企业的知识接收动机、学习意图和学习能力，制度、政策环境和经费等，这些都是影响企业与高校之间知识转移的因素。

从图 2 可以看出，“科研成果过于偏重理论难以转化”是校企知识转移的首要障碍因素，比例达到 66.70%；其次就是“高校科研成果与市场脱节”，比例达到 48.80%。这是因为目前很多高校由于科研评价体系等原因造成高校科研人员的思路不能适应现代市场的要求，高校科研人员只重视指标领先，而忽略社会和市场的需要，造成企业难以直接应用。“企业与高校之间缺乏有效的联系渠道”也是校企知识转移的主要障碍因素之一，比例达到 38.30%。正是由于企业与高校之间缺乏有效沟通的渠道，才造成双方在信息沟通交流等方面不够畅通，彼此不了解对方的需求，也造成了企业与高校双方在参与校企合作方面的观望态度。“技术转化资金不足”排在影响因素的第四位，比例达到 31.70%。资金不足一直是困扰校企合作创新的瓶颈，虽然近年来政府一直加大这方面的投入，但仍然没有形成系统、有效的资金支持体系，使许多技术成果难以实现转化。另外，“知识产权不清晰（16.70%）”、“争夺技术创新的主导权（15%）”、“高校知识产权保护过度（8.30%）”对校企知识转移的影响充分说明了在开始进行校企合作创新时的一系列规章制度没有很好地完善，企业和高校出于对知识产权的争夺会有意限制知识向对方的转移，造成后续问题的干扰，给合作双方带来一定的影响。“企业自身消化吸收能力不强（3.30%）”、“高校不愿意转让市场前景好的技术（3.30%）”排在最后两位，说明企业和高校都充分认识到了校企合作的重

要性，只有企业拥有较强的消化吸收能力，才能有助于高校科研成果的转化。

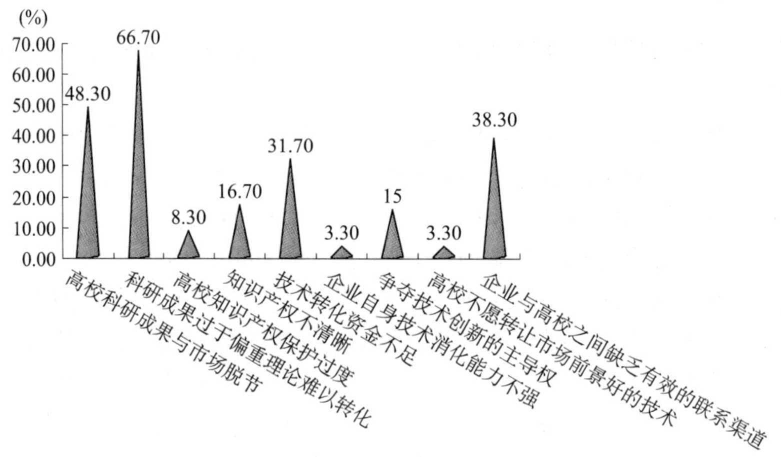

图 2　影响校企合作双方知识转移的主要因素

3.2.2　营造促进知识转移的政策环境是促进校企知识转移的关键因素

持久有效的学习机制，是企业和高校提高竞争力的有力保障，是校企合作创新网络有效运行的关键。从图 3 可以看出，“营造促进知识转移的政策环境（71.70%）”“提高企业消化吸收能力（53.30%）”“建立相互信任的文化氛围（41.70%）”“提高知识拥有者发送知识的能力（30%）”“提高企业学习的愿望（25%）”“提高知识拥有者发送知识的愿望（25%）”“发挥中介机构的桥梁作用（20%）”。学习机制的建立不仅依赖于企业和高校的努力，而且政府、中介机构以及外部环境和氛围也发挥着重要作用，尤其是政府的作用显得尤为重要。

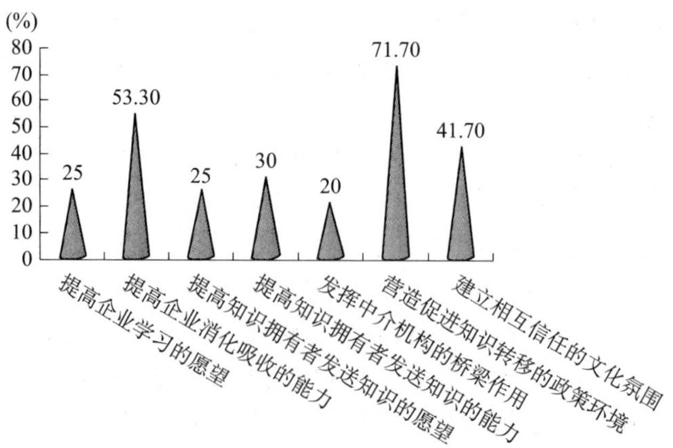

图 3　校企知识转移的促进因素

3.3 利益分配机制

3.3.1 单一的资金来源制约校企合作创新网络的发展

校企合作创新网络是一项风险很大的活动，需要大量的资金投入才能保障合作创新活动的开展。因此，仅仅依靠政府的资金扶持和企业自身的资金投入很容易造成资金短缺的状况，而且专业的金融机构和中介机构也不能发挥其应有的服务、监管作用，影响校企合作创新活动的健康、持续发展。

从图 4 可以看出，“企业内部资金”“政府资金扶持”“商业银行信贷”成为河南省校企合作创新网络资金的三个主要来源，其所占百分比分别为 91. 70%、46. 70% 和 28. 30%。这表明，河南省企业进行校企合作创新资金来源较为单一，虽然有风险投资机构、外商等的参与，但是所占比重都很小，不足以支撑多元化的融资渠道。这种状况很容易造成企业受政府政策和自身发展的限制缺少对合作创新的资金投入，不利于参与市场竞争。因此，河南省政府应进一步改善金融环境，拓宽融资渠道，为校企合作创新活动的开展提供充足的资金支持。

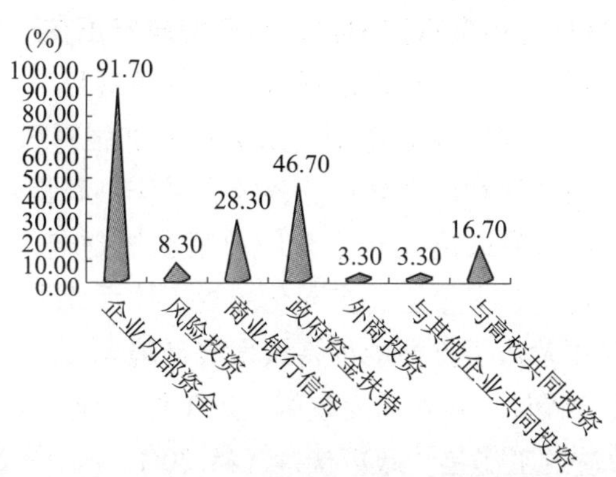

图 4 校企合作创新网络资金的主要来源

3.3.2 市场状况和技术风险成为校企合作创新网络中利益分配的主要影响因素

在校企合作创新网络中，利益分配至关重要，关系到校企合作的长期性和稳定性。在利益分配时要遵循互惠互利、协商让利、风险补偿、个体与集体合理性的原则。

从图 5 可以看出，企业认为校企合作创新网络利益分配的主要影响因素是“市场状况”，所占比例为 66. 70%，这种现象容易引起利益分配的短期化效应。“技术风险”和“预期绩效”也是影响利益分配的主要因素，所占比例分别为 48. 30% 和 38. 30%。这样由于高校重理论轻实践的研究思路，以及企业和高校考虑利益的角度不同，并且对利益分配的计算、方法等的不同，容易使高校和企业在利益分配时出现矛盾。因此在利益分配时应严格按照相应的原则进行，这样才能确保各方利益。

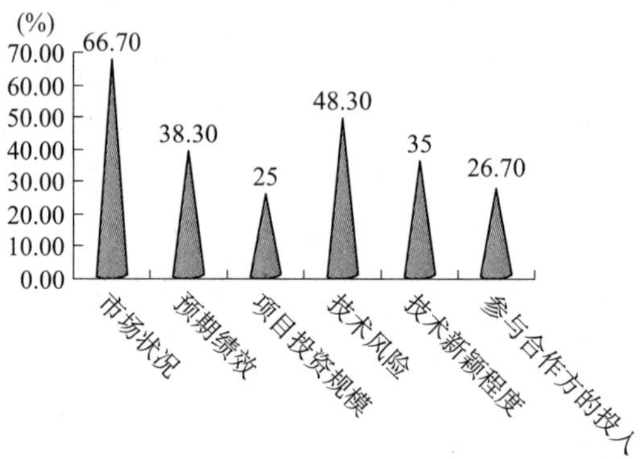

图5　校企合作创新网络利益分配的主要影响因素

3.4　激励机制

3.4.1　政府政策扶持力度有待加强，服务型政府正在形成

建立校企合作创新网络，是建设创新型城市的关键环节。政府在其中要切实发挥好引导、激励、保护和协调的作用，从宏观上加强对校企合作工作的指导，营造良好的体制、机制条件和综合环境，为校企合作创新提供良好的政策环境和体制保障。近年来，河南省政府在校企合作政策法规制定、科技中介机构建设、公共技术和服务平台建设、多渠道、多元化的投资体系建设方面等都做了大量工作，为河南省校企合作营造了良好的可持续发展环境。

我们在调查问卷中设计了企业需要政府改进工作一项（如图6所示），发现目前企业最期望政府改进的工作是“政策扶持（48.30%）”“资金投入（45%）”“平台建设（41.70%）”“人才引进（18.30%）”。

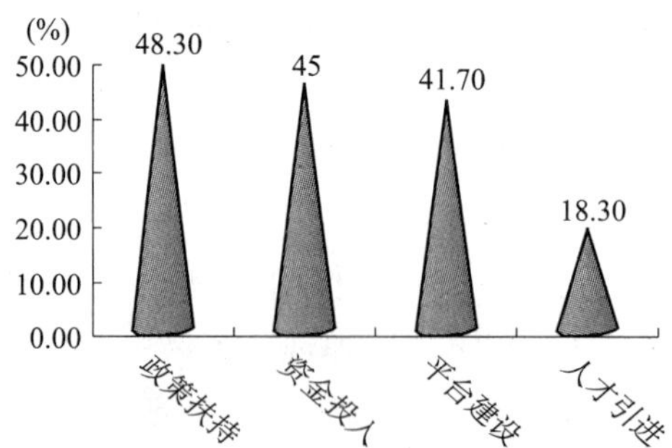

图6　政府在校企合作创新方面需要改进的工作

目前来看，河南省政府虽然对校企合作非常重视，出台了一系列的政策和措施，但是仍然存在一些不足，配合《国家中长期科学和技术发展规划纲要(2006—2020年)》的实施细则存在政策支持力度不够、可操作性不强等问题，不足以调动企业的创新需求和积极性。另外，政府政策对高校和企业的力度还存在不平衡的状况，过分推动高校的技术创新项目供给，而对企业的合作创新需求刺激不足，导致了供需的不平衡（郭新宝，姚仁杰，韩信传，2009）。河南省尚无用于支持校企合作的专项拨款，缺乏稳定的产学研合作资金来源。因此，河南省政府对校企合作的政策扶持力度以及资金投入还需要进一步地加大。另外政府还需要为企业与高校搭建沟通联系的平台，促进科技成果的转化。同时政府在为现有人才提供良好的条件和发展空间的同时应加大高层次科技人才的引进，颁布各种优惠政策，鼓励高层次人才加入校企合作的队伍。

3.4.2 对中介机构认识不足，是校企合作创新需要强化的薄弱环节

在校企合作创新活动中，政府固然可以发挥其领导作用，但是，在市场经济条件下，科技和经济之间的中介和服务处于更加重要的位置。高校作为技术供给方和企业技术需求方仍然存在着相当大的差距。而中介机构作为企业与高校之间联系沟通的桥梁，在促进政府、企业和高校等主体与市场之间的知识、技术、人才、信息的转移、流动等方面发挥着关键作用。

目前，河南省科技中介机构已形成生产力促进中心、高新技术创业服务中心、科技咨询机构、科技市场、工程技术研究中心、科技情报机构六大群体（河南省科学技术厅，2011），科技中介行业已初具规模。从表1可以看出，大多数企业认为中介机构在“信息（50%）”“咨询（43.3%）”两方面做得最好，得到企业的普遍认可。企业认为中介机构做得不好、需要改进的工作，排在前三位的是“科技（26.7%）”“担保（26.7%）”和“评估（20%）”。

虽然河南省的科技中介机构建设取得一定成效，但作为企业并没有充分认识到中介机构的重要作用，对其认识还很欠缺，没有形成对中介机构的迫切需求。而中介机构行业仍然存在规模普遍较小，发展不规范，各类机构发展不平衡等问题。只有充分认识发展科技中介机构的重要意义，营造优良的发展环境，中介机构对校企合作各方的沟通桥梁作用才能得到更好地利用。

表1　　中介机构作用调查情况

中介机构	中介机构发挥作用较好的方面		中介机构需要改进的方面	
	数量	比例（%）	数量	比例（%）
法律	14	23.3	7	11.7
会计	4	6.7	1	1.7
信息	30	50	8	13.3

续表

中介机构	中介机构发挥作用较好的方面		中介机构需要改进的方面	
	数量	比例（%）	数量	比例（%）
咨询	26	43.3	6	10
评估	13	21.7	12	20
科技	10	16.7	16	26.7
交易	2	3.3	10	16.7
仲裁	1	1.7	4	6.7
担保	6	10	16	26.7

3.5 协调机制

协调机制是校企合作创新网络存在与运行的保证，是校企合作创新的黏合剂。由于校企合作创新网络是由相互独立的成员组成，这些成员来自不同的层次、有着不同的类型，成员之间可能会因为参与动机的不一致、信息和认识的差异、利益分配的不合理、地域文化的多样性、外部环境变化的不确定等一系列的因素而引起各种冲突的发生，因此网络成员之间的协调工作就显得非常必要。

从图7可以看出，企业认为首先外部环境变化（45%）是导致冲突的主要原因，其次是利益分配失衡（41.7%）和信息和认识的差异（40%），最后是价值观、文化背景的差异（31.7%）和参与动机不一致（28.3%）。这主要是因为外部环境的变化往往会带来政治、金融、科技等方面的变化，这些变化可能会导致网络建立初期的某些协议不能被履行从而导致冲突的发生。而市场需求发生变化，也会直接影响到合作创新的技术成果转化或是某个伙伴的利益，网络成员之间对于初期原有目标的态度就会发生变化，会引起冲突。

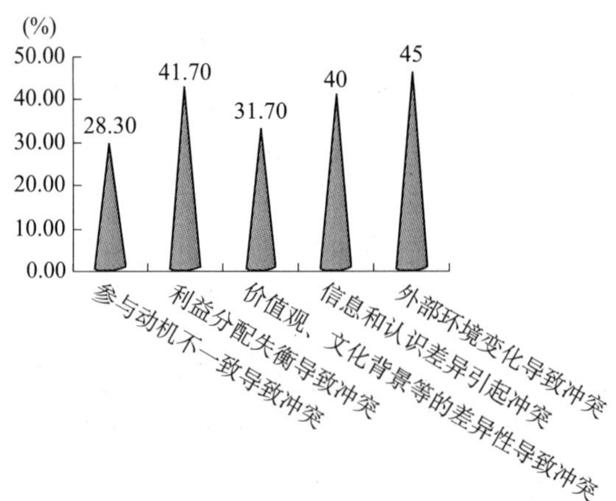

图7 校企合作创新网络冲突的主要来源

4. 调查结论

以上我们主要通过问卷调查的方式对河南省企业开展校企合作创新网络的运行机制进行了相关的分析。通过调查我们发现，“知识、信息交流不够畅通(55%)”“合作形式单一（55%)”“激励机制不够完善（45%)”是企业认为目前校企合作创新网络存在的主要问题，而通过前面一系列调查结果的分析，我们也发现如下一些问题。

（1）企业已成为自主创新的主体，但参与校企合作的积极性有待进一步提高。加强校企合作创新，可以使企业充分利用高校的资源优势，对于提高企业自身技术创新能力具有重要意义。

（2）高校的科研成果过于注重理论，不能满足企业的需求。高校应加强对市场的了解，在基础研究和应用研究的基础上，与企业合作成立二次研发机构，帮助企业对其科研成果进行二次研发，以提高科技成果的转化率。

（3）校企合作创新资金来源渠道单一，制约校企合作创新活动的开展。政府在加大专项资金投入的同时，应建立多元化的融资渠道，为校企合作创新提供充足的资金保障，降低企业的风险压力。

（4）政府政策扶持力度有待加强，服务型政府正在形成。河南省各级政府已经为校企合作营造了良好的氛围，但是一些细化的、操作性强的政策应当进一步加强，同时出台更多的激励政策，提高企业和高校参与校企合作的积极性，另一方面搭建合作平台，引进高水平的科技人才也是政府应当加强的重点。

（5）对中介机构认识不足，是校企合作创新需要强化的薄弱环节。加强企业对中介机构重要性的认识，扩大中介机构的规模，规范其发展，提高各类中介机构的服务水平，使中介机构在校企合作各方之间充分发挥桥梁的作用。

5. 促进校企合作创新网络发展的对策

5.1 提高校企合作创新网络成员之间相互信任水平

第一，营造良好的社会环境，激励互信的合作行为，通过建立相应的约束和激励机制（如提高欺骗成本，增加合作收益等），使每个参与合作的成员的行为更加理性化，能够自觉抵制外部的诱惑和欺诈行为的发生，激励互信的合作行为(李长江，徐静，苏繁，2005)。另外，可以通过道德和制度的约束来限制合作过程中违规行为的发生，因为在高额的道德成本约束下，合作方为了自身声誉或社会形象，有可能选择履行义务，完成合作，从而使合作双方建立起信任关系（何瑞卿，黄瑞华，徐志强，2006）。第二，提高长期合作的意愿，努力减少短期行为的发生，构建校企合作创新网络的目的就是希望成员之间共同努力解决问题，实现互赢，提高竞争实力，因此这种合作关系强调成员之间的长期、稳定的合作，通过长期合作可以增加网络结点成员的相互了解，增进彼此的默契配合，降低网络内部的信息不对称，有效提升网络成员的信任程度。第三，建立多样化的信息沟通渠道，网络成员要利用各种正式和非正式的渠道进行积极主动的沟通和交流，及时了解对方的动态、发展趋势、行为方式，在发现不利于合作的信息时能够及早做出调整。第四，减少文化差异，构建网络的创新文化氛围，在校企合作创新网络内应打造基于相互信任的学习与合作的网络文化，倡导各网络成员之间相互学习、相互交融，形成鲜明的合作创新文化氛围，确保网络成员相互信任的文化基础。

5.2 充分挖掘网络学习效应

首先，企业要提高自身的知识吸收能力，通过企业内部合理的制度和结构安排，加强有关知识的引进和消化，增加自身知识存量，同时在引进、消化的基础上，学会吸收和应用，将先进的知识和技术转化为生产力，提高知识转移的绩效，又反过来促进企业的发展。其次，高校要增强转移知识的意愿和能力，应在加强自身知识储备的基础上，不断从外界吸收新知识和新技术，完善原有的知识储备，并且要充分地深入市场，在加强自身基础研究和应用研究的同时，了解企业的需求，帮助企业进行产品的二次研发，发挥自己知识源头的示范作用，成为知识集散的主体。再次，建立柔性的人才流通渠道，采取有效措施使高科技人才在网络成员之间柔性流通，完善网络发展的人才供应链，使隐性知识在网络内部得以传播和扩散，提高网络成员间知识共享的程度。

5.3 保证利益分配的公平合理

校企合作创新网络成员之间的合作，不仅仅是单纯的技术合作，更多的是一种利益的合作，而这种利益的合作不只是利润以及相关产品的分配，还有知识产权、信誉、技术诀窍等一系列的无形资产的分配。因此，如果不能在前期事先建立好公平合理的利益分配机制，将诱发合作成员各种不协调行为的产生。所以，在合作初期，要对利益进行清晰的界定，并且随着外部市场的变化，及时调整利益分配策略，保证利益分配方案与合作成员所做的贡献、承担的风险相匹配，并且大于其单独活动所能获得的利益，尤其要注重对无形资产的保护，通过完善知识产权机制，抑制合作中各种搭便车行为的发生，采取合适的方法对无形资产进行更好的量化分配。

5.4 建立和完善激励机制

第一，加强政策激励的导向和支持。仅靠市场调节的激励作用非常有限，需要借助政府对合作创新行为发挥宏观调控的正向促进作用（王文亮，刘岩，2010），政府可以通过税收、财政、信贷、奖励基金等形成对校企合作创新网络的经济倾斜，最大限度地发挥政府的激励与引导作用，使企业尽快实现科研成果的转化，占领市场优势，高校拥有充足的资金进行科研活动，提高整个校企合作创新网络的创新能力。同时政府应当建立合作创新前期和后期的均衡支持机制，使合作创新前期的直接支持政策和后期的间接支持政策相匹配，为校企合作创新行为引入规范轨道，并为其提供保障。第二，责权利明晰的股权激励。校企合作创新网络应当建立合作各方责权利明晰、利益分配合理的股权激励机制，只有这种健全的股权激励，才能保证网络成员对合作创新的贡献最大。第三，高校的多层次科研激励机制。对高校的科研人员的激励应考虑不同层次、不同人员的需求，既要保证资深科研人员的需求，也要加强对年轻科研人员的引导，使每一层次的科研人员都能充分挖掘资深潜力，努力为校企合作目标服务。第四，对中介和金融机构的激励。应当建立完善的投资担保制度，转变其投资理念，降低投资风险，保证中介和金融机构的收益和风险相对应（杨晨，马卉，2006）。

5.5 建立快速有效的协调机制

校企合作创新网络是一个复杂的系统，虽然网络成员为了合作而聚集在一起，但是彼此的战略部署、思维方式等都有所不同。因此，在网络成员之间出现分歧和冲突时，要建立快速有效的协调机制，能够通过协调使冲突各方达成和解，保证合作的顺利进行。如可以成立专门的项目协调小组，由专人负责协调各方管理层、负责人以及不同组织的成员，同时密切关注外部环境的变化，加强与外部网络的协调与沟通，使大家能够互相配合，以保证合作项目所需的各种资源，避免各种冲突的激化和升级，为合作的持续进行扫除障碍。

参考文献

[1] 池仁勇. 区域中小企业创新网络的形成、结构属性与功能提升：浙江省实证考察 [J]. 管理世界，2005（10）：102－112

[2] 方德英. 校企合作创新：博弈深化与对策 [M]. 北京：中国经济出版

社，2007.

[3] 郭新宝，姚仁杰，韩信传．促进校企合作　提高我国科技竞争力 [M]. 北京：冶金工业出版社，2009：232 - 233.

[4] 河南省科学技术厅．加强科技中介服务体系建设促进河南经济快速发展 [EB/OL]. http://wenku.baidu.com/view/fefb3b69a98271fe910ef9f6.html, 2011 - 01 - 27.

[5] 何瑞卿，黄瑞华，徐志强．合作研发中的知识产权风险及其阶段表现 [J]. 研究与发展管理，2006 (12)：77 - 82，101.

[6] 何亚琼，葛中锋，苏竣．区域创新网络中组织间学习机制研究 [J]. 学术交流，2002 (2)：63 - 68.

[7] 霍云福，陈新跃，杨德礼，董一哲．企业创新网络模式选择研究 [J]. 科学管理研究，2002，20 (6)：13 - 16

[8] 姜照华．科技进步在经济增长中的贡献率的测算方法与提高策略 [M]. 哈尔滨：哈尔滨工业大学出版社，1996.

[9] 李长江，徐静，苏繁．供应链节点企业间的信任及实现机制 [J]. 工业工程与管理，2005 (2)：89 - 91，96.

[10] 刘兰剑，司春林．创新网络 17 年研究文献述评 [J]. 研究与发展管理，2009，21 (4)：68 - 77.

[11] 毛雪莲．影响企业高校合作创新成功的关键因素研究 [D]. 西安：西安工程大学，2007.

[12] 王同亿．语言大辞典 [M]. 海口：三环出版社，1991：149.

[13] 王文亮，刘岩．企业研发网络的特征和结构模式分析 [J]. 技术经济，2010，29 (10)：24 - 27.

[14] 魏江．小企业集群创新网络的知识溢出效应分析 [J]. 科研管理，2003，24 (4)：54 - 60.

[15] 杨晨，马卉．高校科技孵化器相关主体利益机制研究 [J]. 福州大学学报，2006 (4)：26 - 30.

[16] 张伟峰，万威．企业技术创新网络的构建动因与模式研究 [J]. 研究与发展管理，2004，16 (3)：62 - 68.

[17] Amdt O., Sternberg R. Do manufacturing firms profit from intraregional innovation linkages? an empirical based answer [J]. European Planning Studies, 2000, 8 (4): 43 - 56.

[18] Etzkowitz H., Leydesdorff, L. The dynamics of innovation: From National

Systems and ‘Mode 2’ to a triple helix of university-industry-government relations [J]. Research Policy, 2000, 29 (2): 109 - 123.

[19] Freeman C. Networks of innovators: A synthesis of research issues [J]. Research Policy, 1991, 20 (5): 499 - 514.

[20] Jarvenpaa S. L., Leidner, D. E. Communication and trust in global virtual teams [J]. Organization Science, 1999 (10): 791 - 815.

[21] Ishaya T., Macaulay L. The role of trust in virtual teams [EB/OL]. 1999. http//www. virtualorganization. net.

[22] MBA 智库百科. 经济机制 [EB/OL]. http: //wiki. mbalib. com/wiki/%E7%BB%8F%E6%B5%8E%E8%BF%90%E8%A1%8C%E6%9C%BA%E5%88%B6, 2010 - 02 - 10.

[23] Morgan R., Hunt, S. D. The commitment-trust theory of relationship marketing [J]. Journal of Marketing, 1994 (58): 202 - 238.

[24] Lyles M. A., Salk, J. E. Knowledge acquisition from foreign parents in international joint venture: An empirical examination in the Hungarian context [J]. Journal of International Business Studies, 1996, 27 (5): 877 - 903.

[25] Simonin B. L. Ambiguity and the process of knowledge transfer in strategic alliances [J]. Strategic Management Journal, 1999, 20 (7): 595 - 612.

[26] Sternberg R. Innovation networks and regional development [J]. European Planning Studies, 2000 (8).

[27] Van Aken J. E., Weggeman, M. P. Managing learning in informal innovation networks: overcoming the Daphne-dilemma [J]. R&D Management, 2000, 30 (2): 53 - 64.

[28] Wang Wenliang, Liu Yan. The analysis and implementation strategies on structure model of university-enterprise cooperative innovation network [A]. Proceedings of Shanghai Conference on Management of Technology, 2010: 193 - 197.

从技术引进到自主创新——金龙铜管集团案例研究

王文亮　刘　岩*

本文阐述了河南金龙精密铜管集团股份有限公司（以下简称金龙集团）从技术引进到自主创新的发展历程，对其在技术引进、消化吸收再创新过程中的基本做法进行了分析。在案例分析的基础上，本文得到的结论与启示如下：①企业家的创新精神是企业实现自主创新的重要保证；②对以设备为载体的先进技术的消化吸收是企业发展的有效途径；③技术引进、消化吸收后的持续创新是企业实现从引进向创新跨越的关键；④战略创新是企业发展壮大的必由之路。

随着经济的全球化、技术的信息化，今天的世界已经进入了以高科技产业为龙头、以现代科学技术为核心的知识经济时代。科技竞争已经成为企业之间竞争的焦点，面对如此严峻的挑战，如何提高企业的竞争力，成为摆在我国企业面前的一个严峻课题。

毫无疑问，技术引进已经成为后起国家发展本国经济和提高本国科技水平进而开发先进生产技术的一种重要学习手段（高群，朱斌，蔡晓晖，2009）。然而在现实中，各个国家的技术引进效果却存在较大的差异。我国学者吴晓波提出了一个适合发展中国家的二次创新动态模式，即模仿创新—创造性模仿—改进性创新—后二次创新。并且进一步指出："如果落后企业没有通过消化吸收来积累技术能力和资源、无力进行技术改进与二次创新，或者当产业沿着技术轨迹上升时，落后企业虽通过多次技术引进、消化吸收和改进，其资源积累和技术能力还是跟不上产业技术的进步，就会出现引进—落后—再引进的恶性循环，落后企业就会掉入技术引进的能力型陷阱。"（吴晓波，1995）

因此，目前对于我国企业来说，如何增强技术引进、消化、吸收能力，以加快自主创新的步伐成为提高企业竞争力的关键所在。佟岩指出，自主创新就是对

---

* 王文亮、刘岩，河南农业大学信息与管理科学学院。本文发表于《技术经济》2010 年第 8 期。

技术依赖的反思和调整。“自主技术创新”是相对于“引进技术”而言的，是为了改变企业缺乏具有自主知识产权的技术而处于不利竞争地位的状况（佟岩，2007）。

基于以上观点，本文将对河南金龙精密铜管集团的发展历程进行探讨，重点就是对金龙集团从技术引进到自主创新发展战略的基本做法进行研究，以期为企业从技术引进到自主创新提供一条可资借鉴的有效途径。

1. 金龙集团技术引进、消化吸收再创新的发展历程

金龙精密铜管集团位于河南省新乡市，是国家大型一档企业、国家重点高新技术企业、全国火炬计划优秀高新技术企业、河南省重点骨干企业、河南省重点出口创汇企业、河南省专利20强企业及新乡市三大支柱企业之一。在上海、山东、无锡、郑州建有8个子公司，在美国、日本、欧洲、香港和迪拜设有直销公司。拥有总资产16亿元人民币，员工1580人，其中各类专业技术人员780人（百度百科，2009）。

1.1 突破瓶颈引进技术

金龙集团的前身新乡无氧铜材总厂是一家地方集体企业，主导产品是细细的铜管——冰箱空调用的小小部件。1992年，金龙集团从振兴民族铜管制造业出发，果敢贷款数亿元，从荷兰引进国内首条铸轧法铜管生产线，开始探索运用先进技术制造无氧铜管的路子。然而洋设备不但没有轧好铜管，还经常出现断管情况。

由于技术有缺陷，企业不得不多次请外国专家来修理设备。外国专家在调试机器时采取严格保密的状态，设备经过他们的多次调试却始终不能正常运转，直到1993年才勉强投产，设计产能6800吨的生产线，产品合格率仅仅只有31%，铜管一拉就断，废品堆积如山。就这样，本来想用来救活企业的设备反而把企业拖垮了。到1994年年底，工人工资不能正常发放，工厂负债1亿多元，亏损4400万元，负债率高达116%（孙中杰，2008）。

当时，国外产品垄断市场，国内企业激烈竞争。由于缺乏技术支撑，金龙集团“在米粒上刻字”心有余而力不足，工序间废品堆积如山，金龙集团已经奄奄一息。这一时期，金龙集团依赖技术引进的劣势和阻碍突出表现在：一是国内精密铜管生产技术的普遍低下；二是企业缺乏技术创新的意识和胆量，过分依赖外来技术；三是企业运转所需资金严重匮乏；四是企业缺乏专业技术人才。

1.2 历尽艰难消化、吸收

残酷的现实使金龙集团认识到单纯依靠引进技术只会灭亡，只有通过在引进技术的同时对技术进行消化、吸收才有生存之路。

由于对引进的技术工艺和设备缺乏关键性资料，金龙集团的技术人员没日没夜地盯着铜轧流水线，可产能却一直达不到设计标准，次品率一直在50%上下徘徊。看着堆积如山的次品，金龙集团果断组织实施消化、吸收、再创新工程。在引进外国技术的基础上，派出200余名技术人员兵分两路南下广东、江苏学习。技术人员对学到的铜管制造中的模具、温度、工艺流程等关键性技术进行综合分析、对比，并与公司自己的技术有机结合，经过上万次的反复试验，终于攻克了外国人视为不可攻克的技术难题。1998年，金龙集团引进的生产线产能完全达到设计标准，产品合格率由50%提升到80%。一下子缩短了与日本、芬兰等先进国家铜管制造间的差距，从而使国内铜管进口量下降到40%以下（聂广鹏，贺棣葆，董建矿，2008）。2000年，金龙集团的产能、销售额及产品市场占有率登上了国内同行业冠军的宝座，从此金龙集团开始明白只有实现对引进技术的消化、吸收才能为企业的发展奠定良好的基础。

1.3 自主创新取得突破进展

目前，世界上精密铜管总量是150万吨，金龙集团现拥有精密铜管生产能力35万吨。当年濒临破产的企业，如今变成国际铜管业霸主。而这个宏伟目标的实现，依靠的就是企业连续不断的自主研发和技术创新。

金龙集团的自主创新重点是对核心技术的创造。几年来，金龙集团先后开发了等压铸造与电磁改性、大直径铸坯大变形量三辊轧制、组合拉伸与复合探伤、大卷重在线退火、精密模具加工、连铸连轧计算机仿真、纳米微孔膜与动力型锂离子电池制备等一系列新技术，在熔铸与轧制技术和装备方面以及铜合金的技术开发上取得了重大成果，4项指标达到世界第一（河南有色金属网，2008）。

经过连续不断的自主研发和技术创新，金龙集团技术水平得到快速的提升，具备了在国际市场上长驱直入的能力与优势。金龙集团自主开发的超细径、瘦高齿等系列高效传热内螺纹管，成为空调产业的一项重要技术革命，空调体积减小了1/4，能效提高15%，节约铜管用量20%左右。面对目前铜价格的巨幅上涨，不少铜管企业或关闭或减产，下游的空调企业也难以承受，金龙集团努力把壁做薄，把公差做小，国际标准是90克/米，而金龙集团做到了88克/米，仅此一项每吨就节约材料费用1万元，为下游企业创造了优势，也为自己创新了市场（河南有色金属网，2008）。

正是金龙集团依靠自主创新和项目带动实现了高新技术产业化的迅猛扩张，结束了中国不能生产高精度、高效传热铜管的局面，实现了大规模进口替代，使进口铜管由98下降至3，实现了自己由制造到创造的跨越。

2. 金龙集团技术引进、消化吸收再创新历程的基本做法

2.1 在引进、消化吸收中谋求自主创新

金龙集团当初引进荷兰的铸轧法铜管生产线，由于国外设备本身存在缺陷和工艺专利技术不稳定等因素，并没有给金龙集团的发展带来希望。金龙集团在引进消化吸收的基础上，对设备进行多项技术改造，一举突破了铸轧新工艺与典型盘拉工艺的技术衔接，实现了引进生产线能完全达到设计标准的要求，缩短了与日本、芬兰等先进国家铜管制造间的差距。

日前，金龙集团的技术水平已经在国际上处于领先。要想保持自己在技术上的领先，金龙集团加大了自主创新的步伐。几年间，金龙集团自主设计完成了熔铸增熔项目，开发了中央空调免酸洗直管和无氟冰箱专用铜盘管，提升了铜管内外表面清洁光洁度，形成了专有技术，并参与制定了精密铜管的行业标准。2006年，由金龙集团申报的河南省“十一五”重大科技专项之一的“精密铜管四辊旋转和四联拉关键技术研究”，专家一致认为该技术为国际首创，有重大创新性和推广应用价值，市场前景十分看好（河南省科技厅，2009）。

自主创新能力是金龙集团的核心竞争力，也是企业生产和发展的关键，金龙集团通过多年努力，在引进、消化吸收的基础上，取得600多项技术成果和创新技术，创造了铜管新产品、工艺技术、铸轧装备三大核心竞争优势，共申请国内外专利98项，形成了企业的自主知识产权体系（金龙集团研发中心办公室，2008）。

2.2 以开放的创新思维，走产学研合作研发之路

自主创新是企业兴旺的不竭动力，也是企业成长壮大的重要法宝。企业要想在激烈的市场竞争中立于不败之地，必须坚持走自主创新的道路。但是自主创新并不是说就要关起门来自己研发，金龙集团认识到单纯依赖于自身独有的、有限的专业技术和资源，很难实现企业技术落后的有效突破，必须要有开放式的思维，借鉴世界上一切优秀的先进技术和研发思路为我所用。

金龙集团在自主创新的过程中，明确提出了企业自主创新要走产学研结合的

道路，利用科研单位人才、研究设备、技术信息的优势，结合企业自身在市场信息、资金方面的长处，取长补短，联合开发产品、技术，实现企业的技术创新。

近几年，金龙集团兼并了中科院新乡科学仪器中心，与德国、意大利、丹麦的大学和国家实验室以及清华大学、西安交通大学、大连理工大学、北京有色金属研究总院、上海大学等联合进行了项目研究，借助与高校和科研院所联姻，不断“借脑”进行技术创新。

2.3 建立技术研究中心和博士后流动站

面对国际竞争的日益加剧，金龙集团要想在更高层次上实施技术创新、提高核心竞争力，必须提升技术开发层面，按国际标准建立技术开发组织。而专门的技术研发中心和博士后流动站就是一种常见的技术创新组织，是企业技术创新的重要依托。

2001 年，经中国科学院批准由中科院金属所和金龙集团共同建立设在企业的第一个研发中心——中国科学院精密铜管工程研究中心，该中心吸引了由海外铜管行业顶级科学家、国内知名院士、教授、高工、博士组成的核心研发团队（金龙集团研发中心办公室，2008）。有力地促进了新产品新技术的研发，提升了金龙集团的企业形象和精密铜管的整体学术与技术水平。

2003 年 12 月，经国家人事部批准金龙集团设立了博士后科研工作站，并被授予河南省优秀博士后科研工作站。2007 年 9 月，金龙精密铜管集团股份有限公司技术中心经国家发改委、科技部、财政部、海关总署、国家税务局五部委联合认定为国家级企业技术中心（金龙集团研发中心办公室，2008）。这一称号的获得标志着金龙集团的科技研发能力正在向更高层次迈进。

目前，金龙集团已经拥有国家级企业技术中心、博士后科研工作站、中科院精密铜管工程研究中心、河南省精密铜材工程技术研究中心、河南省新能源材料工程研究中心及一个国家认可实验室。作为国内铜管加工行业的领军人物，金龙集团已经具有完备的研究开发条件和知识结构合理、素质较高的技术研发力量，使金龙集团能够在更高层面上开展技术创新工作。

2.4 实行扁平式的创新管理

金龙集团实行的是扁平式管理，大家在一个平台上平等地工作，其中心是网心，是一元化的企业理念——“理解、支持、忠诚、奉献”。在这一理念下，进行的是多元化创新。

金龙集团推行的扁平式管理，也叫蜘蛛网式管理。企业就如一张网，每一位员工就是一个网眼，每个网眼相互依赖、相互支撑。企业的管理中心就是网心，是整个网络的指挥部、信息枢纽。要使这张网产生功效，网眼之间必须协作，大家必须协力。随着金龙集团扩张速度的加快，扁平式管理为大家提供了创新的平台。

这种扁平式的管理激发了员工的创新激情，技术创新成为金龙集团由衰到兴的“起搏器”。金龙集团公司平均每年投资 1.5 亿 ~2 亿元进行技术创新，工人、技术人员也自发加班加点钻研技术。同时公司出台多项措施对做出贡献者进行奖励，使员工的创新活动开展得扎扎实实，为企业提高自主创新的能力做出了贡献。

2.5 营造人文氛围的创新环境

企业技术创新的发展离不开各种创新活动的开展，尤其是文化创新。因此，在企业内部营造创新的企业文化，塑造有利于企业技术创新快速提升的“创新型”企业文化，能够给予企业技术创新源源不断的精神动力和智力支持。

对人才的渴求、对员工的挚爱，为金龙集团的发展吸引了大批的优秀人才。同时良好的文化氛围也大大激励了金龙集团员工创新的积极性与主动性。如今，博士后流动站的设立，使金龙集团时刻站在铜管生产技术开发的前沿阵地；中科院精密铜管研究中心的设立，为金龙集团网络了大批的国内外一流人才，众多的科研人员纷纷来到金龙集团，成为金龙集团技术开发的保障。

在招揽精英人才的同时，金龙集团毫不放松对内部人才的挖掘、培养。对业绩突出者都给予重奖。如 2003 年年底为在集团新产品——锂电隔膜研究领域成绩显著的一位专家颁发 20 万元的奖金。自 1997 年以来，全集团公司有 500 余人获奖，共发放科技开发奖励资金 1000 多万元（岳振廷，2008）。

2.6 充分发挥人才在技术创新中的关键作用

技术创新的背后是优秀人才的支撑。为保障金龙集团的技术创新实力，10 多年间，金龙集团引进各类技术人才 1580 余人，外聘专家顾问 18 名，其中外籍专家 4 名，海外留学回国科学家 4 名，博士 8 名和硕士 20 多名（孙中杰，2008）。除了吸引人才、留住人才外，更重要的是培养人才、发展人才，加强对现有人才的培训。企业鼓励科研人员通过不同方式参加大学、科研院所等开设的高水平讲座、研讨会和短期培训，并且出台了《金龙集团创新体系》，激发员工的创新思维，营造创新氛围，提升日常工作中的工作技巧及思维方法，使全员由努力做事转化为用心做事，建立了技术攻关评审激励机制，重奖有自主创新成果的集体和个人，成立了知识产权领导小组，强化技术攻关和发明创造。在以人才是第一资源理念的指引下，金龙集团吸引和培育了一批技术创新团队，为企业立足国际提供了充足的人才资源保障。

3. 启示与借鉴

中国第一→亚洲第一→世界第一，靠着技术引进、消化吸收再创新，金龙集团完成了自己的“三级跳”。其中的成功经验对于金龙集团来说是一笔宝贵财富，也为金龙集团今后的发展指明了方向。本文仅是结合金龙集团的发展历程对企业从技术引进到自主创新得以实现的基本做法进行探讨，由金龙集团的案例，得到的启示与思考如下：

3.1 企业家的创新精神是企业实现自主创新的重要保证

按照熊彼特创新理论，企业管理者并不都能被称为企业家，只有那些对社会经济发展做出创造性贡献，从而推动全社会技术创新、生产增长的企业管理者才能被称为企业家。而企业家的创新精神更是企业创新的不竭动力，它是技术创新、产品创新、市场创新的系统集成，是企业创新的最高层次和归属。

金龙集团能够实现技术引进、消化吸收再创新的成功，与集团董事长李长杰对技术创新的专注精神是分不开的。他求实创新，拼搏奉献，用“尊重、学习、超越、创新”的企业创新理念，“一元化思想与多元化创新”与“金龙扁平式”管理法，营造出了集团公司团结一致、拼搏向上的精神氛围，推动了金龙集团的创新升级，使得金龙集团在和国内外对手的竞争中始终保持行业领先地位。

企业家对创新的关注和远见带来的是企业具有前瞻性的主动转型和调整，是企业的创新能力培养和创新机制形成，同时也影响了企业的创新模式。可以说，企业家是创新活动的倡导者、组织者和观念的推广者，是企业技术创新的重要保证。

3.2 对以设备为载体的先进技术的消化吸收是企业发展的有效途径

从世界范围看，技术引进可以被划分为成套生产技术引进、关键设备引进、专有技术或专利技术引进、智力引进或技术人才引进四个层次。按照“进口替代”思路成套设备购置，尤其是直接用于生产目的组装生产线的引进，为技术引进中的最低层次。进口替代型技术引进有成熟的生产技术可供学习使用、现成的市场可为其占领，能够解决相应商品完全依赖进口的被动局面，对提高落后的生产技术水平、发展经济满足需求等，能起到一定的推动作用。可是由于从发达国家向发展中国家转移技术时，发达国家大多都有较为雄厚的技术储备，或正待推出新一代的产品，或控制着关键部件的生产技术，技术与经济能力上的优势很快又使众多发展中国家的企业沦为受制于人的境地（Tushman，O'Reilly III，1998）。

因此，企业引进先进技术设备后，要尽量克服引进组装生产线价值转移的弊端，不仅要充分利用先进的技术设备，而且更应对技术设备的设计原理、关键性技术等进行深入研究，并结合企业自身实际与国内产业资源进行消化吸收，在企业技术创新、设备创新、产品创新中借鉴、应用与发展。只有这样，企业才不会落入“引进—落后—再引进—再落后”恶性循环。

3.3 技术引进、消化吸收后的持续创新是企业实现从引进向创新跨越的关键

任何企业要想持续的发展，必须立足于创新。而在经济全球化发展和技术快速变革背景下，企业的生存发展环境更具动态性和不确定性，关注一个产品的创新、一时的创新、一个市场的创新或者一个环节的创新，不足以使企业摆脱困境，并获得长期稳定的发展。只有持续创新才是企业保持和不断获取市场竞争优势的源泉，才能使企业长期进行系统的、多样化的创新，并对组织的惰性、惯性及路径依赖性不断产生抗拒力量（Constantions，1997）。

在引进技术之后，企业要想得到长远持久的发展，必须注重技术引进、消化吸收后一系列的后续创新，如设备创新、工艺创新、流程创新、产品创新等，而这些后续创新既是企业技术创新体系的有机组成部分，也是企业创新战略得以实现的重要保障。在企业的创新运行过程中，后续创新还表现为企业创新网络各环节上的协同创新与耦合创新。而金龙集团实现由“制造”到“创造”的跨越，就是因为企业坚持持续创新的结果。因此，只有坚持持续创新，企业才能从技术引进走向技术跨越。

3.4 战略创新是企业发展壮大的必由之路

战略是企业的灵魂。当今世界经济已进入知识经济时代，置身于日趋白热化的市场竞争中，企业要想立于不败之地，关键是进行战略创新。战略创新是企业在超竞争环境下持续生存的必然选择，是企业获得持续、健康、长久发展的保证。企业进行战略创新的一个基本点就在于能够准确地鉴别出其运行方式与竞争对手运行方式之间的差别，并能够利用这种差别创造出非常有力的竞争能力（Constantions，1997）。

企业战略创新行为的实现需要在以企业家为核心的动力系统作用下，辅之以企业各种软硬配套资源的优化组合。企业从技术引进、消化吸收到自主创新战略的过程，是企业创新体系的产物。要使企业战略创新有强大的动力源泉，首先，要进行企业制度的创新；其次，要求企业领导者具备企业家精神和战略管理眼光；再次，企业应建立激发员工创新意识的各种激励制度；最后，要搞好企业文化建设，在企业中营造出一种强烈的创造性氛围，形成以创新为特色的企业精神。

企业战略创新在企业生存与发展中起着十分重要的作用，它决定着企业发展的方向和途径。企业战略创新的动力是保证创新活动顺利进行的关键所在，只有进行战略创新，企业才能实现“引进技术—消化吸收—自主创新—增强国际竞争力”的良性循环，才能切实提高企业的核心竞争能力。

参考文献

[1] 百度百科. 金龙铜管集团 [EB/OL]. [2009 - 10 - 20]. http: //baike. baidu. com/view/1173079. htm.

[2] 高群，朱斌，蔡晓晖. 从技术引进到企业的战略创新——福建圣农集团循环经济发展战略案例分析 [J]. 西安电子科技大学学报：社会科学版，2009，12 (2)：21 -26.

[3] 河南有色金属网. 金龙集团：竞争无国界 决胜在海外 [EB/OL]. [2008 -06 -03]. http: //www. hnnm. cn/hangye_ 01. asp? newsid =7641.

[4] 金龙集团研发中心办公室. 金龙集团科研实力 [EB/OL]. [2008 -07 -30]. http: //www. gdcopper. com/display _ kykf. asp? ClassID = 11&NClassID = 19&ID =57.

[5] 聂广鹏，贺棣葆，董建矿. 河南省金龙精密铜管——叫响世界品牌 [EB/OL]. [2008 -06 -22]. http: //www. ha. xinhuanet. com/add/meiti/2008 -06/22/content_ 13606384. htm.

[6] 省科技厅. 省重大科技专项“精密铜管四辊旋轧和四联拉装备及关键技术研究”实施取得圆满成功 [EB/OL]. [2009 -07 -31]. http: //www. henan. gov. cn/zwgk/system/2009/07/31/010148828. shtml.

[7] 岳振廷. 金龙集团发展靠什么 [EB/OL]. [2008 -07 -27]. http: //cjb. newssc. org/html/2008 -07.

[8] 孙中杰. 河南金龙精密铜管集团自主创新纪实 [EB/OL]. [2008 -08 -07]. http: // finance. sina. com. cn/ roll/20080807/07352364963. shtml.

[9] 佟岩．从模仿学习到自主创新［D］．沈阳：辽宁大学，2007.

[10] 吴晓波．二次创新的进化过程［J］．科研管理，1995（3）：27－35.

[11] Kim L. Imitation to innovation：The dynamics of korea's technological leaning［M］. Boston：Harvard Business School，1997：37－41.

[12] Tushman M. L.，O'Reilly Ⅲ，C. A. 创新制胜［M］．孙连勇，李东贤，夏建甑 译．北京：清华大学出版社，波士顿：哈佛商学院出版社，1998.

[13] Constantions M. Strategic innovation［J］. Sloan Management Review，1997（38）：9－23.

河南省校企合作知识集成耦合机制的实证研究

王文亮　晋晶晶　肖美丹　吴　静*

以校企合作为背景，首先构建出技术机制、信任机制、学习机制、激励机制、利益分配机制、知识产权机制这六种耦合机制与知识集成绩效间关系的概念模型。然后利用路径分析法，将原概念模型分解成四个复回归模型，并逐步对模型进行修正，得到校企合作知识集成耦合机制的路径图。最后分别对六种耦合机制的直接效果值与间接效果值进行分析，得出如下结论：①不同耦合机制对校企知识集成绩效的影响程度和影响方式不同；②不同影响因素对校企知识集成绩效的影响程度不同。

1. 引言

在知识经济时代，企业竞争环境变得更加复杂多变，企业成功的关键要素已经从物质资源、劳动力、资本转向了知识、技术和人力资本，在某种程度上，知识已体现为企业的一项战略性资产（Zack，1999）。但是，仅仅依靠企业自身的知识积累已经远远不能适应知识经济发展的要求，与其他伙伴的合作则成为知识创新的一种有效方式。

大学作为教育部门，它的知识更注重理论、原理、专利技术，实验室研究，缺乏一定的实践指导。对于大学来说，单纯搞封闭的学术研究已经不能适应社会的发展，寻求与企业进行合作创新，源于其对于办学资金、成果转化以及自身发展的需求（Welsh，et al.，2008）。因此，在优势互补的前提下，如何将高校知识和企业知识进行有效集成，便成为至关重要的问题。

---

* 王文亮、晋晶晶、肖美丹、吴静，河南农业大学信息与管理科学学院。本文发表于《技术经济》2013 年第 10 期。

目前，学术界关于校企合作创新方面的研究主要集中在校企合作创新的模式选择、影响因素与动力模型三个方面。姜照华把校企合作的模式总结为一体化模式、高科技园模式、共用模式、中心模式、工程模式、无形学院模式、项目组模式、包揽模式等十种模式（姜照华，1996）。李焱焱等人根据校企合作的主体作用不同，将校企合作的模式分为企业主导型校企合作、高校主导型合作、共同主导型合作三种模式（李焱焱，叶冰，2004）。张昌松研究了大学与企业选择合作创新时应考虑的主体、客体、主体间沟通和环境4个方面的因素（张昌松，鲁若愚，2002）。在研究校企合作创新动力模型方面，最具有代表性的就是由埃茨科维兹和雷德·斯多夫（Etzkowitz & Leydesdorff，2000）建立的政府—大学—企业（GUI）合作关系的三重螺旋结构（triple-helix）。关于知识集成的研究主要涉及知识集成的概念、模式、知识集成与创新、知识集成能力评价4个方面。知识集成最早是由德姆塞茨（Demsetz）于1991年提出的，而正式提出的则是格兰特（Grant，1996）。格兰特认为，企业的重要作用就是进行知识集成，知识集成为企业创造了优势（Huang，Newell，2003）。关于知识集成模式，日本知识管理专家野中郁次郎基于认识论的观点提出了SECI模式。凌玲、王学林（2000）提出了基于知识生命周期的公共知识模型，包括知识辨别、知识建模、知识评价/确认、知识选择、知识转换等多个环节的知识生命周期。有关知识集成与创新的关系方面，李默妮、吴秋明、史宪睿等也进行了研究。关于知识集成能力评价，众多学者通过建立不同的指标体系、运用不同的评价方法，对企业的知识集成能力进行了研究。通过对已有文献的阅读发现，国内外学者对知识集成的研究取得了一定的成果，但关于校企知识集成的耦合机制方面仍缺少系统的理论回答和实证诠释，大部分的研究都集中在企业层面，而对组织间的知识集成（如高校和企业的知识集成）的研究较少。本文利用问卷调查研究校企合作中的技术支撑、信任、学习、激励、利益分配、知识产权这六种耦合机制与知识集成绩效的路径关系。

2. 理论模型的构建

本文构建出校企合作创新网络知识集成的耦合机制与知识集成绩效关系的理论模型（如图1所示）。

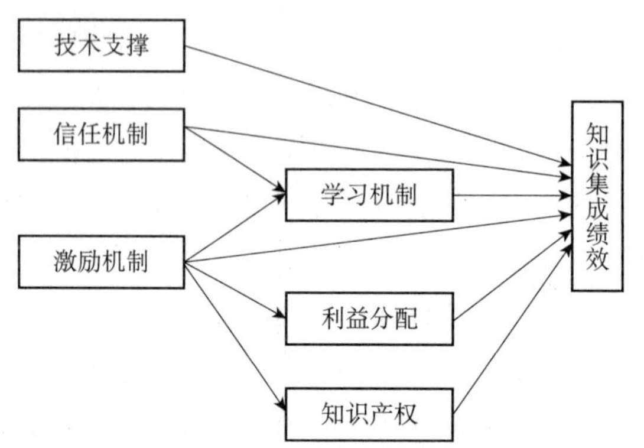

图 1 校企合作创新网络知识集成耦合机制的理论模型

2.1 描述性统计分析

我们选取河南省 80 家参与校企合作的企业，共发放问卷 80 份，回收有效问卷 42 份，问卷回收率为 52.5%。样本的描述性统计分析结果见表 1。

表 1 调查样本的描述性统计分析

划分标准		样本量	百分比（%）
产权性质	国有独资	8	19
	国有控股	5	12
	民营企业	16	38
	合资企业	6	15
	外资企业	2	5
	集体企业	1	1
	其他类型	4	10
企业规模	小企业	22	52
	中等企业	11	26
	大企业	7	17
	特大企业	2	5
发展阶段	投入阶段	1	1
	成长阶段	19	46
	成熟阶段	22	53

2.2 信度和效度分析

信度（reliability）就是量表的可靠性或稳定性，在态度量表法中常用的检验低粘度的方法为克朗巴哈（L. J. Cronbach）所创的 α 系数，由表 2 可知，以上七个量表的内部一致性较好，信度较高。效度分析主要通过内容效度和结构效度测度，由于量表是经过有关专家进行多次修改，因此具有较好的内容效度。结构效度是指量表测量结果同期望评估内容的同构程度。本文利用 KMO（Kaiser-Meyer-Olkin）样本测度和巴特利特（Bartlett）球体检验的大小检验结构效度，由表 3 可以看出，以上七个量表的结构效度较强（吴明隆，2010）。

表 2　　量表的信度检验

变量	技术支撑	信任机制	学习机制	激励机制	利益分配	知识产权	知识集成绩效
Cronbach's α	0.731	0.684	0.886	0.826	0.689	0.771	0.656

表 3　　量表的效度检验

变量		技术支撑	信任机制	学习机制	激励机制	利益分配	知识产权	知识集成绩效
KMO		0.629	0.652	0.734	0.659	0.666	0.702	0.607
Bartlett 的球形度检验	72.919	72.919	13.824	72.280	84.538	26.597	30.991	14.183
	0.000	0.000	0.032	0.000	0.000	0.003	0.000	0.003

3. 路径分析

路径分析法是一种研究多个变量之间多层因果关系及其相关强度的方法，其主要目的是检验一个假想的因果模型的准确和可靠程度，测量变量间因果关系的强弱。本文路径分析的因果模型图共包含四个复回归分析模型：

3.1 复回归分析模型一

以学习机制为因变量，以激励机制、信任机制为自变量。利用 SPSS 软件，采用强迫进入变量法对模型一进行线性回归，输出结果见表 4 ~ 表 5。

表 4　　复回归模型一摘要

模型	R	R 方	调整 R 方	标准 估计的误差
1	0.525[a]	0.276	0.239	0.52616

a. 预测变量：（常量），激励机制，信任机制。

表5　复回归模型一系数

系数 a						
模型		非标准化系数		标准系数	t	Sig.
		B	标准误差	试用版		
1	（常量）	1.038	0.727		1.427	0.162
	信任机制	0.665	0.188	0.503	3.529	0.001
	激励机制	0.060	0.135	0.063	0.444	0.659

a. 因变量：学习机制

从表4可以看出，多元相关系数平方R方为0.276，表明在激励机制和信任机制两个变量的共同作用下，可以解释学习机制27.6%的变异量，无法解释的部分占72.4%。由表5得出，信任机制的标准化回归系数为0.503（$t=3.529$，$p=0.001<0.05$），达到0.05的显著水平；激励机制的标准化回归系数为0.063（$t=0.444$，$p=0.659>0.05$），未达到0.05的显著水平。这说明信任机制对学习机制的影响显著，激励机制对学习机制的影响不显著。这表明，在实际中通过激励作用来促进学习的效果不明显。

下面对复回归模型一进行修正，仅以信任机制为自变量，研究它对学习机制的影响程度。同样采用强迫进入变量法对修改后的模型一进行线性回归，得到信任机制对学习机制的影响系数为0.522（$t=3.868$，$p=0.000<0.05$），通过了显著性检验。

3.2　复回归分析模型二

以利益分配为因变量，以激励机制为自变量。采用强迫进入变量法对模型二进行线性回归，得到多元相关系数平方R方为0.191，表明在激励机制的作用下，可以解释利益分配19.1%的变异量，无法解释的部分占80.9%。激励机制的标准化回归系数为0.437（$t=3.074$，$p=0.004<0.05$），达到0.05的显著水平，这说明激励机制对利益分配的影响显著。

3.3　复回归分析模型三

以知识产权为因变量，以激励机制为自变量。采用强迫进入变量法对模型三进行线性回归，得到多元相关系数平方R方为0.058，表明在激励机制的作用下，可以解释利益分配5.8%的变异量，无法解释的部分占94.2%。激励机制的标准化回归系数为0.241（$t=1.568$，$p=0.125>0.05$），未达到0.05的显著水平，这说明激励机制对知识产权的影响不显著。这表明，在实际中通过激励作用来促进员工产生更多的知识产权的效果不明显。

综合以上结果，对最初的理论模型进行修正（如图 2 所示）。

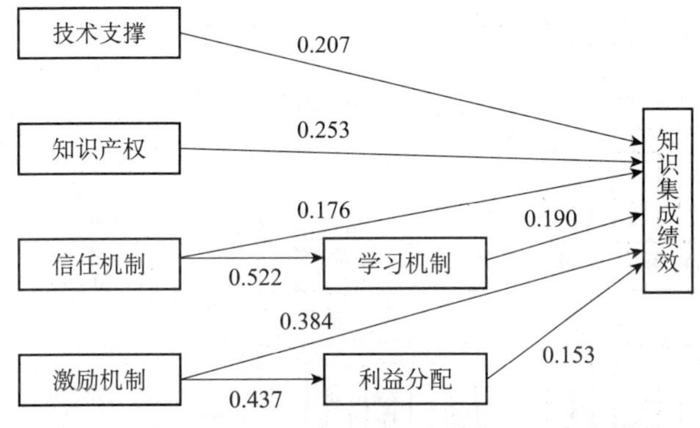

图 2　修正后的校企合作知识集成耦合机制理论模型

3.4　复回归分析模型四

以知识集成绩效为因变量，以技术支撑、信任机制、激励机制、学习机制、利益分配、知识产权为自变量，采用强迫进入变量法对模型四进行线性回归，得到多元相关系数平方 R 方为 0. 898，表明在技术支撑、信任机制、激励机制、学习机制、利益分配、知识产权这六个变量的共同作用下，可以解释知识集成绩效 89. 8% 的变异量，无法解释的部分占 10. 2%。技术支撑对因变量知识集成绩效的影响系数为 0. 207（$t = 2.585$，$p = 0.014 < 0.05$），达到 0. 05 的显著水平；信任机制对因变量知识集成绩效的影响系数为 0. 176（$t = 2.386$，$p = 0.023 < 0.05$），达到 0. 05 的显著水平；激励机制对因变量知识集成绩效的影响系数为 0. 384（$t = 5.977$，$p = 0.000 < 0.05$），达到 0. 05 的显著水平；学习机制对因变量知识集成绩效的影响系数为 0. 190（$t = 2.524$，$p = 0.016 < 0.05$），达到 0. 05 的显著水平；利益分配对因变量知识集成绩效的影响系数为 0. 153（$t = 2.250$，$p = 0.031 < 0.05$），达到 0. 05 的显著水平；知识产权对因变量知识集成绩效的影响系数为 0. 253（$t = 2.809$，$p = 0.008 < 0.05$），达到 0. 05 的显著水平。其中，激励机制对知识集成绩效的直接影响最大，为 0. 384；其次为知识产权和技术支撑，分别为 0. 253 和 0. 207。

将得到的路径系数和前文的分析结果填入修正后的理论模型中（如图 3 所示）。

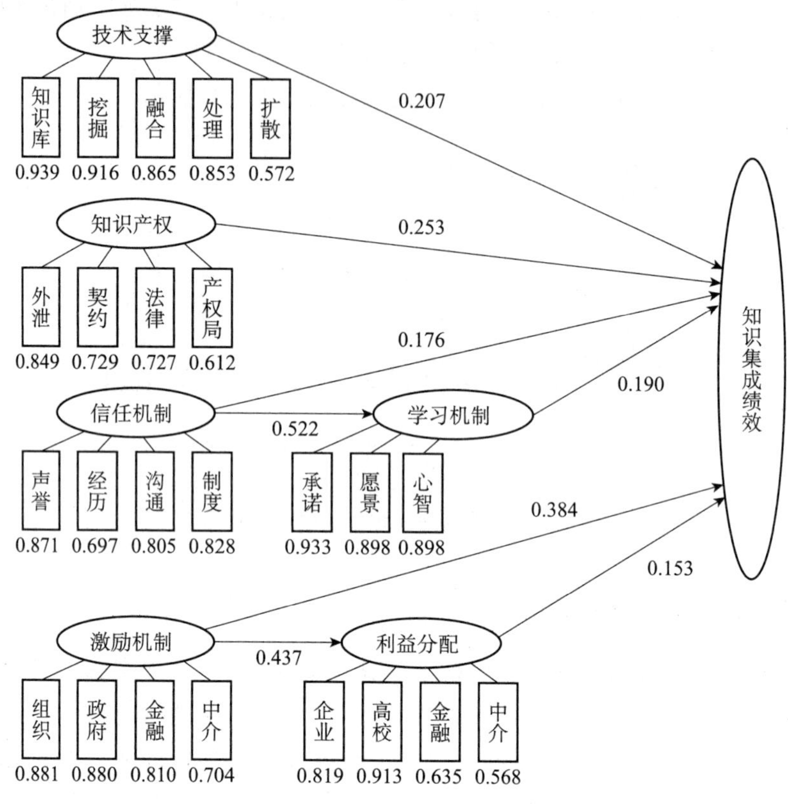

图3　校企合作知识集成耦合机制的路径

4. 分析和讨论

4.1　直接效果值分析

由图3可知，自变量技术支撑、知识产权、信任机制、激励机制对知识集成绩效的直接效果值分别为0.207、0.253、0.176和0.384；学习机制、利益分配在知识集成绩效中起中介作用，二者的直接效果值分别为0.190和0.153。其中，激励机制对知识集成绩效的直接效果值最大，然后是知识产权机制、技术支撑，最后是利益分配机制。这表明相比其他机制，通过对校企合作组织中的人才实施激励措施，在很大程度上对提高知识集成绩效会产生更为直接、更为显著的效应；其次，在良好的技术平台基础上，通过制定出合理的知识产权机制，在促进知识集成绩效上作用也较为直接。

4.2 间接效果值与总效果值分析

研究表明，在影响知识集成绩效的六个耦合机制中，学习机制和利益分配为中介变量，信任机制通过学习机制间接影响知识集成绩效，激励机制通过利益分配机制间接影响知识集成绩效。信任机制对知识集成绩效的间接效果值为 0.522×0.190=0.099，总效果值为直接效果值与间接效果值之和，等于 0.176+0.099=0.275。激励机制对知识集成绩效的间接效果值为 0.437×0.153=0.067，总效果值等于 0.384+0.067=0.451。由此可以看出，在促进知识集成绩效过程中，信任机制的间接影响作用最大。

结合以上结果得出，技术支撑、信任机制、激励机制、学习机制、利益分配、知识产权这六个耦合机制对知识集成绩效的总效果值分别为 0.207、0.275、0.451、0.190、0.153 和 0.253 其中，激励机制对知识集成绩效的总影响最大，其次为信任机制、知识产权机制、技术支撑、学习机制，最小的为利益分配机制。这表明，在校企合作中通过实行一系列有效的激励举措，最能提高知识集成绩效，并且作用是立竿见影的。而就激励机制自身而言，合作团队内部激励、政府激励、金融机构激励、中介机构激励他们的负荷系数均大于 0.7，表明这四个方面的激励对于激励机制的测度都具有很强的解释力。其中，组织内部激励与政府激励的负荷系数最大，分别为 0.881 和 0.880，表明校企合作团队内部激励和政府激励对知识集成绩效测度最具有解释力，表明二者对知识集成绩效的影响也最为直接和显著。原因可能是通过团队内部和政府方面，对科技人才的直接激励（包括物质和精神），能促使他们更愿意贡献出自己的有价值的知识（包括技术），为团队成员所共享，在此基础上，团队内部各个成员将充分发挥自己的最大作用，积极进行创新；另外，河南省政府在推动校企合作方面也制定出一系列免税和政府采购等优惠政策，通过实证调查表明这些政策的制定是非常合理的，它们对于高校和企业进行知识集成产生很大的推动作用，同时，它们在落实上也比较成功，企业在实际中也切实享受到了这些政策带来的好处。

信任机制在促进知识集成绩效中也起着极其重要的作用（总效果值为 0.275），因为校企合作的展开及实施，都建立在校企双方的信任、合作成员之间的信任、合作成员对组织的信任基础之上，一旦任何一方，包括一个成员产生不信任，都会削弱校企双方最终的合作绩效。就信任机制而言，它的影响因素包括声誉、合作经历、沟通频度和制度约束。其中，声誉的载荷系数最大，为 0.871，说明合作伙伴的声誉是信任机制中最为关键的要素；其次为制度约束（0.828）、沟通频度（0.805）和合作经历（0.697），且均为显著。该结果显示，合作伙伴的声誉（包括高校、企业）对提高校企合作知识集成绩效将会产生更为显著的效应。

知识产权机制排在第三位（总效果值为0.253），说明它对知识集成绩效的影响还是比较大的，说明高校和企业的知识产权意识是比较强的。就知识产权而言，它可能受到四个方面的影响：知识外泄、契约完善程度、校企合作法律完善程度、知识产权局以及中介作用的发挥。其中，知识外泄这一因素的载荷系数最大，为0.849，原因可能是在校企合作中，合作成员首先最担心自己贡献出来的知识是否会被泄露，其他成员是否会故意隐瞒自己的核心技术，双方通过共同努力，最后创造出了新技术、新产品，它的知识产权归谁所有？基于这些问题，成员们就可能会有所顾虑，那么在知识贡献、技术创新上就会有所保留，最终知识集成绩效就会受到影响。

校企双方进行知识集成，不是依靠成员自身努力就可以完成的，还要依靠一定的硬件、软件技术，比如知识仓库、知识地图、网络技术等，这对知识的搜集和传播都会产生影响。就技术机制而言，知识库完善程度、知识挖掘工具、知识融合工具、数据处理工具的载荷系数均比较大，分别为0.939、0.916、0.865和0.853，知识扩散知识的载荷系数最小，为0.572。说明在信息化时代，网络畅通，新知识的传播和扩散已不是影响知识集成的主要问题，最关键的是如何搜集所需知识、如何从海量数据中挖掘出有用信息、如何将隐性知识转化为容易被组织成员领悟的显性知识等，这些都需要一定的技术手段才能实现。

然而，学习机制对知识集成绩效的总效果值仅为0.190，仍然通过了显著性检验，但它的影响作用比预期要小，原因可能是组织不太注重学习，将其置于无关紧要的地位。根据辛库亚和贝克（Sinkula & Baker）的观点，将学习机制分为学习的承诺、分享的愿景和开放的心智。其中，学习的承诺载荷系数最大，为0.933，表明学习的承诺对学习机制的测度最具诠释力。同时也表明，相比分享的愿景和开放的心智，学习的承诺对校企合作知识集成绩效产生的效应更为显著。

利益分配机制对知识集成绩效的总效果值仅为0.153，通过了显著性检验，但它的影响作用最小。而就利益分配机制而言，对高校的利益分配的载荷系数最大，为0.913；对企业的利益分配的载荷系数居第二，为0.819。表明这二者对利益分配机制的影响最为显著，由此表明对高校的利益分配和对企业的利益分配对知识集成绩效的作用最为显著。

5. 结论

5.1 不同耦合机制对校企知识集成绩效的影响程度和影响方式不同

六种耦合机制中，激励机制对知识集成绩效的总影响最大，其次为信任机制，最小为利益分配机制。此外，技术支撑和知识产权机制对知识集成绩效有直接影响；信任机制一方面直接影响知识集成绩效，同时又通过学习机制的中介作用间接影响知识集成绩效；激励机制一方面直接影响知识集成绩效，同时又通过利益分配机制的中介作用间接影响知识集成绩效。

5.2 不同影响因素对校企知识集成绩效的影响程度不同

就学习机制而言，合作伙伴的声誉对信任机制的影响最大，其次为制度约束和双方的沟通程度，影响程度最小的为双方的合作经历。这也表明合作伙伴的声誉也是校企知识集成绩效的最大影响因素。

参考文献

[1] 姜照华．科技进步在经济增长中的贡献率的测算方法与提高策略［M］．哈尔滨：哈尔滨工业大学出版社，1996.

[2] 李焱焱，叶冰．产学研合作创新模式分类及其选择思路［J］．科技进步与对策，2004（10）：98－99.

[3] 凌玲，王学林，胡于进，等．基于知识生命周期的知识集成模型［J］．华中科技大学学报，2002，30（10）：23－28.

[4] 吴明隆．问卷统计分析实务——SPSS 操作与应用［M］．重庆：重庆大学出版社，2010.

[5] 张昌松，鲁若愚．大学—企业合作创新选择因素分析［J］．软科学，2002，16（1）：85－88.

[6] Etzkowitz H.，Leydesdorff L. The dynamics of innovation：from national systems and 'Mode 2' to a triple helix of university-industry-government relations［J］. Research Policy，2000，29（2）：109－123.

[7] Huang J. C.，Sue Newell S. Knowledge integration processes and dynamics within the context of cross-functional projects［J］. International Journal of Project Management，2003，21（3）：167－176.

[8] Rick，W，et al.，Biscotti. Close enough but not too far：Assessing the

effects of university-industry research relationships and the rise of academic capitalism [J]. Research Policy, 2008, 37 (10): 1854 - 1864.

[9] Zack M. H. Development a knowledge strategy [J]. California Management Review, 1999, 41 (3): 53 - 60.

校企合作创新网络学习机制影响因素实证研究

王文亮　郭　丁　肖美丹　吴　静*

本文构建了校企合作创新网络学习机制的影响因素分析框架，从网络整体的角度出发，将影响校企合作创新网络学习机制的因素归纳为网络成员的个体性因素、网络成员的容斥性因素、网络知识的特性因素、网络组织的结构性因素四类，并以河南省76家创新型企业为样本进行了实证分析。实证研究结果显示，网络成员的相斥性因素中的知识文化距离对组织间学习效果有显著的负面影响，相容性因素中的信任和沟通以及网络组织的结构性因素中的网络规模对组织间学习效果有显著的正面影响，而网络成员的个体性因素、网络成员的相斥性因素中的地理距离、网络知识的特性因素、网络组织的结构性因素中的网络中心度对组织间学习效果的影响则不显著。

1. 引言

校企合作创新网络是指由基本创新主体、辅助主体及外部环境构成的开放式系统，即以大学和企业为基本创新主体，以政府、金融机构、中介机构等为辅助主体，各主体以共同利益为基础，以资源共享或优势互补为前提，在技术创新的全过程或某些环节共同投入、共同参与、共享成果、共担风险，通过与外部环境的交互作用，实现技术研发、成果转化、咨询服务等创新活动的组织形态（王文亮，刘岩，2011）。而校企合作创新网络的学习机制是指校企合作创新网络各个层次中的各个要素成员之间知识流动的渠道和作用方式（魏江，魏勇，2004），即网络内各节点要素（即网络成员，包括高校、企业、政府、金融机构、中介机

---

* 王文亮、郭丁、肖美丹、吴静，河南农业大学信息与管理科学学院。本文发表于《技术经济与管理研究》2014年第7期。

构等组织）通过复杂的联结、相互作用与相互影响等动态互动过程，产生新的知识，并在网络内获取、共享、应用知识，使得各个网络成员的创新能力得以提升，组织的行为和绩效不断改善的过程（邱昭良，2006）。

在校企合作创新网络中，各个网络成员在不断地进行着相互学习。企业是最主要的学习主体，高校是主要的学习源。高校把知识传递给企业，企业的学习效果如何，既取决于学习源（高校）和学习主体（企业）双方各自的因素，又取决于企业所学习的知识本身的特性，还取决于企业学习过程中的情境等因素。但是，无论是高校还是企业，在校企合作创新网络中，他们都是网络中的一个成员，都属于个体，因此，本文把学习源——高校和学习主体——企业两方面的因素，归纳为网络成员的个体性因素。企业在向网络中其他成员（主要是高校）学习的过程中，难免会与其他成员产生交互关系，这些关系既包括能够促进组织学习的友好互动关系（本文称之为相容因素），也包括网络成员之间因各种距离而产生的阻碍组织学习的因素（本文称之为相斥因素），本文将这类因素总结为网络成员的容斥性因素。此外，企业学习的知识特性、网络特征也会影响企业学习的效果，所有这些因素都是影响校企合作创新网络学习机制的因素，它们共同构成了本文概念模型中的自变量，因变量是组织间学习效果。在校企合作创新网络中，企业是主要的学习主体，所以本文从企业的视角考察网络学习的效果，以实地访谈和大量的文献调研为基础，对校企合作创新网络的学习效果进行评价。

2. 研究假设

2.1 网络成员的个体性因素

在校企合作创新网络中，网络成员的个体性因素主要是分析网络中的核心成员——高校和企业双方在知识共享以及学习上的动机和能力对组织学习效果的影响因素。

2.1.1 学习源：高校的个体性因素

在校企合作创新网络中，高校作为企业学习知识的来源，必然会影响组织间的学习效果。学者们对知识提供方进行分析的构面主要有知识转移意愿、知识转移动机、知识保护程度、知识转移能力、沟通能力、编码能力、知识转移经验等。本文选取知识转移动机和知识转移能力这两个构面，来分析网络知识的提供方——高校对校企合作创新网络中组织间学习效果的影响。

2.1.2 学习主体：企业的个体性因素

在校企合作创新网络中，企业作为学习的主体（即知识受体），对组织间学习效果的影响至关重要。学者们对知识受体情境的相关因素进行了研究，主要有受体动机、吸收和学习能力、意图、合作经验、保持能力。依据以往学者的研究成果，本文从中选取学习动机、学习能力两个要素，来分析学习主体——企业对校企合作创新网络中组织间学习效果的影响。

2.2 网络成员的容斥性因素

在校企合作创新网络中，高校和企业之间的学习属于组织间的学习，而组织间学习是突破单个组织边界的知识转移活动，所以，学习效果不仅取决于知识发送方和知识接收方两个单独组织的个体性因素，而且也受到组织间相容相斥因素的影响。网络成员的容斥性因素是指高校和企业两个网络成员之间的信任、沟通等相容关系因素及知识文化距离、地理距离等距离相斥因素。

2.2.1 相容因素：校企之间关系

高校和企业两个组织间的关系因素包括信任关系和沟通关系。信任可以减轻校企合作双方对知识的保护意识，同时相互信任的氛围有利于校企之间信息的自由交流，为校企双方提供有利的学习环境。沟通是校企之间建立友好关系的黏合剂。在校企合作创新网络中，网络成员之间公开、真实的信息交换至关重要。因此当高校和企业为一个共同的目标进行合作时，通过频繁的互动与信息交换，校企双方能够识别并发现更多的机会，这些机会反过来又增强了信任感。

2.2.2 相斥因素：校企之间距离

高校和企业两个组织间的距离因素包括知识距离、组织距离和地理距离。知识距离是指知识发送方的知识与体系在多大程度上与接受者相似，即知识发送方与知识接受方在固有知识基础上的“落差”或彼此知识基础的相似程度（王涛，孙志霞，2012）。组织距离是不同组织在商业惯例、制度传统以及文化等方面的差异（Chini，2004）。高校与企业属于两类不同性质的组织，双方在组织文化、行为准则等方面都存在着差异，这些都构成了高校与企业间的组织距离。在校企合作中，组织距离主要通过文化距离来体现。知识源与知识接受者在文化上差异的大小称为文化距离，每一组织都具有符合自身特点的文化，组织间由于制度结构的差异，其组织文化往往也不相同（奚雷，彭灿，2006）。在校企合作中，企业与高校之间的文化距离表现得非常突出，例如，企业不太讲究技术的先进性，实用、低价、可靠是追求目标，而高校往往追求技术领先，这种价值观的差距会影响到双方合作，从而影响知识转移（王毅，2001）。此外，校企之间的地理位置相距越近，就越容易发展各种关系，通过这种关系可以促进校企之间互动，促进信息交流，从而有利于企业的学习，特别是隐性知识的学习。

2.3 网络知识的特性因素

在校企合作创新网络中，企业进行组织学习时，由于高校传递的知识本身构成成分非常复杂，所以企业的学习具有很大的模糊性。西蒙尼（Simonin，1999）将知识的特性表述成内隐性/默会性、复杂性、专属性/特殊性三种特性。长明斯和腾（Cummings & Teng，2003）将知识特性分为知识的可表达性和知识的嵌入性两方面。由以上研究可见，关于知识特性的分类方法有很多，具体到组织间学习的影响因素研究中，对知识特性的描述主要有模糊性、可表达性、特殊性、嵌入性、默会性、可编码性、复杂性、独立性等。本文将知识的特性概括为知识模糊性，知识的模糊性体现在内隐性、复杂性、专属性高。

2.4 网络组织的结构性因素

校企合作创新网络组织的结构性因素是指创新网络的组织结构特征影响组织学习效果的各种因素，主要体现为网络中心度和网络规模（陈鸿鹰，2009）。网络中心度不仅描述了网络主体间的直接联结，而且也表明了间接联结，可以通过评估主体企业与其他网络成员（包括高校、政府、中介机构）的有效距离来计算。网络规模是绝对值，通常用已经和企业建立交流与合作关系的高校、政府、中介机构以及金融机构的数量来衡量。

2.5 本研究的假设

根据以往学者的研究，本文提出的假设汇总如表 1 所示。

表 1　研究假设汇总表

假设	内容
H1	高校的个体性因素与组织间学习效果显著正相关
H1a	高校的知识转移动机与组织间学习效果显著正相关
H1b	高校的知识转移能力与组织间学习效果显著正相关
H2	企业的个体性因素与组织间学习效果显著正相关
H2a	企业的学习动机与组织间学习效果显著正相关
H2b	企业的学习能力与组织间学习效果显著正相关
H3	校企之间的关系与组织间学习效果显著正相关
H3a	校企之间的信任度与组织间学习效果显著正相关
H3b	校企之间的沟通水平与组织间学习效果显著正相关

续表

假设	内容
H4	校企之间的距离与组织间学习效果显著负相关
H4a	校企之间的知识文化距离与组织间学习效果显著负相关
H4b	校企之间的地理距离与组织间学习效果显著负相关
H5	网络知识的模糊性与组织间学习效果显著负相关
H6	网络组织的结构性因素与组织间学习效果显著正相关
H6a	网络中心度与组织间学习效果显著正相关
H6b	网络规模与组织间学习效果显著正相关

3. 研究设计

3.1 实证模型

基于以上的假设，本文构建了实证模型（如图 1 所示）。

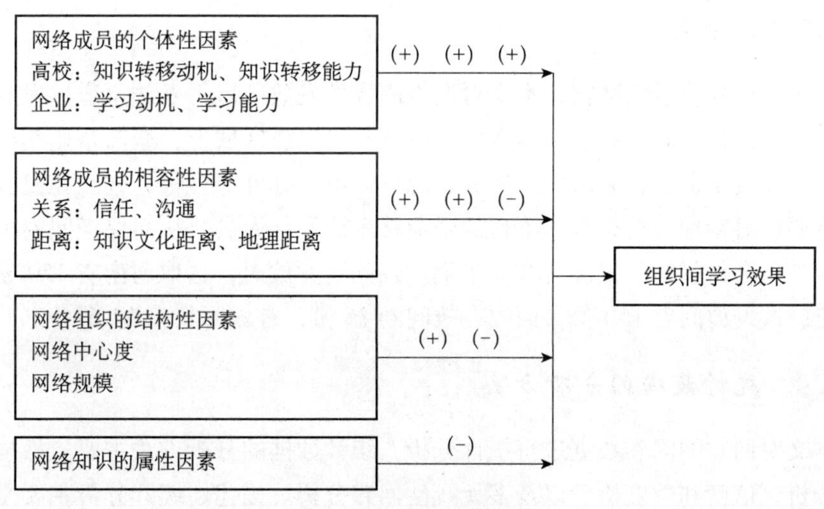

图 1 本文的实证模型

3.2 变量的测量

为了确保测量工具的信度和效度，本文尽可能使用国内外现有文献已经使用过的量表，再根据本文的研究内容加以修正。本文沿用的量表及题项见表 2。

表 2　　变量量表来源

研究变量	题项数	量表来源
高校的知识转移动机（X1）	4	Szulanski（1996）
高校的知识转移能力（X2）	10	Martin & Salomon （2003）、Dixon（2000）
企业的学习动机（X3）	6	Szulanski（1996）
企业的学习能力（X4）	8	Tsai（2005）
校企之间的信任关系（X5）	4	Senge（1997）
校企之间的沟通关系（X6）	4	Mowery et al. （1996）、Smith（1997）
校企之间的知识文化距离（X7）	8	Hamel（1991）
校企之间的地理距离（X8）	3	邹波（2012）
知识模糊性（X9）	10	Simonin（1999）、Szulanski（1996）
网络中心度（X10）	3	陈鸿鹰（2009）
网络规模（X11）	4	陈鸿鹰（2009）
组织间学习效果（Y）	6	汤建影（2005）、叶飞（2009）、王飞（2009）

3.3 数据来源

为了获得高质量的数据，本文对调查问卷的发放区域、发放渠道、发放对象等进行了合理的控制，以保证信息的有效性。在发放区域上，全部企业集中在河南省。在发放渠道上，采取实地发放、邮寄、电子邮件等多种方式。在发放对象上，主要针对参加过校企合作项目的企业技术研发部人员，从而保证问卷填写者对企业参与合作创新的情况有全面了解。在问卷发放时，选取河南省 150 家创新型企业，共发放问卷 150 份，回收有效问卷 76 份，有效回收率 50.67%。

3.4 统计数据的分析方法

本文对回收的问卷数据进行统计分析，统计数据的分析方法主要包括描述性统计分析、信度和效度检验以及多元线性回归分析。描述性统计分析主要是对样本企业的基本资料进行统计分析，说明变量的百分比及次数分配表等，从而描述样本的类别、特性以及比例分配等状况。信度是衡量问卷的一致性和稳定性，本文用 Cronbach's α 系数来分析，对每个变量所对应的题项通过计算 Cronbach's α 系数来评价问卷的信度。效度是指测量的正确性和有效性，即测量工具能正确测量出所要衡量的问题的程度，包括内容效度和结构效度。通过信度和效度检验，进一步对模型进行回归分析。由于本文的研究变量较多，因此，分别采用按变量分类回归和逐步回归方法，对自变量和因变量之间的关系进行分析，以验证本文提出的研究假设。

3.5 统计数据的分析工具

本文在查阅国内外文献的基础上，提出了自变量与因变量间的研究假设，并建立了本文的研究概念模型。通过问卷和文献数据的收集，对数据进行分析从而进行模型检验。本文采用统计学软件 SPSS19.0 软件对变量进行因素分析，以便变量进行后续的分析，然后再对模型进行相关假设检验。

4. 实证结果分析

4.1 描述性统计分析

本文将回收的有效问卷中关于样本的一般信息进行了描述性统计分析，包括企业的产权性质、规模，校企合作的时间、合作方式等特征，样本的基本情况见表3。从表3可以看出，本文调查的企业在产权性质、规模等方面涵盖了各种类型。从合作时间上来看，校企合作项目时间在 2～3 年的居多，所占比例 42.11%，1 年之内的最少，仅占 13.16%。从合作方式上来看，本文根据李克明等（2006）的研究，按照校企合作的紧密程度，将合作方式划分为技术转让、合作开发、共建实体 3 种形式，从技术转让到合作开发再到共建实体，校企之间的合作关系越来越紧密。在调查的样本中，合作开发的合作方式所占比例为 92.11%，这说明我国目前的校企合作关系大部分还是处于适中的程度，高校和企业之间的关系不是太紧密，也不是太松散。

表3　样本描述性统计

被调查企业特征	项目说明	样本量	所占百分比（%）
企业产权性质	国有独资	11	14.47
	国有控股	17	22.37
	由国企改制	6	7.89
	民营企业	27	35.53
	合资企业	4	5.26
	外资企业	5	6.58
	集体企业	3	3.95
	其他	3	3.95
企业规模	特大型	5	6.58
	大型	37	48.68
	中型	22	28.95
	小型	12	15.79

续表

被调查企业特征	项目说明	样本量	所占百分比（%）
合作时间	1 年以内	10	13.16
	1～2 年	23	30.26
	2～3 年	32	42.11
	3 年以上	11	14.47
合作形式	技术转让	3	3.95
	合作开发	70	92.11
	共建实体	3	3.955

4.2 信度与效度检验

信度检验是对量表题项所测得结果的可靠性或稳定性进行检验，是对测量结果而非量表进行的检验，体现为题项内部一致性。量表的信度越大，其测量的误差就越小。常用的检验信度的方法是克朗巴哈（L. J. Cronbach）所创的 α 系数。α 系数介于 0 与 1 之间，α 系数越大，说明量表越具有高的一致性，测量结果就越可靠。一般来说，对于由多层面构成的量表，分量表的 α 系数至少要在 0.50 以上，而整份量表的 α 系数至少要在 0.70 以上，才属于可接受的信度，适合做因素分析（吴明隆，2010）。

效度检验是对测量结果的有效性检验，即对量表能够测出其所要测量特质的程度进行的检验。量表效度主要包括内容效度和结构效度。因为问卷内容大部分都是沿用前人的量表，并且已经多次修改，保证了本研究的内容效度，因此本文主要检验量表的结构效度。检验结构效度最常用的方法是因素分析法。因为因素分析法可以判断同一变量的不同测度题项之间是否存在较强的相关性，并且可以简化数据的基本结构。本文采用 KMO 统计量和巴特利特（Bartlett）球体检验的大小检验各题项相关性的大小。一般而言，KMO 统计量至少在 0.60 以上，巴特利特球体检验达到 0.05 显著水平，才可以进行因素分析（吴明隆，2010）。

4.2.1 信度检验

对本文的各个量表，运用因素分析中的主成分分析法，配合最大方差法进行直交转轴，因素抽取时，采用抽取特征值大于 1 的因素和限定抽取共同因素两种方法，将两种方法抽取的结果与原先编制的量表比较，选取最接近量表的抽取方法抽取的结果。在因素分析过程中，删除了一些题项，并且保证了所有的因素负荷量在 0.3 以上，累积解释量均大于到 50%，说明所提取的共同因素可以有效地反映题项变量。因素分析的结果，提取了本文的 11 个自变量（X1、X2，…，X11）和 1 个因变量（Y）。确定了各量表的题项数之后，进一步对各量表进行信度检验。信度检验结果见表4。从表4中可以看出，各个量表的内部一致性α系数值均大于0.7，表明分层面量表内部一致性甚佳。

表4　　量表信度检验

自变量	题项数	删除题项数	Cronbach's α
高校的知识转移动机（X1）	4	0	0.815
高校的知识转移能力（X2）	10	2	0.864
企业的学习动机（X3）	6	1	0.861
企业的学习能力（X4）	8	3	0.780
校企之间的信任关系（X5）	4	1	0.788
校企之间的沟通关系（X6）	4	2	0.772
校企之间的知识文化距离（X7）	8	0	0.863
校企之间的地理距离（X8）	3	0	0.738
知识模糊性（X9）	10	2	0.863
网络中心度（X10）	3	0	0.738
网络规模（X11）	4	1	0.686
组织间学习效果（Y）	6	1	0.817

4.2.2　效度检验

对量表的效度检验，本文主要检验其结构效度，采用KMO统计量和巴特利特球体检验方法。本研究中各量表的KMO统计量及巴特利特球体检验结果见表5。从表5中可以看出，所有的量表KMO统计量均大于0.7，巴特利特球体检验结果的显著性概率值均为0.000 < 0.05，说明总体的相关矩阵间有共同因素存在，可以进行因素分析。

表5　　量表效度检验

变　量		网络成员的个体性因素		网络成员的容斥性因素		网络知识的特性因素	网络组织的结构性因素	组织间学习效果
		高校	企业	关系	距离			
KMO值		0.861	0.863	0.847	0.827	0.863	0.800	0.778
Bartlett球形检验	近似卡方分布	382.143	324.157	287.916	432.669	162.543	127.447	127.447
	自由度	66	45	55	55	15	55	10
	显著性	0.000	0.000	0.000	0.000	0.000	0.000	0.000

4.3 按变量分类回归分析

在待检验的模型中包括网络成员的认知性因素、网络成员的相容性因素、网络知识的特性因素和网络组织的结构性因素四大类变量，先分别对各类变量进行回归分析，然后通过逐步回归对所有变量进行分析，以检验各变量在所属类别中以及在全部变量中的相对重要性。

4.3.1 网络成员的个体性因素与组织间学习效果的回归分析

网络成员的个体性因素包括高校的知识转移动机和能力、企业的学习动机和学习能力共4个因素，4个因素与组织间学习效果的回归结果见表6。从表6中可以看出，变量X2（高校的知识转移能力）和X4（企业的学习能力）是显著的预测变量，而X1（高校的知识转移动机）和X3（企业的学习动机）对组织间学习效果的影响并不显著。其中，对因变量Y影响最大的是变量X4（标准化回归系数为0.467，$P=0.000<0.001$），其次是变量X2（标准化回归系数为0.275，$P=0.022<0.05$），在0.05的水平上显著。模型中$VIF<10$，容限度大于0.1。数据分析结果显示，企业的学习能力对组织间学习效果的影响高于高校的知识转移能力，而知识转移能力的作用远远高于知识转移动机的作用，企业的学习动机对组织间学习效果的影响很微弱。因此，在不考虑其他变量组时，本次研究收集的数据支持假设H1b、H2b，不支持H1a、H2a。即高校的知识转移能力和企业的学习能力与组织间学习效果正相关这两个假设得到验证。而高校的知识转移动机和企业的学习动机与组织间学习效果正相关这一假设没有得到证实。

表6　网络成员的个体性因素与组织间学习效果的回归分析

模型		非标准化系数		标准系数	t	Sig.	共线性统计量	
		B	标准 误差	试用版			容差	VIF
1	（常量）	-1.891E-16	0.088		0.000	1.000		
	转移动机（X1）	0.162	0.103	0.162	1.573	0.120	0.733	1.365
	转移能力（X2）	0.275	0.112	0.275	2.565	0.022	0.620	1.612
	学习动机（X3）	0.119	0.089	0.119	-1.333	0.187	0.979	1.022
	学习能力（X4）	0.467	0.123	0.467	3.787	0.000	0.512	1.955

4.3.2 网络成员的容斥性因素与组织间学习效果的回归分析

网络成员的容斥性因素包括高校与企业的信任和距离两大构面，共4个因素。4个因素与组织间学习效果的回归结果见表7。从表中可以看出，变量X5、X6、X7是显著的预测变量，而X8对组织间学习效果的影响并不显著。其中，对因变量 Y 影响最大的是变量 X7（标准化回归系数为 -0.409，P = 0.000 < 0.001），其次是变量 X6（标准化回归系数为 0.386，P = 0.000 < 0.001）、X5（标准化回归系数为 0.306，P = 0.000 < 0.001）。模型中 VIF < 10，容限度大于 0.1。数据分析结果显示，校企之间的知识文化距离、沟通关系、信任关系对组织间学习效果的影响都非常显著，而校企之间的地理距离对组织间学习效果的影响不是很大。因此，不考虑其他变量组时，本次研究收集的数据支持假设 H3a、H3b、H4a，不支持 H4b。即校企之间的信任、沟通与组织间学习效果正相关、校企之间的知识文化距离与组织间学习效果负相关这 3 个假设得到验证。而校企之间的地理距离与组织间学习效果负相关这一假设没有得到证实。

表 7　　网络成员的容斥性因素与组织间习效果的回归分析

模型		非标准化系数		标准系数	t	Sig.	共线性统计量	
		B	标准 误差	试用版			容差	VIF
2	（常量）	-2.140E-16	0.069		0.000	1.000		
	信任（X5）	0.306	0.082	0.306	3.739	0.000	0.720	1.389
	沟通（X6）	0.386	0.081	0.386	4.777	0.000	0.739	1.352
	知识文化距离（X7）	0.409	0.086	0.409	-4.733	0.000	0.645	1.551
	地理距离（X8）	0.066	0.076	0.066	0.870	0.387	0.840	1.191

4.3.3　网络知识的特性因素

网络知识的特性因素经过因素分析只得到一个构面，其与组织间学习效果的回归结果见表 8。从表 8 中可以看出，变量 X9 对组织间学习效果的影响达到显著水平，标准化回归系数为 -0.737，P = 0.000 < 0.001）。总体来说，该模型解释了因变量较多的总变差（调整的 R^2 = 0.497）。因此，在不考虑其他变量组时，本次研究收集的数据支持假设 H5。即网络知识的模糊性与组织间学习效果负相关这个假设得到验证。

表 8　　网络知识特性因素与组织间学习效果的回归分析

模型		非标准化系数		标准系数	t	Sig.
		B	标准 误差	试用版		
3	（常量）	-1.045E-16	0.089		0.000	1.000
	知识特性（X9）	-0.737	0.090	-0.737	-7.104	0.000

4.3.4 网络组织的结构性因素

网络组织的结构因素包括网络中心度和网络规模两个构面。2 个因素与组织间学习效果的回归结果见表 9。从表 9 中可以看出，变量 X11 是显著的预测变量，而 X10 对组织间学习效果的影响并不显著。变量 X11 对 Y 的标准化回归系数为 0.535，P =0.041 <0.05，说明网络规模对组织间学习效果的影响较大。模型中 VIF <10，容限度大于 0.1。数据分析结果显示，网络规模对组织间学习效果的影响达到显著水平，而网络中心度对组织间学习效果的影响不是很大。因此，不考虑其他变量组时，本文研究收集的数据支持假设 H6b，不支持 H6a。即网络规模与组织间学习效果正相关这一假设得到验证，而网络中心度与组织间学习效果正相关这一假设没有得到验证。

表 9　　网络结构与组织间学习效果的回归结果

模型		非标准化系数		标准系数	t	Sig.	共线性统计量	
		B	标准 误差	试用版			容差	VIF
4	（常量）	-1.326E-16	0.112		0.000	1.000		
	网络中心度（X10）	0.208	0.113	0.208	0.956	0.342	1.000	1.000
	网络规模（X11）	0.235	0.113	0.235	2.078	0.041	1.000	1.000

4.4 逐步回归分析

在上文，对变量分类进行回归分析，研究的是每个变量组（自变量）单独对组织间学习效果（因变量）产生的影响。而当它们共同对因变量产生影响时，其重要程度会发生改变，在不同的变量组之间，一些变量还可能产生交互作用。因此，本文运用逐步回归分析方法来检验在所有变量共同作用时哪些变量对校企合作创新网络内组织间学习效果较大。根据逐步回归方法的原则和实际研究中的常规秩序，一般是将组织变量先进入回归方程，在本研究中，直接影响因变量的组织变量是网络组织的结构性因素，其次进入回归方程的是构成组织的成员因素（包括网络成员的相容性因素和网络成员的认知性因素），最后是网络知识的属性因素。逐步回归分析结果见表 10。

表 10　　逐步回归分析结果

模型		非标准化系数		标准系数	t	Sig.	共线性统计量		F 值	调整的 R^2
		B	标准误差	试用版			容差	VIF		
1	（常量）	-1.326E-16	0.112		0.000	1.000			26.16（0.000）	0.541
	网络中心度（X10）	0.208	0.113	0.208	0.956	0.342	1.000	1.000		
	网络规模（X11）	0.235	0.113	0.235	2.078	0.041	1.000	1.000		

续表

模 型		非标准化系数		标准系数	t	Sig.	共线性统计量		F 值	调整的 R^2
		B	标准误差	试用版			容差	VIF		
2	（常量）	−2.483E−16	0.067		0.000	1.000			24.889（0.000）	0.656
	网络中心度（X10）	0.102	0.069	0.102	1.479	0.144	0.968	1.033		
	网络规模（X11）	0.131	0.069	0.131	1.911	0.060	0.973	1.028		
	信任（X5）	0.286	0.080	0.286	3.556	0.001	0.710	1.409		
	沟通（X6）	0.369	0.079	0.369	4.663	0.000	0.733	1.365		
	组织距离（X7）	−0.421	0.085	−0.421	−4.978	0.000	0.639	1.564		
	地理距离（X8）	−0.049	0.074	−0.049	−0.663	0.509	0.830	1.205		
3	（常量）	−2.432E−16	0.069		0.000	1.000			14.530（0.000）	0.643
	网络中心度（X10）	0.099	0.071	0.099	1.405	0.165	0.949	1.053		
	网络规模（X11）	0.146	0.072	0.146	2.029	0.047	0.919	1.089		
	信任（X5）	0.244	0.113	0.244	2.153	0.035	0.371	2.698		
	沟通（X6）	0.326	0.096	0.326	3.379	0.001	0.512	1.951		
	知识文化距离（X7）	−0.423	0.090	−0.423	−4.682	0.000	0.583	1.715		
	地理距离（X8）	−0.049	0.077	−0.049	−0.639	0.525	0.798	1.254		
	转移动机（X1）	0.087	0.086	0.087	1.006	0.318	0.638	1.567		
	转移能力（X2）	−0.010	0.093	−0.010	0.107	0.915	0.545	1.835		
	学习动机（X3）	0.006	0.074	0.006	0.081	0.936	0.866	1.155		
	学习能力（X4）	0.031	0.136	0.031	0.231	0.818	0.256	3.909		
4	（常量）	−2.449E−16	0.069		0.000	1.000			13.011（0.000）	0.638
	网络中心度（X10）	0.099	0.072	0.099	1.380	0.173	0.944	1.060		
	网络规模（X11）	0.149	0.076	0.149	1.958	0.055	0.834	1.199		
	信任（X5）	0.248	0.118	0.248	2.094	0.040	0.344	2.903		
	沟通（X6）	0.329	0.100	0.329	3.273	0.002	0.478	2.091		
	知识文化距离（X7）	−0.424	0.092	−0.424	−4.632	0.000	0.576	1.737		
	地理距离（X8）	−0.050	0.078	−0.050	−0.643	0.523	0.792	1.263		
	转移动机（X1）	0.089	0.089	0.089	1.002	0.320	0.607	1.648		
	转移能力（X2）	−0.009	0.094	−0.009	−0.094	0.925	0.541	1.850		
	学习动机（X3）	0.005	0.075	0.005	0.069	0.946	0.860	1.163		
	学习能力（X4）	0.038	0.145	0.038	0.259	0.797	0.228	4.378		
	知识特性（X9）	0.017	0.133	0.017	0.130	0.897	0.274	3.651		

从表 10 中可以看出，在模型 1 中，首先将网络组织的结构性因素进入回归方程，这与上面的模型 4（表 9）一样，实证数据表明，网络规模与其组织间学习效果呈正相关关系，而网络中心度与组织学习效果之间的关系则没有充分的数据予以支持。在模型 2 中，引入了第二组变量，即网络成员的相容性因素，受第二组变量的影响，第一组变量——网络组织的结构性因素的回归系数明显变小，X11 的标准化系数由 0.235 变为 0.131，$P = 0.041 < 0.05$，直至到模型 4，$P = 0.055 < 0.1$，即 X11 在 0.05 水平上不显著，而在 0.1 水平上显著，这充分说明，在其他变量的影响或共同作用下，X11 的显著性慢慢减弱，需要考虑各种变量间

复杂的关系。而逐步进入回归方程的 X5、X6、X7，则并没有受到其他变量的影响，始终在 0. 05 水平上显著。

模型 4 是将所有的自变量全部投入回归模型中得出的回归结果，反映了 11 个自变量对因变量的共同作用。从模型 4 可以看出，校企之间的知识文化距离与组织间学习效果在 0. 001 水平上显著正相关，校企之间的信任、沟通与组织间学习效果在 0. 05 水平上显著正相关，网络规模与组织间学习效果在 0. 1 水平上显著负相关。该模型的决定系数 R^2 为 0. 638，且 F 检验显著，这说明本研究的 11 个自变量能够解释因变量组织间学习效果 63. 8% 的变异量，该回归模型具有较高的拟合度，能够较为客观地描述校企合作创新网络内各要素对组织间学习效果的影响。

在 4 个回归模型中，VIF <10，容限度大于 0. 1，说明变量之间不存在显著的多重共线性关系。但由于变量之间存在明显的交互作用，使得逐步回归的结果远远没有分类变量回归的结果显著，这也是为什么在分类回归后，又进一步进行层次回归的主要原因。

5. 调查问卷统计结果

5.1 按变量分类回归结果

根据以上对各类变量分组进行回归的结果，本研究收集的数据对有关假设的检验情况汇总于表 10。从表 11 中可以看出，在 11 个分假设中，7 个获得现有数据支持，而另外 4 个假设则没有获得现有数据的支持。

表 11　分类变量回归结果

假设	内　容	验证结果
H1	高校的知识转移因素与组织间学习效果显著正相关	部分通过
H1a	高校的知识转移动机与组织间学习效果显著正相关	没有通过
H1b	高校的知识转移能力与组织间学习效果显著正相关	通过
H2	企业的学习因素与组织间学习效果显著正相关	部分通过
H2a	企业的学习动机与组织间学习效果显著正相关	没有通过
H2b	企业的学习能力与组织间学习效果显著正相关	通过
H3	校企之间的关系与组织间学习效果显著正相关	通过
H3a	校企之间的信任度与组织间学习效果显著正相关	通过
H3b	校企之间的沟通水平与组织间学习效果显著正相关	通过
H4	校企之间的距离与组织间学习效果显著负相关	部分通过
H4a	校企之间的知识文化距离与组织间学习效果显著负相关	通过

续表

假设	内　容	验证结果
H4b	校企之间的地理距离与组织间学习效果显著负相关	没有通过
H5	网络知识特性与组织间学习效果显著负相关	通过
H6	网络结构与组织间学习效果显著正相关	部分通过
H6a	网络中心度与组织间学习效果显著正相关	没有通过
H6b	网络规模与组织间学习效果显著正相关	通过

5.2 逐步回归结果

通过对4组变量的逐步回归，本研究收集的数据对有关假设的检验情况汇总于表12。从表中可以看出，在11个分假设中，仅4个假设通过现有数据得到验证，低于上面分类回归所通过的7个假设。其中假设H1b、H2b、H5由显著支持变为不支持，H6b由0.05的显著水平通过验证降到0.1的显著水平通过验证。

表12　　逐步回归结果

假设	内容	验证结果
H1	高校的知识转移因素与组织间学习效果显著正相关	没有通过
H1a	高校的知识转移动机与组织间学习效果显著正相关	没有通过
H1b	高校的知识转移能力与组织间学习效果显著正相关	没有通过
H2	企业的学习因素与组织间学习效果显著正相关	没有通过
H2a	企业的学习动机与组织间学习效果显著正相关	没有通过
H2b	企业的学习能力与组织间学习效果显著正相关	没有通过
H3	校企之间的关系与组织间学习效果显著正相关	通过
H3a	校企之间的信任度与组织间学习效果显著正相关	通过
H3b	校企之间的沟通水平与组织间学习效果显著正相关	通过
H4	校企之间的距离与组织间学习效果显著负相关	部分通过
H4a	校企之间的知识文化距离与组织间学习效果显著负相关	通过
H4b	校企之间的地理距离与组织间学习效果显著负相关	没有通过
H5	网络知识特性与组织间学习效果显著负相关	没有通过
H6	网络结构与组织间学习效果显著正相关	部分通过
H6a	网络中心度与组织间学习效果显著正相关	没有通过
H6b	网络规模与组织间学习效果显著正相关	通过

为了更清晰地呈现校企合作创新网络中组织间学习的影响因素及作用（见图2）。

从图2可以看出，校企之间的信任、沟通、知识文化距离以及网络规模四个因素，无论是在分类回归模型，还是在逐步回归模型，都始终显著通过验证；而高校的知识转移能力、企业的学习能力以及知识的模糊性三个因素，在分类回归模型中显著通过验证，而在逐步回归模型中变为不显著。高校的知识转移动机、企业的学习动机、校企之间的地理距离、网络中心度四个因素无论是在分类回归模型还是在逐步回归模型中都不显著，说明这四个因素没有通过实证数据的验证，它们与组织间学习效果没有显著正相关关系。

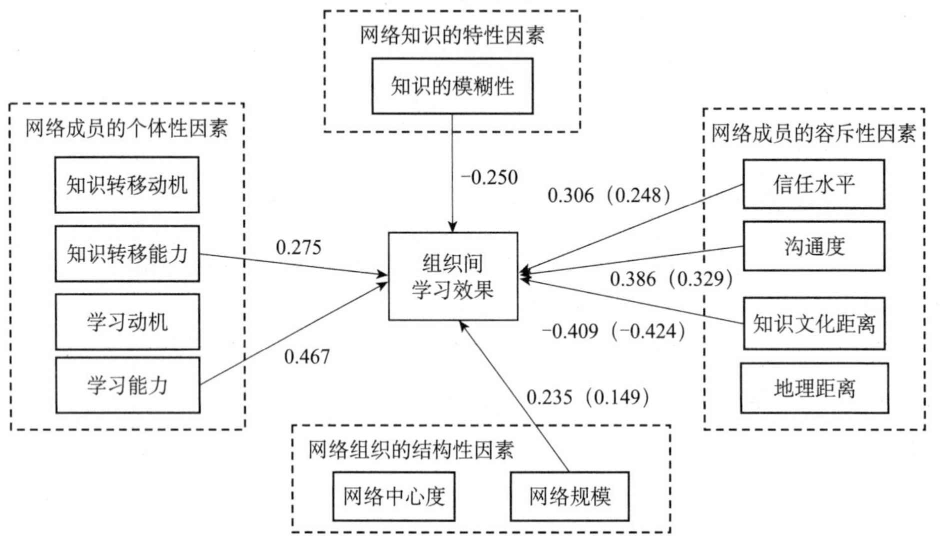

注：箭头上数字表示分类回归结果中的标准化回归系数，括号内数字表示逐步回归结果中的标准化回归系数。

图 2　分类回归与逐步回归结果汇总

6. 实证结果讨论

通过按变量分类回归和逐步回归分析可以发现，两种方法的回归结果存在一定的差异，这也是符合常理的。因为影响校企合作创新网络学习机制的因素有很多，在这些因素（独立变量）之间还可能存在本研究尚未考虑的其他关系。这样，在应用普通多元回归分析方法检验这些独立变量与因变量的因果关系时，独立变量之间可能存在高度相关性而影响假设的检验，也就是独立变量或因变量之间的关系隐藏或压制了它们与因变量之间的真正关系，如果独立变量之间不相关，独立变量与因变量的真正关系（或回归系数）可能会更大或者符号完全相反（Cohen，Cohen，1983）。对变量分类进行回归分析，研究的是每个变量组（自变量）单独对组织间学习效果（因变量）产生的影响，而逐步回归分析研究的是所有的自变量对因变量产生的共同影响，两种分析方法的结果有所不同。

6.1　网络成员的个体性因素与组织间学习效果回归结果讨论

尽管很多文献都认为网络成员的个体性因素与组织间学习效果显著正相关，

但本研究的实证结果显示，在最终的逐步回归结果中，高校的知识转移动机和能力以及企业的学习动机和能力都没有达到显著水平，这说明网络成员的个体性因素与组织间学习效果没有显著的正相关关系。这个结果与苏兰斯基（Szulansiki，1996）、沙丁格（Schartinger et al.，2003）等人的研究结果略有差异。关于高校的知识转移动机和能力以及企业的学习动机，与本研究相同，他们研究的结果并没有证实知识提供方的动机和能力以及知识学习方的学习动机能够促进知识的转移。关于企业的学习能力，在分类回归时，对组织学习效果有显著影响；在逐步回归时，又变得不显著，这个结论与大多数学者的研究不同。分析其原因，可能是因为样本量不够大，如果样本量再大一些，对企业学习能力的测量也许会更准确一些。

6.2 网络成员的容斥性因素与组织间学习效果回归结果讨论

通过实证研究发现，无论是按变量分类回归还是逐步回归，校企之间的相容性因素（信任和沟通）对组织间学习效果的影响都达到了显著水平，相斥性因素中的知识文化距离与组织间学习效果也呈现显著负相关关系，但地理距离与组织间学习效果的负相关关系却始终没有达到显著水平。这个结论与大多数研究一致。这就说明，在校企合作创新网络中，高校和企业之间的相互信任和沟通非常重要，通过沟通，高校和企业可以更深入地了解对方，也更加有利于知识特别是隐性知识的学习，从而促进组织间学习效果。另外，在通信科技发达的现代社会，地理距离已经不能成为阻碍校企合作进行互动学习的因素。但高校和企业是两个性质不同的组织，他们各自所拥有的知识背景存在很大差异，追求的利益和目标也都不同，因而双方在知识文化方面存在一定距离，这就导致企业难以理解高校所传递的知识，从而影响组织间学习效果。

6.3 网络知识的属性因素与组织间学习效果回归结果讨论

实证研究结果显示，在逐步回归中，网络知识的特性因素与组织间学习效果的负相关关系并不显著。一般来说，知识越模糊，作为知识源的高校就越难表达这种知识，那么作为知识学习方的企业也就越难学到这种知识，组织间学习效果也就越差。但实证数据表明，网络知识与组织间学习效果没有明显的负相关关系，这个结果与西莫宁（Simonin，1999）的研究不一致，许多研究也都支持知识特性与学习效果之间负相关，而本文却未得到此结果，其中原因值得深思。

6.4 网络组织的结构性因素与组织间学习效果回归结果讨论

实证研究表明，网络中心度与组织间学习效果之间不存在显著的正向相关关系，而网络规模与组织间学习效果之间存在正向相关关系在按变量分类回归中在0.05水平上显著，在逐步回归结果中在0.1水平上显著。从整体上来说，校企合作创新网络是企业获取知识组员的重要载体，构建合适的创新网络是企业高速发展和应对变化的必由之路。创新网络的规模越大，网络中参与进来的创新主体越多，整个网络的知识存量就越大，企业从网络中吸收新知识、学习分享的意愿越强，也就更加容易参与到网络创新活动中，组织学习的效果也就越好。

7. 结论与展望

本文从网络整体的角度出发，将影响校企合作创新网络学习机制的因素总结为网络成员的个体性因素、网络成员的容斥性因素、网络知识的特性因素以及网络组织的结构性因素四类因素。并通过实证研究，对这四类影响因素进行分析。实证结果表明，四类影响因素对校企合作创新网络学习机制的影响程度从高到低，依次为相斥因素——知识文化距离、相容因素——信任、相容因素——沟通、网络结构——网络规模，其余的几个因素对校企合作创新网络学习机制的影响没有达到显著水平，说明它们的影响作用不大。这一结论表明，校企合作创新网络中创新伙伴之间知识文化距离越小，互动关系越好，网络规模越大，越能够给企业带来大量的、异质性强的有用知识资源，越有利于隐性知识的转移，组织学习效果也就越好。

本文虽然进行了大量的研究，证明和发现了一些因素会影响校企合作创新网络的学习机制，对校企合作创新网络的学习机制具有理论和实践意义，但是，由于校企合作创新网络中的成员有很多，要对整个网络的学习机制进行研究，需要对网络中各个成员一一调查，难度较大，因此，本文的研究存在很多不足之处，在今后的研究中，可以扩大样本数量，并针对网络中的各个成员，分别设计不同的调查问卷进行调查，以使实证研究的结果更加全面准确。

参考文献

[1] 陈鸿鹰. 企业创新网络与技术创新绩效关系研究 [D]. 杭州：浙江大学，2009.

[2] 李克明，汤汇道，彭建刚. 产学研合作基本模式分析 [J]. 中国高校科

技与产业化：学术版，2006（2）：67－69.

［3］邱昭良．网络组织学习机制研究［D］. 天津：南开大学，2006.

［4］汤建影，黄瑞华．研发联盟企业间知识共享影响因素的实证研究［J］. 预测，2005（5）.

［5］王飞．产学合作创新知识转移过程及影响因素研究［D］. 呼和浩特：内蒙古工业大学，2009.

［6］王涛，孙志霞．产业集群内企业间知识转移研究综述［J］. 山东行政学院学报，2012（2）：51－55.

［7］王文亮，刘岩．校企合作创新网络运行机制调查分析——以河南省为例［J］. 技术经济，2011，30（8）：32－38，112.

［8］王毅．以核心能力为主导逻辑的战略管理［J］. 科研管理，2001，22（3）：12－19.

［9］魏江，魏勇．产业集群学习机制多层解析［J］. 中国软科学，2004（1）：121－125，136.

［10］吴明隆．问卷统计分析实务——SPSS 操作与应用［M］. 重庆：重庆大学出版社，2010.

［11］奚雷，彭灿．战略联盟中组织间知识转移的影响因素与对策建议［J］. 科技管理研究，2006，26（3）：166－169.

［12］叶飞，周蓉，张红，等．产学研合作过程中知识转移绩效的关键影响因素研究［J］. 工业技术经济，2009，28（6）：116－120.

［13］邹波，于渤，卜琳华，等．面向企业技术创新的校企知识转移作用机理——基于 370 家企业的实证研究［J］. 科学学研究，2012，30（7）：1048－1055.

［14］Chini T. C. Effective knowledge transfer in multinational corporations［M］. Basing stoke，Hampshire：Palgrave Macmillan，2004.

［15］Cohen J.，Cohen P. Applied multiple regression/correlation analysis for the behavioral sciences［M］. Hillsdale，New Jersey：Lawrence Erlbaum Associates，Inc.，1983.

［16］Cummings J. L.，Teng B. S. Transferring R&D knowledge：the key factors affecting knowledge transfer success［J］. Journal of Engineering and Technology Management，2003，20（1－2）：39－68.

［17］Dixon M. Project management body of knowledge［M］. London：Association for Project Management，2000.

[18] Hamel G. Competition for competence and inter-partner learning within international strategic alliances [J]. Strategic Management Journal, 1991 (12): 83 - 119.

[19] Martin X., Satomon R. Knowledge transfer capacity and its implications for the theory of the multinational corporation [J]. Journal of International Business Studies, 2003 (34): 356 - 373.

[20] Mowery D. C., et al. Strategic alliances and interfirm knowledge transfer [J]. Strategic Management Journal, 1996 (17) (special issue): 77 - 91.

[21] Schartinger D., et al. Knowledge interactions between universities and industry in Austria: sectoral patterns and determinants [J]. Research Policy, 2002 (31): 303 - 328.

[22] Senge P. Creating learning communities [J]. Executive Excellence, 1997, 14 (3): 125 - 137.

[23] Simonin B. L. Ambiguity and the process of knowledge transfer in strategic alliances [J]. Strategic Management Journal, 1999, 20 (7): 595 - 612.

[24] Smith C. B. Casting the net: surveying an internet population [J]. Journal of Computer Mediated Communication, 1997, 3 (1): 23 - 31.

[25] Szulanski G. Exploring internal stickiness: impediments to the transfer of best practices within the firm [J]. Strategic Management Journal, 1996 (17): 27 - 43.

[26] Tsai W. Knowledge transfer in interorganizational networks: effects of network position and absorptive capacity on business unit innovation and performance [J]. Academy of Management Journal, 2005, 44 (5): 996 - 1004.

校企合作创新网络特征对知识转移绩效的影响机制研究

王文亮　黄淑华*

创新网络中知识转移的效率会在很大程度受到网络自身特性的影响，但是网络特征对知识转移绩效的作用机制却一直没有得到证明。本文构建了以组织学习为中介变量的校企合作创新网络特征与知识转移绩效间关系的概念模型，并引入潜在吸收能力作为组织学习与知识转移绩效间的调节变量。本文通过河南省实证，验证概念模型中变量间的假设，揭示校企合作创新网络对知识转移绩效影响的机制。

1. 问题提出

企业的技术创新过程涉及创新构思的产生、研究与开发、技术管理与组织、工程设计和制造、用户参与以及市场营销等一系列的企业行为。国内外学者从不同的角度对技术创新进行研究，主要研究了不同因素对技术创新过程的影响，包括研究开发、技术能力、吸收能力、创新意识、市场竞争、社会资本、学习能力以及国家政策等。随着技术更新速度的加快，企业对外部资源的关注致使一些学者开始从校企合作创新网络角度研究有关技术创新的问题。在校企合作创新网络中，知识转移在知识的价值实现过程中扮演着不可或缺的中介角色，是充分挖掘、组织和利用好知识资源的关键。特别是在复杂技术创新过程中涉及大量隐性知识的转移问题，实现隐性知识在各创新主体间的转移时技术创新成功的重要因素。

---

* 王文亮、黄淑华，河南农业大学信息与管理科学学院。本文发表于《技术经济》2012 年第 5 期。

2. 研究设计

2.1 研究变量分析

2.1.1 创新网络特征与组织学习、知识转移绩效之间的关系分析

从企业参与网络合作的形成动机来看，通过合作获得外部知识是一个主要动机。有人比较了外包、技术许可、合作研究、战略联盟、合资企业以及网络型合作等不同的合作方式，认为基于网络的结构、本质和内容，合作型网络具有长期、动态和潜在的学习优势。党兴华和黄继勇（2005）将网络关系资本作为衡量跨组织学习的指标维度之一，不论是从企业参与网络合作的动机上，还是在合作伙伴的甄选上，都体现了组织学习的重要性。

雷（Ray）等将网络关系的社会聚合度和网络范围作为网络结构的两个重要特性。社会聚合度主要指企业花费时间和努力支持其他组织的意愿，而网络范围则指某一组织联系跨越其他机构、组织和社会团体的数量。并实证研究了创新网络结构与知识转移难易程度的关系（Ray，McEvily，2003）。陈鸿鹰在总结前人成果的基础上，选取了网络中心度、网络规模作为创新网络结构特征的维度，网络关系强度、关系稳定性和互惠性作为衡量创新网络关系特征的维度，并通过对浙江省 216 家企业的实证研究验证了创新网络特征对企业知识资源的影响作用（陈鸿鹰，2009）。本文借鉴陈鸿鹰的研究成果，选取网络结构维度和关系维度描述校企合作创新网络特征。

2.1.2 组织学习的中介作用分析

揭示校企合作创新网络与知识转移绩效的关系是一项复杂的工作，尤其是定量地研究二者之间的关系更是不易，借助中介变量将二者联系起来是很多学者采用的有效办法。企业能够通过网络关系在多大程度上改变其组织学习能力，进而影响企业知识转移绩效，显然组织学习是连接校企合作创新网络与知识转移绩效的重要中介变量。刘兰剑将组织学习分为开发性学习和开创性学习，将技术创新分为渐进性技术创新和突破性技术创新。他通过引入跨组织学习，建立了网络嵌入性、跨组织学习与技术创新之间的关系模型，并实证检验了跨组织学习在网络嵌入型性与技术创新之间的中介效应（Stock，et al.，2001）。吴晓波等（2009）通过实证分析了组织学习影响因素对知识转移绩效的影响作用。斯库拉、贝克和诺德维尔（Sinkula，Baker & Noordewier，1997）从“对学习的承诺”“分享愿景”和“开放心智”三个构面来衡量组织学习。本文从全面的层面研究组织学习在网络特征与知识转移绩效之间的中介作用，并沿用斯库拉、贝克和诺德维尔

(1997) 的研究成果，组织学习用“对学习的承诺”“分享愿景”和“开放心智”三个构面三个构面来衡量（吴晓波，等，2009）。

2.1.3 吸收能力的调节作用分析

扎赫拉和乔治（Zahra & George，2002）认为，吸收能力是企业获取和消化外部资源、转化为内部资源并将其应用于商业化目的的能力，可以分为潜在吸收能力和现实吸收能力两个维度。潜在吸收能力是指企业在众多的外部资源中识别出所需的资源，并获取、消化的能力，注重的是企业知识资源的“数量”的积累。现实吸收能力是指企业整合现有知识和新获取的知识，并将其应用于商业化目的的能力，这个过程能够直接地影响企业的创新绩效，注重的是企业知识资源的“效用”的增加。科恩和利文索尔（Cohen & Levinthal，1990）认为，如果组织不具备对相关知识的获取和理解能力，知识获取就不能得到有效保证。知识资源是创新资源的一种，因此本文也可认为对创新资源获取和理解的潜在吸收能力，是企业获取创新资源的重要保证。

2.2 研究假设和概念模型

根据前文对校企合作创新网络特征维度、组织学习、企业吸收能力与知识转移绩效之间关系的讨论，提出本文研究假设和概念模型（如图1和表1所示）。本文假设校企合作创新网络特征维度通过组织学习的中介作用影响知识转移绩效，同时，企业的潜在吸收能力在创新网络特征维度与组织学习间起到调节作用。

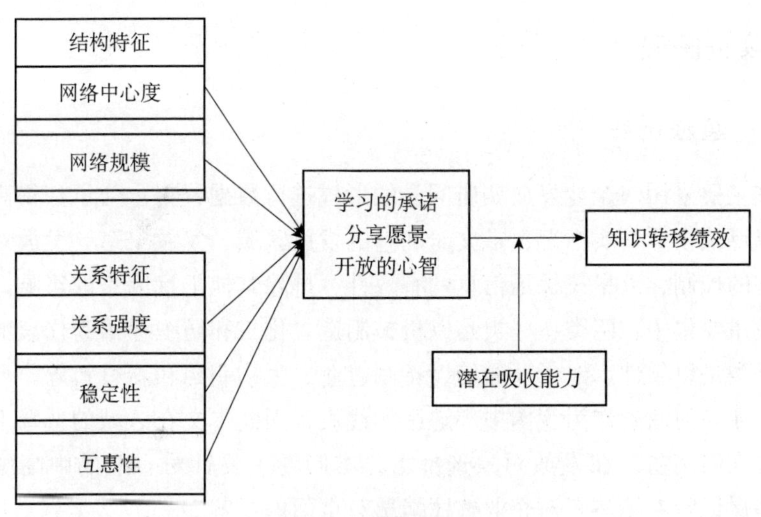

图1 研究概念模型

表 1　　研究假设汇总表

假设序号	假设具体描述
A	校企合作创新网络特征与组织学习能力正相关
A1	校企合作创新网络中心度与组织学习能力正相关
A2	校企合作创新网络规模与组织学习能力正相关
A3	校企合作创新网络关系强度与组织学习能力正相关
A4	校企合作创新网络关系稳定性与组织学习能力正相关
A5	校企合作创新网络互惠性与组织学习能力正相关
B	校企合作创新网络特征与知识转移绩效正相关
B1	校企合作创新网络中心度与知识转移绩效正相关
B2	校企合作创新网络规模与知识转移绩效正相关
B3	校企合作创新网络关系强度与知识转移绩效正相关
B4	校企合作创新网络关系稳定性与知识转移绩效正相关
B5	校企合作创新网络互惠性与组织学习能力正相关
C	企业组织学习能力与知识转移绩效正相关
C1	企业的学习承诺与知识转移的绩效正相关
C2	企业的分享愿景与知识转移的绩效正相关
C3	企业的开放的心智与知识转移的绩效正相关
D	企业组织学习能力在网络特征对知识转移绩效的影响中起中介作用
E	潜在吸收能力在组织学习与知识转移绩效之间起到调节作用

3. 实证研究

3.1 数据说明

本文主要采用向企业发放调研问卷的形式进行数据收集。为了获得高质量的数据，以反映企业真实情况，本文对问卷的发放区域、发放渠道、发放对象等进行了合理的控制，以尽量保证信息的有效性，排除其他干扰因素的影响。本文调研的企业主要集中在两类：一类是以机械制造、化工和纺织业等为代表的传统行业；另一类是以软件、电子及通信设备制造业、生物制药和新材料等位代表的高新技术产业。河南省作为我国中部地区的代表，因此本文在区域的选择上，全部企业集中在河南省。在发放对象选择上，本问卷主要针对企业的中高层管理人员，从而保证问卷填写者对企业整体情况有全面的了解。

本文以河南省企业为研究对象，研究校企合作创新网络特征与知识转移绩效之间的关系，因此本文的研究重点是河南省内的创新型企业。选取河南省 60 家创新型企业，共发放企业问卷60份，回收有效问卷41份。本文采用统计学软件SPSS19.0软件对变量进行因子分析，然后再对模型进行相关假设检验。

3.2 实证分析

3.2.1 描述性统计分析

对于回收的有效问卷样本，本文进行了样本描述性统计，具体见表2。从表2中可以看出，本文调查企业涉及各个发展阶段、各种规模的企业，产权性质也涵盖了国有、民营、合资及外资。调查企业中民营企业比例为51.22%，占样本总量的比例最大；国有性质的包括国有独资和国有控股，比例分别为12.20%和19.51%，共计31.71%；合资企业比例为4.88%；外资企业比例为7.32%；其他产权企业为4.88%。调查的企业规模占样本比例较大的大中型企业，比例分别为39.02%和48.78%，共计86.8%；特大型企业比例为7.32%；小型企业比例为4.88%。样本企业发展阶段处于投入阶段的比例为4.88%；处于成长阶段的企业比例为73.13%；处于成熟阶段的企业比例为21.95%。

表2　调查样本描述性统计

被调查企业情况		样本量	百分比（%）
产权性质	国有独资	5	12.2
	国有控股	8	19.51
	民营	21	51.22
	合资	2	4.88
	外资	3	7.32
	其他	2	4.88
企业规模	特大型	3	7.32
	大型	16	39.02
	中等	20	48.78
	小型	2	4.88
企业发展阶段	投入阶段	2	4.88
	成长阶段	30	73.17
	成熟阶段	9	21.95

3.2.2 信度和效度检验

信度检验是量表题项可靠性或稳定性检验，体现为题项内部一致性。常用的检验信度的方法是克朗巴哈（L. J. Cronbach）所创的α系数。α系数介于0~1之间，出现0或1两个极端值的概率很低，究竟α系数要多大才算有高的信度，不同的学者对此有不同的看法。学者德威利斯（DeVellis）提出以下观点：α系数值如果在0.60～0.65之间最好不要；α系数值等于0.65～0.70之间是最小可接受值；α系数值界于在0.70～0.80之间相当好；α系数值界于在0.80～0.90之间非常好（吴明隆，2010）。本文研究量表的信度检验结果见表3，通过表3可知，各变量内部一致性较好，信度较高。本将采用KMO样本测度（Kaiser-Meyer-Olkin measure of sampling adequacy）和巴特利特球体检验（Bartlett test of sphericity）的大小检验各题项相关性的大小。斯派塞（Spicer）提出当KMO值小于0.50时，题项变量间不适合进行因素分析；若是所有题项变量呈现的KMO指标值大于0.80，表示题项变量间的变量是良好的，题项变量间适合进行因素分析；KMO值大于0.90，表示题项变量间的关系是极佳的，题项变量之间非常适合进行因素分析（吴明隆，2010）。本文研究量表的效度检验结果见表4，各变量KMO大于0.70，表示达到适中的指标，即各变量适合进行因素分析。巴特利特球面检验的近似卡方显著性概率值 $p<0.05$，达到了显著水平，拒绝相关矩阵不是单位矩阵的假设，表示研究量表各变量的题项有共同因素存在，数据文件适合进行因素分析。并且经检验得到的各题项因子载荷均在0.5的理想水平之上，这说明该量表的结构效度很强。

表3　研究量表信度检验

变量	网络中心度	网络规模	关联强度	关系稳定性	互惠性	学习的承诺	分享愿景	开放的心智	潜在吸收能力	知识转移绩效
Cronbach's α	0.871	0.836	0.906	0.747	0.725	0.797	0.753	0.731	0.754	0.714

表4　研究量表效度检验

变量	网络特征	组织学习	潜在吸收能力	知识转移绩效
KMO	0.760	0.812	0.752	0.702
Bartlett's Test：Chi-Squate	823.109	362.055	34.849	30.956
df	171	153	6	15
Sig	0.000	0.000	0.000	0.009

3.2.3　多元线性回归结果

本文将采用多元线性回归模型对前文提出的假设进行验证（验证结果见表5、表6）。本研究主要的模型分为五个阶段：第一阶段是以“校企合作创新网络特征”为自变量，以“组织学习能力”为因变量，对假设A1至假设A5进行验证，亦即对假设A的验证。第二阶段以“校企合作创新网络”为自变量，以“知识转移绩效”为因变量，对假设B1至假设B5进行验证，亦即对假设B的验证。第三阶段以“组织学习能力”为自变量，以“知识转移绩效”为因变量，对假设 C1 至假设 C3 进行验证，亦即对假设 C 的验证。第四阶段以“校企合作创新网络特征”为自变量，以“组织学习能力”为中介变量，“知识转移绩效”为因变量，对假设 D 进行验证。第五阶段包括模型五和模型六。模型五是“知识转移绩效”对“组织学习能力”和“潜在吸收能力”的调节回归模型；模型六是“知识转移绩效”对“组织学习能力”“潜在吸收能力”和两者乘积项的调节乘积回归模型。模型五和模型六的作用就是验证假设 E。

表 5　　　　第一至第四阶段模型回归分析表

自变量	模型一		模型二		模型三		模型四	
	标准 B	Sig.	标准 B	Sig.	标准 B	Sig.	标准 B	Sig.
网络中心度	0.306***	0.001	0.003***	0.000			0.005	0.976
网络规模	0.151*	0.067	0.325***	0.009			0.197	0.137
关系强度	0.043	0.637	0.179	0.186			0.164	0.239
关系稳定性	0.102	0.197	-0.105	0.365			-0.102	0.410
互惠性	0.407***	0.000	0.593***	0.000			0.530**	0.011
学习的承诺					0.580***	0.000	0.174	0.252
分享愿景					0.127	0.102	-0.078	0.550
开放的心智					0.309***	0.000	0.112	0.223
R^2		0.989		0.976		0.968		0.979
调整的 R^2		0.987		0.973		0.965		0.974
F		632.107		289.073		372.583		189.940

注：*** 表示显著性水平为 0.01；** 表示显著性水平为 0.05；* 表示显著性水平为 0.10；均为双尾检验。

表 6　　　　潜在吸收能力调节效应的回归分析表

自变量	模型五		模型六	
	标准	Sig.	标准	Sig.
学习的承诺	0.075***	0.000	-1.973*	0.054
分享愿景	0.089	0.361	0.175*	0.063
开放的心智	0.099**	0.029	1.290*	0.077
潜在吸收能力	0.113*	0.050	-0.671	0.139
潜在吸收能力*学习承诺			4.665**	0.019
潜在吸收能力*分享愿景			-0.320**	0.061
潜在吸收能力*开放的心智			-2.510	0.123
R^2		0.971		0.977
调整的 R^2		0.968		0.973
F		304.082 (0.000)		238.986 (0.000)

注：*** 表示显著性水平为 0.01；** 表示显著性水平为 0.05；* 表示显著性水平为 0.10；均为双尾检验。

3.3 实证结果分析

本研究变量的作用机理与路径图如图 2 所示，各阶段模型回归结果对假设的验证情况如表 7 所示，并采用杨静检验中介变量效用（杨静，2006）、温忠麟提出用带有乘积项的回归模型做层次回归分析，从而验证调节效应（温忠麟，侯杰泰，张雷，2005）。验证结果显示上文概念模型与关系假设基本上通过了验证，表明了校企合作创新网络通过组织学习能力和潜在吸收能力作用于知识转移绩效的机制不仅在理论上是可行的，而且也是可以通过实证检验的。总体而言，在网络特征与组织学习之间，关系的互惠性对组织学习的影响最大，为 0.407；学习的承诺在潜在吸收能力的调节作用下对知识转移绩效的影响最大，为 4.665。

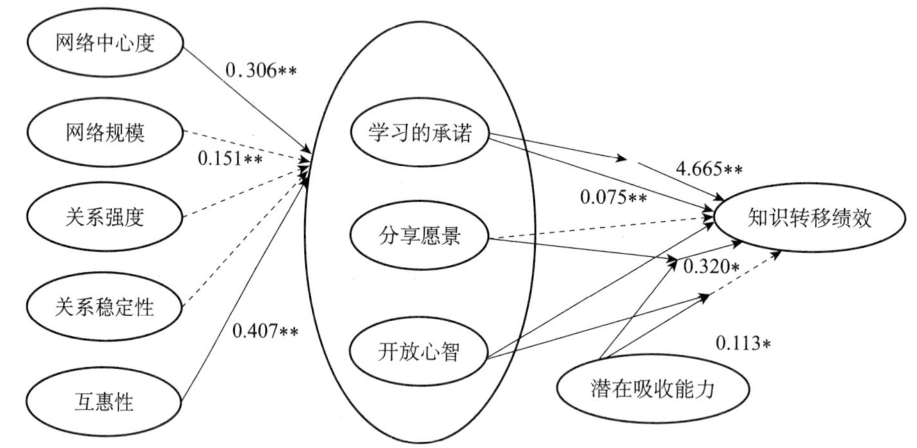

图 2　变量作用机理和路径

表 7　校企合作创新网络特征对知识转移绩效的影响机制研究模型验证结果

研究假设	验证结果
假设 A：校企合作创新网络特征与组织学习能力正相关	部分通过
假设 A1：校企合作创新网络中心度与组织学习能力正相关	通过
假设 A2：校企合作创新网络规模与组织学习能力正相关	通过
假设 A3：校企合作创新网络关系强度与组织学习能力正相关	没有通过
假设 A4：校企合作创新网络关系稳定性与组织学习能力正相关	没有通过
假设 A5：校企合作创新网络互惠性与组织学习能力正相关	通过
假设 B：校企合作创新网络特征与知识转移绩效正相关	部分通过
假设 B1：校企合作创新网络中心度与知识转移绩效正相关	通过
假设 B2：校企合作创新网络规模与知识转移绩效正相关	通过
假设 B3：校企合作创新网络关系强度与知识转移绩效正相关	没有通过
假设 B4：校企合作创新网络关系稳定性与知识转移绩效正相关	没有通过
假设 B5：校企合作创新网络互惠性与组织学习能力正相关	通过
假设 C：企业组织学习能力与知识转移绩效正相关	通过

续表

研究假设	验证结果
假设 C1：企业的学习承诺与知识转移的绩效正相关	通过
假设 C2：企业的分享愿景与知识转移的绩效正相关	通过
假设 C3：企业的开放的心智与知识转移的绩效正相关	通过
假设 D：企业组织学习能力在网络特征对知识转移绩效的影响中起中介作用	部分通过
假设 E：潜在吸收能力在创新网络特征维度与组织学习之间起到调节作用	部分通过

4. 结论

通过全文的分析论证，研究结论如下：

（1）校企合作创新网络的不同特征维度对知识转移绩效影响程度从高到低，依次为互惠性、网络中心度及网络规模，并且网络结构特征对知识转移绩效的影响高于网络关系特征。这一结论表明，校企合作创新网络中创新伙伴之间互利互惠的关系、比较集中的中心度，以及广泛的网络规模能够给企业带来大量的、多维度的、异质性强的有用知识资源，并有利于隐性知识的转移。

（2）校企合作创新网络的某些特征通过组织学习的完全或部分中介作用影响知识转移绩效。研究结论显示，组织学习在网络中心度、网络规模对知识转移绩效的影响中起完全中介作用，在关系的互惠性与知识转移绩效的关系中起部分中介作用。该结论印证了本文最初的假设，说明了校企合作创新网络的某些特征是通过企业组织学习能力的中介作用来作用于知识转移绩效的。

（3）本研究将组织学习能力分为学习的承诺、分享愿景和开放的心智三个维度，回归结果表明潜在吸收能力在学习的承诺、分享愿景与知识转移绩效间正向关系中起到调节作用，开放的心智对知识转移绩效的影响并不受到潜在吸收能力的影响。所以，企业要获取充足的知识资源，只有具备了很强的分析和消化能力，才可以最终达到提高企业知识转移绩效的目的。

参考文献

[1] 陈鸿鹰．企业创新网络与技术创新绩效关系研究［D］．杭州：浙江大学．2009.

[2] 党兴华，黄继勇．技术创新网络中跨组织学习绩效研究［J］．中国管理科学，2005（13）：415－418.

[3] 刘剑兰，吕宏强，张荣刚．跨组织学习在嵌入性与技术创新之间的中介效应［J］．科技进步与对策，2010，27（23）：15－18.

［4］温忠麟，侯杰泰，张雷．调节效应与中介效应的比较和应用［J］．心理学报，2005，37（2）：268－274.

［5］吴明隆．问卷统计分析实务——SPSS 操作与应用［M］．重庆：重庆大学出版社，2010.

［6］吴晓波，高忠任，胡伊苹．组织学习与知识转移效用的实证研究［J］．科学学研究，2009，27（1）：101－105.

［7］杨静．供应链内企业间信任的产生机制及其对合作的影响：基于制造企业的研究［D］．杭州：浙江大学，2006.

［8］Cohen W. M.，Levinthal D. A. Absorptive capacity：A new perspective on learning and innovation［J］．Administrative Science Quarterly. 1990（35）：128－152.

［9］Ray R.，McEvily Bill. Network structure and knowledge transfer：The effects of cohesion and range［J］．Administrative Science Quarterly，2003，148（2）：240－267.

［10］Sinkula J. M.，Baker W. E.，Noordewier T. A. A framework for market-based organizational learning：Linking values，knowledge，and behavior［J］．Academy of Marketing Science，1997（25）：305－318.

［11］Stock G. N.，Grei N. E.，Fischer W. A. Absorptive capacity and new product development［J］．Journal of High Technology Management Research，2001（12）：77－91.

［12］Zahra S. A.，George G. Absorptive capacity：A review，preconception，and extension［J］．Academy of Management Review，2002（2）：185－203.

战略共同体知识管理模型及其创新逻辑

冯军政　王文亮*

本文主要分析战略共同体的基本概念、创新功能、知识整合特征、形成要素及其创新逻辑。阐释了以企业为基础的知识创造模型在促进知识共享和知识整合方面存在的局限性，认为战略共同体的提出为企业的知识共享和知识整合提供了一种新的研究基点和研究视角，对动态环境下分布式知识管理具有借鉴意义。

1. 问题提出

知识共享和知识整合是知识经济时代促进创新的关键因素，尤其对创新型企业来说，大量复杂新知识的共享和整合才能不断地促进创新。但是，当前知识管理和创新的研究在很大程度上关注于正式组织，而个人之间隐性知识的共享和学习被认为将能产生更大的价值，是新思想、新知识产生的核心。公司的战略行为也将非常依赖于个人价值系统的创新及其知识与核心能力的积累（Kodama，2005b）。在信息技术快速发展和全球竞争的环境下，知识的分布更加分散，人们的工作方式和工作理念、沟通方式和沟通渠道、知识共享时空和知识整合机制正在发生显著的变革。聚焦于正式组织层次的研究将使公司失去一些关键的机会（Lee，Cole，2003）。战略共同体的研究注重通过文化手段促进个人之间知识共享和知识整合，进而推动知识创造和企业的创新发展，是对基于企业的组织知识创造模型的重大转变。

最早的与战略共同体相似的概念是布朗和杜奎德（Brown & Duguid）对施乐公司的修理协会成员的研究中提出的实践社区，指成员间非正式工作的联系性群

* 冯军政，浙江大学管理学院；王文亮，河南农业大学信息与管理科学学院。本文发表于《情报杂志》2009 年第 5 期。

体（Borwn，Duguid，1991）。共同体有很多相似的类型及名称，如知识共同体、学习共同体、实践社区、战略共同体等，以及创新共同体、创新群落等，其本质是基于共同的愿景、信念和兴趣爱好等形成的个人之间的非正式创新网络，通过紧密的互动实现知识共享和知识创造。领导公司在21世纪必须是基于共同体的实体，建立在社会愿景和公司价值观基础上的战略共同体，是解决灵活性与确定性、成员自治与社会化以及应急战略观与深思熟虑战略观等两难管理困境的有效模式，将导致企业战略、文化、组织结构和商业流程的根本变革（Kodama，2003）。本文主要探讨战略共同体的基本概念、创新功能、知识整合特征、形成要素及其创新逻辑，为企业知识共享和知识整合提供新的研究视角，为企业构建战略共同体提供参考。

2. 战略共同体基本概念与功能

2.1 基本概念

战略共同体是为加速创新，在一系列安排的沟通和合作过程中，通过有创造性的谈判和联结产生应急性或战略性思考和行动的组织间的成员合作关系，既不依赖市场控制机制也不依赖层级控制机制（Kodama，2005a；2005b；2006；2007a）。与工程项目团队、实践社区的最大区别在以下四个方面：决策环境是不确定的和难以预测的；共同体战略是在成员间不断互动和试错过程中形成的；其构建过程是为处理特定问题自发的或应急的；公司的中层管理者是共同体领导者，是战略共同体的核心。战略共同体主要有以下几个基本概念（Kodama，2007b）：

2.1.1 巴元素（Fayard，2003；Nonaka，1998；2000）

巴元素是指即为了使公司对市场环境和技术环境的动态变化进行响应，而不断变革的一种共享情景。巴元素为信息的理解和知识的创造提供了一个社会的、文化的甚至是历史的基础。它限制了共同体的合作范围以及合作性质，可以是物理的、虚拟的、精神的或者由它们组合而成的一个时空联结，超越了知识整合的认知限制和边界限制。

2.1.2 实践社区（Wenger，2001）

实践社区是指具有一定技术专长的人建立在工作与实践的基础之上，为了使工作更有效率或对工作有更深的理解进行广泛交流，形成了具有相似的兴趣爱好、共同的目标和愿望的非正式网络。实践社区具有三个典型的特征：共同体成员知识共享；价值观共享和态度共享；成员拥有集体身份（Brown，Duguid，

2001)。实践社区克服了知识目标视角中静态研究的局限性，通过对成员之间不同情景的理解达到相互学习，并持续创造新的知识。在实践社区的运行过程中，战略共同体成员和共同体领导逐渐建立，并在开发新产品、新服务以及相互学习创造新知识的过程中，动态形成了战略共同体共享愿景。

2.1.3 已有知识转移需要的边界的可渗透性

已有知识转移需要的边界的可渗透性是指企业搜索、吸收和应用外部知识的程度。组织边界内创意的产生、新产品和新服务的开发，以及已有知识的变革和新知识的创造需要跨边界学习，边界的可渗透性为共同体成员不同知识和价值观的相互理解和相互学习提供了基础。

2.1.4 以共同体成员作为结点，动态联结多个不同的战略共同体形成战略共同体网络（Kodama，2005）

为了开发新的产品和新的商业流程，共同体成员有意识地跨越共同体边界，形成战略共同体网络。这样不同的战略共同体得以整合，并创造新的知识。如果需要的话，共同体成员还可以通过与外部顾客、企业等实体形成战略联盟。

2.1.5 战略共同体领导集团

共同体领导必须实现公司内外不同愿景和价值观念的协同，通过组织学习，积累优越的共同体知识，提升共同体能力。对共同体领导者来说，有三个战略考虑和行为：通过互动和沟通，具有综合外部环境的能力，即理解技术发展速度、市场状况和顾客需求状况；使不同的愿景和想法、信念之间相匹配，并具有创造人们之间网络联结的能力；创造一个基于共同愿景的价值观共鸣场所（Kodama，2000）。

由此可以看出，战略共同体的主要特征是：对市场变化和技术变革具有高度的适应性；共同体边界具有很强的渗透性；共同体成员是自愿的、开放的，知识来源具有广泛性和异质性；价值创造方式主要是通过文化和愿景共享，促进共同体知识共享和知识整合。因此，战略共同体对创造新知识、培育和形成创新具有重要的价值。

2.2 主要功能

战略共同体知识共享和知识整合对企业培育创新有着重要的促进作用，其创新功能主要有：

2.2.1 战略创新的催化剂

大型企业战略创新主要有两种方式：在组织内部创造一个完全自主的新组织，或者在组织外建立一个独立的子单元（Kodama，2000；2001）。尽管它们都是战略创新的有效模式，但是新旧组织文化难以融合、利益难以协调。因此，往往需要高层强有力的领导和支持，以及公司文化的根本变革，否则企业战略创新的实现困难重重。而战略共同体在共同体领导集团的协调之下，通过原有价值观的相互理解、学习、共享和顿悟，不仅有效融合了新旧企业文化，而且创造了新的价值观，实现价值观的共鸣，有利于解决企业持续创新中当前业务和未来业务平衡的两难问题，是企业战略创新的催化剂。

2.2.2 创新孵化器

一般情况下，组织在促进正式合作方面具有优势，而战略共同体不仅为人们提供了一种加速知识共享和知识整合良好的环境，激励成员间有建设性的互动，而且还充当共同体创新系统桥梁组织的作用，成为共同体资源流向的引导者，带动整个共同体创新系统的发展，在培育相互协作方面具有优势。而相互协作特别是知识密集型人员之间的协作是知识创造的最重要机制，将催生大量的创新，是创新孵化器。

2.2.3 创新发动机

战略共同体的任务是在极不确定和难以预测的市场环境下，应急地或深谋远虑地形成和执行具体的商业创意和商业概念，在合作的过程中产生创新战略、创业战略或创造新的知识，进而产生新的技术、市场和需求（Kodama，2001；2005）。因此，不断地进行创新试验和试错是战略共同体运行过程中必需的步骤，是战略共同体技术创新至关重要的一环，可以推动技术不断变革和发展。

2.2.4 技术创新蓄水池

战略共同体的知识和能力是共同体的战略管理资产，在成员价值观共鸣的基础上，通过互动进行知识的共享、顿悟、创造和积累，以及实现能力的共享、创造和更新是战略共同体管理的本质。因此，战略共同体是企业创新重要的知识基和核心能力来源，在企业技术创新过程中扮演蓄水池的角色。

3. 战略共同体知识整合特征

知识整合就是知识的联结，即个人与组织之间通过正式或非正式的关系促进知识的共享与沟通，并使个人知识转变为组织知识（Inkpen，1996）。在知识经济时代，信息技术的快速发展给传统的企业知识整合带来了显著冲击：

第一，知识分布更加分散，知识整合范围更加广泛。跨组织边界、地理边界、技术边界和认知边界整合是当前知识整合的显著特征。

第二，知识整合主体由企业层次转向个人层次或网络层次，关注个人价值系统的创新以及个人知识网络的构建对企业价值增值的作用。

第三，知识整合方式由面对面的知识交流与共享转向虚拟知识整合，突破了知识整合的时空限制。

第四，从知识的本质来看，知识整合的研究视角由目标视角转向过程视角（Brailsford，2001），强调在一个共享情景中，通过网络联结和具有建设性的对话创造知识。

第五，知识整合机制的变化导致了企业技术创新方式的变革，由对单一部门或单个人员专业知识深度的追求转向对跨领域、跨专业、跨学科知识广度的追求。

因此，建立在价值观共鸣基础上的战略共同体将更加适合新技术背景下的知识共享和知识整合，更有利于促进创新，其知识整合特征主要体现在以下几个方面（见表1）：

（1）从理论依据来看，战略共同体知识整合基于这样的理论假设，即人们加入共同体进行沟通和联结不仅是出于寻求知识、信息和问题解决方案的需要，而且还出于寻求支持、友谊以及归属感的需要，其行为受到网络关系及嵌入这种关系中的一系列资源，以及共同体成员自我效能和结果期望等多种因素的影响（Chiu，et al.，2006；Hsu，et al.，2007）。因此，战略共同体的理论解释主要是社会资本理论和社会认知理论。

（2）从构建基础来看，由于战略共同体成员是开放的，知识的交流和共享是自愿的，包括拥有不同愿景和价值观的个人。因此，战略共同体构建的一个重要问题就是创造一个统一的价值协调平台，使共同体成员拥有共同的愿景和目标。近来的一些案例研究也表明，价值观共鸣是战略共同体形成的一个重要前提（Kodama，2007a；2001；2002）。

（3）从知识整合主体来看，战略共同体成员之间的知识共享和学习是公司价值增值的重要方面，而成员之间的对话和合作是共同体学习的必要前提（Storck，Hill，2000）。因此，战略共同体的知识整合主体是个人，而作为个人学习，一方面，需要收集和积累共同体内信息和知识，另一方面，需要搜寻、共享和理解其他共同体的信息和知识（Kodama，2002）。

（4）从知识整合过程来看，知识创造本质上是显性知识和隐性知识之间相互转化螺旋上升的动态过程，并且个人拥有的隐性知识是新知识产生的核心（Nonaka，1994）。建立在成员间价值观共鸣基础上的战略共同体，通过虚拟的、非正式的信息沟通与交流，不仅摆脱了面对面沟通的局限，而且有利于培养成员之间的长期信任，促进技能、经验等隐性知识更加频繁地互动，产生新知识。

（5）从技术创新方式来看，过去技术领域的创新是通过对某一领域专业知识深度的追求而实现；而现在有很多的案例表明，在新思想基础上的不同领域知识之间的融合更有利于开发新的产品。近年来，不同的产业之间的融合、跨产业开发产品与服务、构建新的商业模式等都有增长的趋势（Kodama，2007b）。因此，由不同技术领域人员构成的战略共同体是一个技术多元组织，这些不同技术领域的知识整合将对创新产生更大的价值。

（6）从边界特征来看，尽管战略共同体的成员被组织的一些原则所约束，但是个人选择具有高度的灵活性，成员加入共同体是自愿的（Lee，Cole，2003），并且随着信息技术的出现和应用，战略共同体知识交流和知识共享变得更加虚拟和开放。因此，与传统企业相比，战略共同体没有规模的限制，其边界是虚拟的、扁平的和开放的。

表1　企业知识管理模型与战略共同体知识管理模型

知识管理项目	企业知识整合	战略共同体知识整合
理论依据	交易成本理论	社会资本；社会认知理论
构建基础	契约	文化
知识观	目标观	过程观
知识整合主体	组织	个人
知识整合方式	面对面的正式信息交流	虚拟的非正式；信息交流
知识整合对象	显性知识	隐性知识
创新实现方式	专业知识深度的挖掘	专业知识的广泛整合
边界特征	封闭的	开放的

资料来源：作者根据已有文献整理。

通过以上分析可以看出，战略共同体实现创新有三个关键的因素：第一，有一个实现价值观共鸣的文化情景作为知识共享和知识整合的平台，促进共同体成员之间的价值融合和知识整合；第二，成员间有建设性的互动和联结是战略共同体构建的必要前提，主导着共同体的技术基础结构；第三，知识共享和知识整合的内容是战略共同体持续有效运行最重要的问题，即显性知识和隐性知识、静态知识和动态知识（Brailsford，2001）。因此，基础战略共同体的创新可以用公式表达为：

$$创新/学习 = 文化 + 联结 + 内容$$

4. 战略共同体形成要素

在战略共同体或战略共同体网络的构建过程中，有以下几种关键的形成要素（Kodama，2005a；2005c；2007a）：

4.1 包含性

包含性是指战略共同体成员之间通过互动和合作，对已有知识的理解层次和共享水平，以及产生新知识所需的对已有知识理解和共享的特定程度。高包含是指共同体成员间具有密切的对话和合作，并能够促进知识的共享和知识的整合。

4.2 嵌入性

嵌入性是指成员间相互协作程度。深度嵌入性是战略共同体创造新知识的重要因素，是指共同体成员显性和隐性知识在战略共同体内深度共享，并与已有知识相融合进而产生新知识。根据格兰诺维特的发现，更深层次的知识整合发生在跨共同体网络边界的领导者集团之间的密切对话与合作中。高嵌入性可以创造新的共同体知识和能力，而较低程度的嵌入性则甚至尚未实现知识的充分共享。

4.3 价值观共鸣

价值观共鸣是指战略共同体价值协调平台，通过不同价值目标下愿景和任务的深度理解，实现不同成员在观念和需求上的统一。价值观共鸣有四个形成阶段：新的价值观以及不同价值观和管理愿景的深度学习和理解；原有价值观的消除或不同价值观、管理愿景之间的融合；创造新的价值观；实现理想、信念和精神等新价值观的共鸣。高价值观共鸣是指在不同价值观的学习和理解过程中，通过成员间密切的对话和合作，达到知识共享和知识整合。

4.4 共同体网络的形成速度

共同体网络的形成速度是指在环境高度不确定、产业快速变革和技术快速进步的情况下，通过各种网络联结的整合和改造，激励新知识的创造，动态形成或重构战略共同体网络的效率。因为开发新产品和新服务往往需要即席创作和头脑风暴，以在难以预测的市场情景下，快速抓住机会。根据经验研究，较快战略共同体网络的形成时间通常少于一个月。

4.5 共同体网络领导集团

共同体网络领导集团是指战略共同体网络中不同的或截然相反的意见、看法的协调者，由战略共同体网络中的领导者形成。争论和冲突是战略共同体普遍发生的现象，而领导集团不仅有利于争论和冲突的协调，而且对网络协同能力的增强至关重要。其主要工作为：为了实现共同体能力的协同，需要识别各种潜在的能引起争论或冲突的问题；为了解决各种矛盾和冲突，有意识地引导和发起有建设性的对话；创建价值共鸣场所，以创造更高层次水平的知识；在共同体不同人员、不同部门间实现价值和需求等方面的协同。

4.6 整合能力

整合能力是指战略共同体多元化知识的综合创新能力，以及动态创造新知识、新市场的能力，可分为水平整合能力和垂直整合能力。水平整合能力是指对包括顾客在内的外部知识的整合能力，使公司提供与市场需求相匹配的产品和服务。垂直整合能力是指对不同管理层之间内部知识的整合能力，需要不同层次核心知识的扩散和共享，以实现商业模式的创新和新技术的开发。水平战略共同体的类型主要包括全球管理战略共同体、技术平台战略共同体、集团管理战略共同体和由不同产业公司人员构成的战略共同体。垂直战略共同体主要包括销售战略共同体、产品规划战略共同体、产品开发战略共同体和研发战略共同体等。

以上元素是促进战略共同体或战略共同体网络形成、公司边界内外核心知识整合以及增强共同体整合能力和协同能力的关键要素。在快速变革和高度不确定商业环境下，动态形成战略共同体，并通过不同知识的整合和网络关系的改造，对创造新知识和培育创新极为重要。

5. 战略共同体创新逻辑

知识经济背景下，企业更加注重以知识为基础的企业能力的培养，强调隐性知识特别是个人隐性知识是公司的战略资产，从而将竞争优势的来源指向了经验、技能、诀窍等要素。随着信息技术的快速发展，知识分布更加分散，不同的人员和不同的组织拥有不同的知识，企业需要成为跨边界知识和核心能力整合的实体，以增强持续竞争力。

通过战略共同体的知识共享和知识整合，最终实现创新的逻辑是：建立在共同愿景和价值观共鸣的基础上的战略共同体，通过成员之间有建设性的对话和合作，实现知识的共享、顿悟、创造和积累以及能力的共享、创造和更新，并形成共同体知识和能力，在共同体知识和能力的互动机制下，共同体知识不断创造，能力不断提升，最终在战略共同体整合能力的基础上培育、增强和提升企业创新能力（如图1所示）。具体逻辑关系如下：

对于公司领导层来说，从社会认知和社会资本视角识别出对企业战略创新具有重要意义和重要价值的愿景和价值观非常关键，是战略共同体形成的根本前提。

这种新的愿景和价值观通过成员之间有建设性的对话和合作，实现价值观的共享和深度理解，创造新的共同体价值观，实现价值观共鸣。

在共同的社会和公司愿景以及目标的指导下，具有相似兴趣爱好的人员形成战略共同体，通过实践社区，成员之间相互学习，逐渐形成共同体领导集团（LG），协调共同体知识（能力）共享和知识（能力）整合中的矛盾和冲突，并构建共同体网络。

战略共同体不仅促进个人知识的创造与能力的增强，而且促进组织与共同体整体层次知识的创造和能力的提升，并在知识和能力互动的过程中，使得共同体能力不断高级化，提升知识共享和知识整合水平。

企业通过战略共同体创新需要依赖于企业整合能力，将企业边界内外分散的不同类型的知识和核心能力进行重新组合，并且与企业其他创新资源和创新活动有机结合起来，增强持续竞争力。

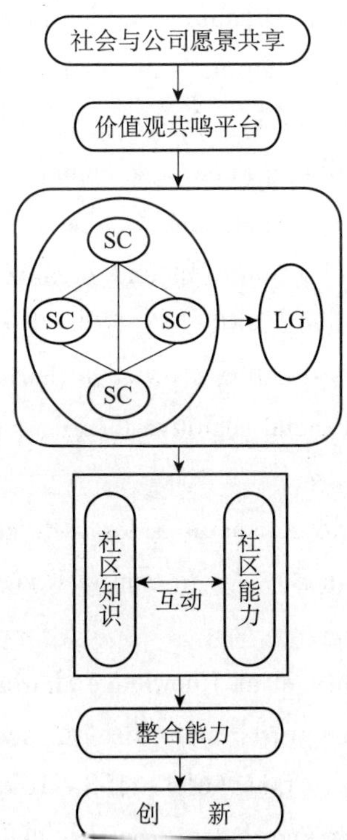

注：SC—Strategic Community；LG—Leader Group.

图 1　战略共同体创新逻辑

6. 研究总结与局限性

战略共同体知识创造模型是分布式知识整合的有效模式，聚焦于个人价值系统的创新及其知识与能力的积累对企业价值增值的作用，是大型企业知识共享和知识整合的重要机制。本文通过对战略共同体基本概念、知识整合特征和形成要素的分析和总结，探讨了战略共同体创新功能及其创新逻辑，为企业知识共享和知识整合提供了一个新的研究视角，对企业知识管理实践具有一定的指导作用。但是，本文对战略共同体的研究还处于基本理论概念的分析层次，尚未深入系统地探讨战略共同体知识共享和知识整合机制。另外，战略共同体的提出基本上是基于大型企业的知识管理实践，本文尚未深入分析提炼战略共同体知识管理的一般研究模型，还需要进一步系统的研究和探讨。

参考文献

[1] Borwn J. S. , P. Duguid. Organizational learning and communities of practice: Toward a unified view of working learning, and innovation [J]. Organization Science, 1991, 2 (1): 40 -57.

[2] Brailsford T. W. Building a knowledge community at hallmark cards [J]. Research · Technology Management, September-October, 2001: 18 -25.

[3] Brown J. , Duguid P. Knowledge and organization: A social practice perspective [J]. Organization Science, 2001, 12 (2): 198 -213.

[4] Chiu C. , et al. Understanding knowledge sharing in virtual communities: An integration of social capital and social cognitive theories [J]. Decision Support Systems, 2006 (42): 1872 -1888.

[5] Fayard P. -M. Strategic communities for knowledge creation: A western proposal for the Japanese concept of Ba [J]. Journal of Knowledge Management, 2003, 7 (5): 25 -31.

[6] Hsu M. -H. , T. L. Ju, et al. Knowledge sharing behavior in virtual communities: The relationship between trust, self-efficacy, and outcome expectations [J]. Int. J. Human-Computer Studies, 2007 (65): 153 -169.

[7] Inkpen C. A. Creating knowledge through collaboration [J]. California Management Review, 1996, 39 (1): 123 -140.

[8] Kodama M. Creating new businesses through a strategic innovation communi-

ty—case study of a new interactive video service in Japan [J]. International Journal of Project Management, 2002 (20): 289 - 302.

[9] Kodama M. Creating new business through strategic community management: Case study of a multimedia business [J] . The International Journal of Human Resource Management, 2001, 12 (6): 1062 - 1084.

[10] Kodama M. Innovation and knowledge creation through leadership-based strategic community: Case study on high-tech company in Japan [J]. Technovation, 2007a (27): 115 - 132.

[11] Kodama M. Innovation through boundary management—A case study in reforms at Matsushita electric [J]. Technovation, 2007b (27): 15 - 29.

[12] Kodama M. Innovation through strategic community management: A case study involving regional electronic networking promotion in Japan [J]. Creativity and Innovation Management, 2000, 9 (2): 115 - 130.

[13] Kodama M. Innovation through strategic community management: The case of NTT DoCoMo and the mobile internet revolution [J] . Creativity and Innovation Management, 2001, 10 (2): 75 - 87.

[14] Kodama M. Knowledge creation through networked strategic communities: Case studies on new product development in Japanese companies [J]. Long Range Planning, 2005a (38): 27 - 49.

[15] Kodama M. New knowledge creation through leadership-based strategic community—A case of new product development in IT and multimedia business fields [J]. Technovation, 2005b (25): 895 - 908.

[16] Kodama M. Strategic community-based theory of firms: Case study of NTT DoCoMo [J]. Journal of High Technology Management Research, 2003 (14): 307 - 330.

[17] Kodama M. Strategic community: Foundation of knowledge creation [J]. Research · Technology Management, September-October, 2006: 49 - 58.

[18] Kodama M. Technological innovation through networked strategic communities: A case study on a high-tech company in Japan [J]. Sam Advanced Management Journal Winter, 2005c: 22 - 35.

[19] Kodam, M. The promotion of strategic community management utilizing video-based information networks [J]. Business Process Management Journal, 2002, 8 (5): 462 - 489.

[20] Lee K. G. , Cole R. E. From a firm-based to a community-based model of knowledge creation: The case of the Linux Kernel development [J]. Organization Science, 2003, 14 (6): 633 - 649.

[21] Nonaka I. A dynamic theory of organizational knowledge creation [J]. Organization Science, 1994, 5 (1): 14 - 37.

[22] Nonaka I. , N. Konno. The concept of 'ba': building a foundation for knowledge creation [J]. California Management Review, 1998, 40 (3): 1 - 15.

[23] Nonaka I. , R. Toyama, et al. SECI, ba and leadership: a unified model of dynamic knowledge creation [J]. Long Range Planning, 2000 (33): 5 - 34.

[24] Storck J. , P. A. Hill. Knowledge diffusion through strategic communities [J]. Sloan Management Review, Winter, 2000: 63 - 74.

[25] Wenger W. Communities of practice: The organizational frontier [J]. Harvard Business Review, 2001 (78): 139 - 145.

科技园区转型升级的内在动力研究

沙德春　王文亮　肖美丹　吴　静*

依据市场主导、社团推动、政府发动三类基本园区管理体制，选取硅谷、索菲亚·安蒂波利斯、新竹科学工业园三个具有代表性、先进性的海内外园区，考察各园区转型升级的动力机制。硅谷在由“追赶”转向“引领”过程中得益于美国校园民主化运动，索菲亚由“外部驱动”转向“内部驱动”中受益于法国“分权化”运动，新竹科学工业园由外引主导转向自主创新过程中受助于中国台湾社会民主化改革。以创新、创业为导向的社会气质的塑造是科技园区转型升级的内在精神与本质动力。

1. 转型升级：科技园区面临的时代任务

经过近 30 年的发展，我国科技园区建设取得巨大成绩，成为国民经济持续强劲增长的基础性力量，为调整经济结构、转变经济发展方式做出了巨大贡献（万钢，2008），在国家创新系统建设中的基础性作用越发凸显（陈向东，刘志春，2014），并逐渐发展为国家创新系统的重要组成部分乃至关键节点。北京中关村、武汉东湖、上海张江等国家科技园区相继获批国家自主创新示范区，更是标志着我国科技园区建设开启了中国特色的试水和破冰之旅（解佳龙，胡树华，2013）。然而，由于高新技术快速更新的内在特征、高新技术产业集群的国际层级分布（平川均 等，2011）、科技园区发展环境的变化以及自身存在的问题等因素，我国科技园区面临着转型升级的迫切需求。另外，随着创新型城市建设的深入开展、战略性新兴产业政策的实施以及政策红利时代的终结，科技园区面临着

* 沙德春、王文亮、肖美丹、吴静，河南农业大学信息与管理科学学院。本文发表于《中国软科学》2016 年第 1 期。

许多新的发展机遇与挑战。更为重要的是，我国正处于调结构、促发展的关键时期，因此，作为“带动区域经济结构调整和经济增长方式转变的强大引擎”的科技园区，转型升级已成为其合理存在及实现其历史使命的必然选择。促进技术进步和增强自主创新能力、推动经济结构调整和经济增长方式转变成为科技园区新的历史使命。

从发展实践上看，目前我国大多数科技园区处于从产业主导阶段向创新突破阶段转变，从要素驱动模式向创新驱动模式转变（张艳华，边锋，乔地，2006），从试点试验向引领示范转变，从生产要素集聚向创新要素集聚转变（董碧娟，2012）。与发达国家和地区相比，我国大陆地区科技园区属于“追赶型”园区，正处于转型的发生、发展阶段。而以美国硅谷、法国索菲亚·安蒂波利斯、我国台湾新竹科学工业园等为代表的海内外著名科技园区发展较为成熟，在成长过程中已经成功实现了由“追赶”向“引领”、由外部驱动向内部驱动、由外引主导向自主创新的转型发展。因而，本文以具有海内外典型性、先进性、已经历过类似于我国科技园区目前转型发展阶段的园区作为具体对象，并按照市场主导、社团推动到政府发动的管理体制考察这些园区转型中的社会气质创新，并对创新的共性与差异性进行比较，以揭示科技园区转型的深层次动力和内在精神。

2. 社会气质：分层化社会技术的内核

美国著名演化与创新经济学家理查德·R. 尼尔森（Richard R. Nelson）在研究制度与经济增长关系时发现，学者们赋予了制度过于多元化、随意性的概念基础，难以像解释科学技术（尼尔森称之为物理技术，physical technologies）与经济增长的连贯关系那样形成对制度与经济增长关系的连贯分析，从而导致了经济增长技术创新解释与制度创新解释两条进路之间的割裂。为打破这种割裂，尼尔森将制度这一术语与被相关社会群体视为标准的社会技术（social technologies）联结起来，由此，提出了社会技术的概念（Nelson，Sampat，2001）。尼尔森（Nelson）认为，经济活动的执行通常包括两个不同的方面：一方面，是对任何劳动分工意义相同的部分，另一方面，是劳动分工以及分工之间的协调模式。前者是我们通常意义上所说的技术，可称作物理技术；后者包含着人类行为的协调，可称为社会技术。物理技术也可称硬技术，是人类为了达到生存和发展的目的，用以改造、适应和控制自然的技巧、工具、规则，它是关于物的，依靠的是自然规律（Jin，2011）。

在尼尔森有关社会技术的思想中，暗含着不同层次、不同类型的社会技术。首先，制度属于社会技术的范畴，制度是标准化的、具有行动预期的社会技术。同时，产业商业模式对特定社会特定组织的经济绩效产生明显的影响，是社会技术的重要内容之一。此外，尼尔森认为，社会技术具有文化共享性，需要一定的深层次的支撑结构，如特定的信仰体系、文化共识等。国内学者田鹏颖将社会技术分为两类：一类是“作为制度的社会技术”；另一类是“作为意志的社会技术”。前者包括法律、政策、制度与章程等，与尼尔森论述中第一、第二层次的社会技术有类似之处；后者包括社会特定的道德规范、宗教信仰、哲学理念、风俗习惯等，通常以“内省”“慎独”的方式影响行动者的思想与行动，属于深层次的、隐含性的社会技术（田鹏颖，陈凡，2002），与尼尔森认为的社会技术具有文化共享性、文化共识性有一定的类似之处。

可见，关于社会技术的相关研究和论述已经明确将政策、法律、法规等纳入社会技术的范畴之中，同时将产业商业模式等纳入社会技术内涵之中。对于文化、信仰、习俗等思想与精神层面的社会技术也有所隐含。本研究认为，那些更具隐含性、更具深刻性的思想与精神层面的社会因素，如具有某种相对稳定特征的社会气氛、社会精神等，对社会行动者的影响、对特定社会经济领域的改造作用更加根本、更为重要。因为这些因素更多的是对行动者思想与精神产生作用，构成行动者的“思想规则”，从而影响行动者的精神气质。这类因素对于以发展高技术产业为重要目标的科技园区来说尤为关键，对培育创新、创业栖息地的作用更为深远。本文将这类社会因素称为社会气质。综合国内外学者有关社会技术的思想，本文将社会技术分为政策法规、产业商业模式与社会气质三个层次（如图 1 所示）。政策法规主要指公共权力部门制订发布的具有公共约束力的行动规则，包括激励性规则与限制性规则；产业商业模式是指产业分工与协调模式，产业、企业行动者之间的交互作用及其互动方式；社会气质是指具有特定属性的、稳定持久的社会风格，如民主化、自由化，等等。政策法规、产业商业模式、社会气质三个层次的社会技术，对行动者行为的硬性约束力依次弱化，而对行动者思想与精神的渗透趋于增强。政策法规与产业商业模式主要是一种行动规则，是对相关行动者行为的约束性与激励性限定，影响行动者的行为模式，通过行动者的行为对外界产生作用。社会气质对行动者的思想与精神产生作用，形成或影响特定的思想规则与精神气质。政策法规与产业组织模式更趋显性，相对更易于复制与转移，易于传播学习；社会气质更趋隐性，不易复制与模仿。

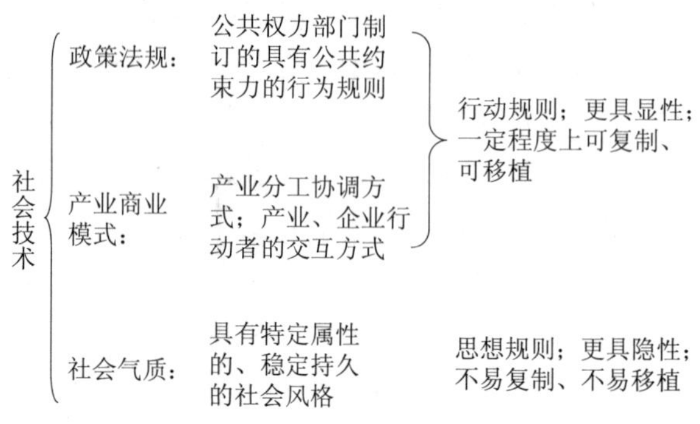

图1　社会技术的分层

3. 校园自由民主化运动：硅谷园区转型的社会气质

美国硅谷（Silicon Valley）是世界上第一个科技园区，是市场主导型园区的代表。当代硅谷被作为发展高新技术产业园区的典范而享誉世界，学术界与实践领域常常以硅谷模式、硅谷气质、硅谷文化等形式对硅谷的发展经验进行总结。然而，硅谷并非一开始就获得今天的认可与荣誉，20 世纪 60 年代，世界上还没有"硅谷"这个名称，硅谷地区整体上与美国东部还存在较大差距。60 年代中后期开始，硅谷形成了对美国中东部城市的追赶，并逐步取而代之，实现从追赶到引领的战略角色转换，成为世界高新技术产业的技术创新源头。此后，以硅谷模式的发展形式在世界各国科技园区建设与高新技术产业发展的实践中得以扩散。目前，"硅谷"已成为高新技术的代名词，成为高新技术产业的象征。关于硅谷成功转型的原因有多种解释，然而，有一种更加隐性、更加深刻的动力往往被人们忽略，即硅谷转型前夕发生的以个性化、自由化、民主化为核心思想的美国校园民主化运动。

由于长期遭受战争、疾病、吸毒、种族歧视等各种社会问题，美国 20 世纪 60 年代爆发了各种反主流文化、反主流价值观、反主流生活方式的社会运动（赵梅，2000）。这场运动几乎充斥到美国社会的各个角落，同样波及大学校园，引起了美国大学校园自由化、民主化运动。超越现状、破除陈规、追求个性、标新立异成为大学校园的新兴文化；敢于幻想、勇于冒险、追求刺激成为大学生的精神气质。这种校园文化与精神气质迎合了当时呈现蓬勃发展之势的新兴技术、新兴产业的内在需求，形成了美国追求创新、鼓励创业的社会气氛。

位于加利福尼亚州的斯坦福大学因远离政治中心，与加州政府的联结也较为有限，在校园民主化、自由化运动中显得更加特别。为了追赶东部大学，促进学校的发展，提高学校的社会名望，斯坦福大学实施了明显区别于东部高校的发展策略。斯坦福大学面向市场，与产业结合，培育商业性技能，以获取发展资源。因而，斯坦福大学是一个具有很强商业导向的创业型大学（entrepreneurial universities）（Etzkowitz，1983），采用了以理论研究推动产业发展与以产业化带动理论研究相结合的发展模式（Etzkowitz，2003）。与东部高校及其他公立大学的差别使斯坦福大学在20世纪60年代开始的校园自由民主化运动中显得更加开放，更具开拓精神。加之加利福尼亚州整体上相对开放的社会氛围，造就了硅谷地区60年代以来极度活跃、极具叛逆精神与探索意识的社会气质。一方面，当时的加州校园随时会出现学生占据学校办公大楼，打砸甚至焚烧公共设施，警察随之进入校园喷洒催泪瓦斯或使用水枪驱赶，之后是暴乱的学生们四处逃窜；另一方面，这些狂妄不羁的“叛逆者”们又非常热衷于当时的电子技术产品等新奇玩意，对电子技术与产品的热爱达到痴迷的程度，最为典型的包括苹果公司的创始人史蒂夫·乔布斯、斯蒂夫·盖瑞·沃兹尼克，微软公司的创始人比尔·盖茨、保罗·艾伦等。

尤其是当微型仪器遥测系统公司（MITS）的爱德华·罗伯茨于20世纪70年代中期基于英特尔公司的最新发明8080微处理器研制成世界上第一部个人计算机——“牛郎星”之后，迅速激起了一场个人计算机的设计革命。以加州校园乔布斯、沃兹尼克等为代表的年轻学生，得知“牛郎星”的消息后，立即产生了对其进行改进、设计自己的产品的念头。不仅如此，凡是已经研制成功并得以发布的个人计算机品牌，很快就会遭遇改头换面甚至被历史遗弃的悲惨命运。出现一种新的电子产品，随之对其功能进行质疑，并对其结构加以改进，进而设计出替代产品，成为这些年轻科学家们的一种追求与时尚。世界上第一部个人计算机——“牛郎星”推出两年之后，市场上即出现200多个个人计算机品牌，硅谷苹果公司研制的苹果一号、苹果二号代表了当时的最高水平。

20世纪60年代以来校园自由民主化运动，培养了年轻学生打破现状、破除陈规的冒险与叛逆精神，而一旦将这种精神移植到当时正处于蓬勃发展的高新技术上，就迅速成长为一股推动技术创新的强大力量。正如曼纽尔·卡斯特所言，20世纪70年代基于信息技术形成的新技术范式主要是在美国建构起来的，而其发源地一定程度上主要是美国的加利福尼亚州。当这种新的技术范式走出加州，与世界经济、政治的融合时，就具化为一种生产方式与生活方式。“70年代早期开出的技术花朵，则与60年代由美国校园文化发展出来的自由文化、个人创新，以及企业精神有关”，这种校园文化与传统的谨小慎微的社会价值形成断层，核心是对既有行为模式与事物状态的无止境地突破（曼纽尔·卡斯特，2003）。硅谷20世纪70年代信息技术的日新月异一定程度上正是这种校园文化在技术创新领域的具体呈现。

校园民主化运动促成的以个性化、自由化、民主化为核心思想的社会气质，成为推动硅谷转型发展更为本质的力量。有了这种社会气质，硅谷不仅具备了科技园区发展之“形”，而且更具备了园区发展之“神”，成为“神”“形”兼具的高科技园区。正是这种社会气质的存在，硅谷在经历几轮新技术形态的发展过程中，始终能保持自身的领先优势，一定程度上发挥“引领者”的作用，成为众多新产业与新业态的“策源地”。也正是这种独特的硅谷之“魂”的存在，世界许多国家和地区在政策学习与实践中，在推行高新技术产业园区的发展过程中，只复制到硅谷之“形”，而并未领会到硅谷之“神”。

4. 分权化进程：索菲亚园区转型社会气质的塑造

索菲亚·安蒂波里斯（Sophia Antipolis）位于法国滨海阿尔卑斯省的尼斯城附近，于20世纪60年代末由私人发起，经社团推动而创建。索菲亚园区体现出企业型政治家个人夙愿、诸多行业协会俱乐部在园区发展中的作用，是一种协作式的社团治理模式。经过40多年的发展，索菲亚园区已发展为欧洲的“电信谷”，成为位列欧洲首位的战略高科技园区（李路阳，齐芳，2008）。索菲亚园区于20世纪90年代初逐渐实现了由国外机构等外部力量主导的外部驱动发展阶段向重点依赖发展本土机构的内部驱动发展阶段的转型（Anne，2007）。与此同时，园区创新生态逐步由地理汇集为特征的地理临近转向更加重视互动与学习的组织临近（Lazaric，et al.，2004）。索菲亚园区的转型与法国20世纪80年代以来的分权化、多中心化改革密切相关。

法国是欧洲历史上单一政权的典范，在经历了18世纪末期社会革命以后，国家政权对市民社会高度渗透。长期的集权治理模式形成了法国社会资源分布不均等社会问题，大量科研机构、经费项目等创新资源集中分布在以巴黎为首的少数核心城市中。资源的过度不均引起法国公民与地方政府的强烈不满。20世纪70年代末，以改变传统秩序、创造平等权利为重要执政纲领的左派势力全面掌控法国政权，成为法国治理体制转型的分水岭。左派政权中的许多市政官员深受20世纪60年代末“五月风暴”思潮的影响，秉持民主自由、公民权利、社会公平等执政信念与社会价值。主流意识形态与政策环境的变化成为法国20世纪80年代分权化与多中心化社会变革的前奏（Cole，2006）。80年代以来，执政党——法国社会党开始推动一系列目标宏伟的社会变革，其中分权化、民主化是改革的重要目标。法国政府制定并颁布了《权力下放法案》，不断强化经选举产生的地方公共权力机构与市政代表的职责，以弱化国家委派官员的权力，增强地方自治能力。

在整体政策环境的促动下，法国 20 世纪 80 年代初至 90 年代中期经历了明显的分权化历程。在这个过程中，许多地区实现了郊区城市化，同时形成多中心化的空间结构特征（Guillain，et al.，2004）。以分权化为背景的多中心化有着丰富的经济、社会根源。首先是随着大都市区越来越突出的土地稀缺形成高昂的地价与房屋租金，生产生活成本剧增。与此同时，人口、资源、就业等过度集中形成大都市区严重的交通拥堵与城市污染，影响正常的生产、生活秩序，成为向外围地区发展、拓展新的发展中心的重要推动因素。此外，靠近机场、高速公路的外围地带，有着更优越的客运、货运基础设施，加之越来越多的公共交通基础设施的投资，提高了在获得劳动力与消费者方面的优势，成为促进企业实体与居住人口向外围迁移与定居的因素之一。

多中心化超越传统单一大都市区的发展模式，形成新的区域与城市中心，兼具都市外围与都市区的双重优势，如外围较为低廉的地价与房租、较为流畅的交通，都市中心的城市化经济、面对面的互动交流等。基于分权化的多中心化不仅局限于法国，在欧洲其他国家同样呈现出多中心化的发展趋势与现状。多中心化是欧洲空间发展愿景（European spatial development perspective）的最核心概念之一（Governaf，Salone，2005）。这些新生的经济中心分散了核心区的人口与资源，与原有中心商务区形成了互补与促进的关系。由单一中心转向多中心空间结构的重建，促发了多个中心商务区的形成（Riguelle，et al.，2007）。进而，产业形态发生了深刻变化，形成了以"FIRE（finance，insurance，real estate）"为代表的、高度依赖于面对面（face-to-face）社会互动的产业部门活动（Gaschet，2002）。分权化的显著结果是 70% 的公共投资逐渐掌握在地方政府手中（Pinson，Gales，2005）。通过分权化进程，法国实现了从欧洲最为集权的国家向权力分散国家的转变，地方各级政府获得了新的能力与权力。

分权化经济社会改革以及基于分权化逐渐形成的多中心化空间发展趋势，为索菲亚园区创新系统转型发展形成多方面的优势。首先，为园区发展争取到平等的发展权与发展机会。多中心化鼓励支持在主要核心城市以外形成新的经济科技中心，从而便于索菲亚园区形成明确的发展目标与区域角色定位。其次，分权化改革为索菲亚园区争取法国中央及地方公共权力部门的创新资源提供了合法性依据及有效路径。实际上，索菲亚园区由一个科技经济贫瘠地发展到欧洲具有战略地位的高新区，获得过来自法国中央及地方各级公共权力部门的多方面的支持，包括大量中央研究机构分支部门在园区的设立与创建，人才教育培训机构的设置，耗资巨大、技术超前的电信基础设施的建设，等等。索菲亚园区众多的科研机构与教育机构，如法国国家科学研究中心、国家农业研究所、国家计算机科学与控制研究所、尼斯—索菲亚·安蒂波利斯大学等都是在法国公共权力部门的支持下创建的。对于将索菲亚打造成为欧洲“电信谷”起到重要促进作用的两项超前电信基础设施——地方性电信网络、先进通信国际中心更是得到公共权力部门的高度支持。更为关键的是，分权化政治社会改革，不断向经济、教育、文化等各个领域扩散渗透，逐渐内化为一种自主、平等、民主的社会气质，进而影响、改变园区行动者思维方式与行动规则，成为促进索菲亚园区创新系统转型的深层次动力。转型后的索菲亚园区已经发展成为位列欧洲首位的战略高新技术园区，索菲亚园区及其所在的蓝色海岸地区已经成为法国继巴黎之后国际学校与学院最密集的地区，并逐渐成长为新的区域性经济和社会中心。

5. 社会民主化改革：新竹园区转型社会气质的形塑

新竹科学工业园成立于20世纪80年代初，是我国台湾地区第一个高科技园区，承载着推动台湾产业升级与经济结构转型的重任，被认为是亚洲学习、践行硅谷模式最为成功、成长最快的高科技园区。管理体制上属于典型的政府发动型园区。经过30多年的发展，形成“一区六园”空间发展模式，在园区物理边界、入园企业、就业人员、销售收入与产业类别等都经历了较为显著的变化过程，逐渐成为台湾地区高科技企业培育与高科技产业发展的重要基地，构筑了较为完善的园区创新系统。从系统主要功能、系统要素的集聚与互动来看，新竹园区表现出两个不同的发展阶段：20世纪80年代初到90年代中的外引主导发展阶段和90年代中后期至今的自主创新发展阶段。新竹园区的转型发展与台湾党禁、报禁解除为基点的社会民主化改革以及随之逐渐形成的有助于创新、创业的社会气质密不可分，这种因素一定程度上构成新竹园区具有本质意义的推动力量。

20世纪40年代末，国民党政权转移至台湾以后，为了建立起在台湾岛的“合法性”统治地位，在政治与政党体制上采取了严格的限制措施。除民社党、青年党等服务于国民党的个别政党外，严格禁止新政党的创建。与此同时，取缔、关闭众多报馆报社，限制民间机构办理报纸杂志，实行严格的宣传管制政策。这些限制性措施的实施，对巩固国民党在台湾的统治政权发挥了应有的作用。但是，长期的限制性政策也形成了僵硬、保守的社会紧张气氛。随着自由民主化的整体国际环境的变化以及台湾地区社会经济的发展，施行多年的限制政党组织与民间团体自由创建、控制报纸期刊等社会传播媒体发展的政策措施的弊端日益暴露出来，招致的社会抵制与民众反对也越来越强。尤其是 20 世纪 80 年代以来，台湾在经历了 30 多年的发展后，经济上取得较大进展，国际交流与国际互动日趋频繁，国际化程度不断提高，同时，岛内长期遭受禁锢的思想逐渐松动，中产阶级力量在悄然中不断增强。正如当时台湾领导人蒋经国所言，“时代变了”“局势变了”“潮流变了”，因而解除长期实施的对发展政党社团及民间传播媒体的严格限制，推动台湾社会自由民主化改革，对于当时的台湾势在必行。在岛内呼声与岛外压力的双重作用下，80 年代中期以后，台湾相继取消了施行 30 多年的对政党成立与报纸创办的限制性政策，并制定公布了“人民团体组织法”等一系列推动政治社会民主自由化改革的法律规定。

这些限制性措施取消以后，台湾地区各种政党组织与社会团体纷纷成立，“人民团体组织法”尚处于讨论阶段，就有 20 多个政治团体宣布成立。与此同时，多家民间报馆报社得以成立，创设新报刊，增加报纸版面，丰富报纸讨论话题，为台湾的自由讨论提供了勃勃生机（茅家琦，等，2005）。台湾地区 20 世纪 80 年代中后期，以解除限制政党成立、限制民间报纸创办为基点的社会民主化改革，成为世界民主化进程的一部分，也成为“第三波民主化浪潮”的典型代表（Matsumoto，2002）。台湾社会民主化变革，尽管是迫于当时复杂的国际政治背景以及岛内现实发展要求（杨永斌，2001），但是这种变革却为台湾的社会发展扫除了重大障碍，从根本上松动了僵化的社会氛围，活跃了社会思维，逐渐形成了自由、民主、互动的台湾社会气质。这种自由民主、互信团结恰恰构成台湾经济取得成功的基本要素之一（庄平勇，蒋经国，2011），同时成为以新竹科学工业园为代表的台湾地区经济转型与产业发展的一种深层推动力量。

台湾政治社会民主化、自由化进程，对台湾经济、产业、科技发展的意义体现在多个方面。直接意义是一定程度上矫正了政府与市场在台湾经济运行中的角色地位，优化了台湾科技创新与产业发展的整体环境。随着台湾社会民主化进程的深入和持续，逐渐减少了官办企业与党办企业（party-owned enterprises）对民办私人企业的排挤，也逐步弱化了“党属资本（party capital）”对民间资本的打压，从而为民间组织机构的成长提供了可能，也为大量民办中小企业的创建发展扩大了成长空间。基于“选票”获得台湾治理权的政治选举活动促使竞争政党及主要治理者更加关注民间利益的发展。民间资本的集聚增长，尤其是本土化私营中小企业的大量衍生，是推动新竹科学工业园以及整个台湾地区由外引主导转向自主创新发展的重要因素之一。更为关键的是，这一进程打破了台湾僵化、保守、压抑的社会气氛，深刻地改变了社会成员与企业行动者的思维方式与行动规则，逐渐形成对话、合作、交流、互动的社会气质。这种社会气质对于激发社会创新思维，推动社会创新、创业，促进创新要素的交互以形成地方性的创新网络是极其关键的，也成为新竹科学工业园20世纪90年代中期转型发展的内在推动要素。

6. 结论与对策建议

在上述三类园区转型发展过程中，以有助于创新、创业为特征的社会气质塑造具有一定的差异性，这体现在扩散的路径、方式及其对园区转型渗透的广度与深刻性上。市场主导的硅谷，校园运动的许多参与者就是硅谷园区转型发展的直接参与者与推动者，因而以直接、快速的方式将创新、创业精神带入硅谷，将"叛逆"与"创新"品格植入硅谷。创新、创业的社会气质对园区物理技术创新的促进迅速、直接，对硅谷转型的推动作用迅速、深刻。社团推动的索菲亚园区，法国分权化、多中心化改革本质上是由民间推动，社团进行多次游说，经过多轮博弈，最终由法国中央政府确定实施的一场"上下互动"的改革。分权化运动为索菲亚园区获得平等发展权及大量创新资源。然而，园区转型推动者并非分权化运动的直接参与者，基于分权化形成的有助于创新、创业的社会气质植入园区的周期相对较长，对园区转型的推动作用相对间接。就新竹科学工业园来说，台湾地区从20世纪80年代中期开始的社会民主化进程是一种典型的政府行为，是"自上而下"的变革。变革的主要推动者是台湾地区的行政要员，园区创新活动的直接参与者是这场变革的"受动者"。历史的惯性以及"受动者"与"推动者"的天然距离使得这场变革对新竹园区创新、创业品格的塑造更为间接，对园区转型过程的影响更为复杂。尽管存在上述差异，市场主导的硅谷、社团推动的索菲亚·安蒂波利斯、政府发动的新竹科学工业园三类园区转型发展的实践给予我们深刻的启示。

（1）塑造破除陈规、勇于探索、敢于试错、宽容失败的社会气质，推动科技园区成为创新创业的"栖息地"。科技园区是以促进高新技术创新及其产业化为主要目标的特殊区域。海内外先进园区转型发展的实践说明，社会技术的创新与发展，尤其是更加隐性、更具深刻性的、具有特定属性的社会气质的塑造与渗透，是科技园区成功转型的必要条件与内在动力。加之高新技术发展内在的不确定性与高风险性，尤其需要塑造一种鼓励破除陈规、自由探索、勇于试错、宽容失败的社会气质，需要形成有利于创新、创业的社会气质，从而构成推动园区转型的精神与灵魂。

（2）鼓励社会组织参与园区建设，将社会资源引入园区转型发展之中。科技园区是具有一定独立性的技术、产业培育系统和区域发展引擎系统，同时又是整个社会系统的子系统。尽管科技园区能够通过自组织路径推动自身规模扩大与质量提升，但科技园区时代功能的完成和国家政策工具目标的实现离不开社会系统的支持与支撑。从本质上看，科技园区转型发展所需摄入的物质、能量、信息等最终源自社会系统。在"大众创业、万众创新"新常态下，更需倚重社会大众与社会资源对园区转型发展的积极参与，鼓励相关社会团体、专业协会乃至普通公众融入科技园区转型发展的实践过程，组建并充分发挥民间智库在园区管理、规划及政策执行中的作用，形成自下而上、上下互动的发展新态势。

（3）探索服务型园区治理模式，发挥政府资源对园区转型的引导作用。从园区创建与发展历程上看，我国科技园区大多属于政府发动型园区，政府对园区的运行发展发挥了重要作用。在园区经济规模与发展质量得到实质性提升阶段，政府在园区转型发展中的作用依然不可替代。同时，当前全球政府治理方式、科技创新模式、经济发展结构等发生了深刻变革，服务型政府成为政府治理的新理念，服务型经济成为国民经济的重要组成部分，科技服务业构成科技创新活动的重要支撑。这就要求改进传统园区管理模式，对政府行为进行与时俱进的功能定位，探索新的服务型园区治理模式，发挥政府对园区转型发展的服务与引导作用。

参考文献

[1] 陈向东，刘志春．基于创新生态系统观点的我国科技园区发展观测[J].中国软科学，2014（11）：151－161.

[2] 董碧娟．高新区内涵应进一步丰富［N］.经济日报，2012－07－16(3).

[3] 李路阳，齐芳．提升创新：索菲亚握手中关村［J］.国际融资，2008(1)：8－11.

[4] 茅家琦，徐梁伯，马振犊，等．百年沧桑：中国国民党史（下册）[M].厦门：鹭江出版社，2005：1167－1169.

[5] 曼纽尔·卡斯特．网络社会的崛起［M］.夏铸九，王志弘，等，译．北京：社会科学文献出版社，2003：5－6.

[6] 平川均，崔龙浩，苏显扬，等．东亚的产业集聚：形成、机制与转型[M].北京：社会科学文献出版社，2011：50－51.

[7] 田鹏颖，陈凡．社会技术：改造社会的实践性知识体系［J］.科学技术

与辩证法，2002（4）：31－34.

［8］万钢．国家高新区对实现经济又好又快发展的重要贡献和战略意义［N］．经济日报，2008－03－31（6）.

［9］解佳龙，胡树华．国家自主创新示范区甄选体系设计与应用［J］．中国软科学，2013（8）：67－79.

［10］杨永斌．冷战后美国在台湾的意识形态战略利益［J］．当代亚太，2001（9）：11－17.

［11］张艳华，边锋，乔地．推动高新区转型［N］．科技日报，2006－09－15（10）.

［12］赵梅．美国反文化运动探源［J］．美国研究，2000（1）：68－97.

［13］庄平勇．蒋经国"现代化"思想简论［J］．东南学术，2011（1）：240－248.

［14］ANNE L J T W. From exogenous to endogenous growth in Sophia Antipolis：The implications for the evolution of its knowledge network［EB/OL］.（2007－12－18）［2013－03－10］. http：//www. gredeg. cnrs. fr/colloques/dime/papers/Anne%20ter%20Wal%20－%20dime%2011ice%2011052007.

［15］Etzkowitz H. Entrepreneurial scientists and entrepreneurial universities in American academic science［J］. Minerva，1983（21）：198－233.

［16］Etzkowitz H. Research groups as "quasi-firms"：The invention of the entrepreneurial university［J］. Research Policy，2003（32）：109－121.

［17］Cole A. Decentralization in France：Central steering，capacity building and identity construction［J］. French Politics，2006（4）：31－57.

［18］Gaschet F. The new intra-urban dynamics：Suburbanisation and functional specialization in French cities［J］. Papers in Regional Science，2002（81）：63－81.

［19］Governa F.，Salone C. Italy and European spatial policies：Polycentrism，urban networks and local innovation practices［J］. European Planning Studies，2005，13（2）：265－283.

［20］Guillain R.，Gallo J.，Boiteux-orain C. The evolution of the spatial and sectoral patterns in Ile de France over 1978—1997，LEG Working Paper Economie 2004/02［Z］. Paper presented at the ERSA conference in Porto，2004.

［21］Jin Z. Y. Global technological change—From hard technology to soft technology［M］. Chicago：Chicago University Press，2011：19－27.

[22] Lazaric N., Longhi C., Thomas C. Codification of knowledge inside a cluster: The case of the Telecom Valley in Sophia Antipolis [C]. Denmark: DRUID summer conference 2004 industrial dynamics, innovation and development, 2004: 22 - 34.

[23] Matsumoto M. Political democratization and KMT party-owned enterprises in Taiwan [J]. The Developing Economies, 2002, 40 (3): 359 - 380.

[24] Nelson R. R., Sampat B. N. Making sense of institutions as a factor shaping economic performance [J]. Journal of Economic Behavior and Organizations, 2001 (44): 31 - 54.

[25] Pinson G, Gales P. State restructuring and decentralization dynamics in France: politics is the driving force [Z]. RTN Urbeurope, 2005: 1 - 26.

[26] Riguelle F., Thomas I., Veghetsel A. Measuring urban polycentrism: A European case study and its implications [J]. Journal of Economic Geography, 2007 (7): 193 - 215.

第五篇　对策建议篇

中国产学研协同创新政策的主题与演进分析

刘　瑞　吴　静　张冬平　沙德春　王文亮*

以1978—2015年国务院及各部委单独或联合颁布的1521条产学研协同创新政策为研究对象，在政策文本量化处理的基础上运用社会网络分析法绘制政策主题与演进的知识图谱，对不同阶段的焦点主题进行深入分析。研究发现：中国产学研协同创新政策的主题主要集中在创新发展、科技创新、经济社会发展、人才培养和公共创新服务5个方面，具体表现为29个主题关键词；政策演进经历了起步探索期、缓慢发展期、快速发展期和重点突破期4个阶段，不同阶段具有不同的政策重心；科技成果转化、技术创新、产业发展、平台建设、人才培养和合作路径是产学研协同创新政策持续支持的热点主题关键词。

随着科技发展与创新全球化的逐步升级，创新已突破传统的线性和链式模式，逐步演变为多主体的协同创新（戚湧，王静，2015）。产学研协同创新就是企业、大学、科研院所（研究机构）等协同创新主体发挥各自优势，将经济发展、知识生产和科学研究有机结合起来，进行资源共享和优势互补，以实现各协同创新主体的共赢（张绍丽，于金龙，2016）。从本质上讲，产学研协同是产业发展、人才培养及科学研究等多方功能的协同（洪银兴 等，2015），但产学研协同创新并不是自发的过程，因各协同创新主体利益出发点的差异而离不开政府的引导和机制安排（陈劲，杨银娟，2012）。如党的十八大报告明确提出实施创新发展战略，更加注重协同创新；党的十八届三中全会又明确要求建立产学研协同创新的新机制。产学研协同创新作为科技与经济深度融合的重要衔接体，是学术界研究的热点和政府亟须破解的现实难题。本文基于政策文本分析对中国产学研

* 刘瑞、沙德春、王文亮，河南农业大学信息与管理科学学院。吴静、张冬平、王文亮，河南农业大学经济与管理学院。吴静，郑州轻工业学院民族职业学院。本文发表于《技术经济》2016年第8期。

协同创新政策的主题与演进进行深入挖掘，反思产学研协同创新体系构建中的经验教训，把握中国产学研协同创新的发展重点和方向，为创新驱动战略的实施提供经验借鉴，并为相关政策的制定提供参考。

1. 研究现状

产学研合作的最早典范源于二战期间美国实施的“曼哈顿计划”，该计划的成功实施揭开了产学研合作的序幕（朱桂龙，张艺，陈凯华，2015）。20 世纪 50 年代，美国的产学研合作模式（Varga，1998）造就硅谷，波士顿 128 号公路园区等成功案例。由于产学研合作能有效促进成果转化与经济发展，引起了学术界和政府的高度关注（Etzkowitz，Leydesdorff，1995；Lincoln，1966；Teixeira，Mota，2012）。中国政府对企业、高校、科研院所等协同创新主体的组织和管理始于20 世纪 80 年代初，但在政策层面未形成产学研这一专业术语。20 世纪 90 年代初，产学研这一术语在中国政府的相关政策中开始出现并呈渐增趋势。1992 年国家经济贸易委员会、教育部和中国科学院联合组织实施“产学研联合开发工程”，拉开了国内学术界研究产学研合作的序幕（何郁冰，2012）。90 年代末中国产学研合作政策的研究逐渐起步，为数有限的文献旨在借鉴国外政策的优势（鲁若愚，罗利，杨刚，1998）、对比中外产学研政策的差异（李廉水，1998）。2000—2010 年，中国对产学研合作政策的研究呈渐增趋势，该阶段的研究主要集中在国外产学研合作政策经验借鉴（宋健，陈士俊，2008）、产学研合作政策设计及模式研究（辛爱芳，2004）、针对产学研合作问题提出政策建议（白庆华，赵豪迈，申剑，2007）以及与产学研紧密相关的具体政策的分析，如教育政策、财税政策等（张炼，2010）。

自 2011 年起，中国产学研政策演进的研究开始出现，这些研究多是通过对关键历史事件与政策文本的解读来分析政策的发展历程和阶段性特征。李世超、蔺楠（2011）以中国科技发展战略的演变为主线，将中国产学研合作政策的变迁划分为“科学技术是第一生产力”战略导向阶段、“科教兴国”战略导向阶段、“建设创新型国家”战略导向阶段（李世超，蔺楠，2011）。蔡嘉伟（2013）对 1978—2012 年中国产学研合作政策的演变进行研究，按照中国经济体制改革的进程和产学研在国家创新体系建设中发挥作用的差异将产学研合作政策的发展划分为萌芽时期（1978—1991 年）、探索时期（1992—1998 年）、发展时期（1999—2005 年）和繁荣时期（2006 年至今）。张学文、陈劲（2014）通过对关键事件和重要政策分析，将中国产学研协同创新的演变历程划分为四个阶段，分别是起步探索阶段（1980—1990 年）、全面协调发展阶段（1990—2005 年）、战略转向阶段（2005—2010 年）和重点突破阶段（2011 年至今）。此外，也有少数学者尝试借助特定理论视角或分析方法研究产学研政策的演进特征。如，朱桂龙，程强（2014）从政策合作网络角度，以我国 1985—2013 年颁布的 651 条产学研成果转化政策为研究样本，绘制不同阶段政策制定主体合作网络图谱，探讨了政策的基本特征与主体合作网络结构。汪洁、唐震等（2015）基于内容分析法对江苏省产学研合作政策的发展阶段性及政策制定部门进行深入研究。

综上所述，20 世纪 80 年代—2010 年中国产学研政策的研究主要集中在政策梳理、经验总结、问题反思等层面，有关产学研政策演进的研究直到 2011 年才陆续出现。尽管有学者初探了国家或地区产学研合作政策的演进趋势、产学研协同创新的演变历程，但是学术界尚未系统、深入地探究中国产学研协同创新政策的主题以及演进过程中主题关键词的变化。针对现有研究的不足，本文以 1978—2015 年国家层面的产学研协同创新政策为研究样本，运用质性分析工具 NVivo 对政策文本量化处理，利用社会网络分析法探讨中国产学研协同创新政策的主题与演进，明晰中国产学研协同创新的发展重点和方向，以期为政府政策的制定提供参考。

2. 数据收集及研究方法

2.1 数据来源与处理

本文对产学研协同创新政策的选择仅限于国家层面，即中共中央、全国人大、国务院以及各部委单独或联合颁布的各种产学研协同创新的政策文件，不包括地方政府政策，检索时间跨度是 1978—2015 年。参考专家们对产学研相关政策分析以及对产学研协同创新的定义，本文确定在北大法律信息网中以“科研机构 + 科研院所 + 研究机构 + 高校 + 产学 + 学研 + 协同创新 + 联盟”为关键词进行全文同篇检索，共检索到政策 5210 条，逐一阅读政策文件并筛选出含有促进产学研协同创新含义的政策 1452 条。此外，关键词同上，在中国政府网、科学技术部、教育部、工业和信息化部等各部委网站进行数据检索，共检索到与北大法律信息网相异的产学研协同创新政策 69 条。最终确定符合研究需要的政策是 1521 条。政策形式包括意见、通知、规划、纲要、方案、计划、规划、工作要点、决定、规定、报告、法律、批复、决议、法规、公告、函、复函、细则、建议、条例、预案、纲领、通报共24种。

在人工精读政策文本的基础上，采用质性分析工具NVivo10（Richards, 1999）逐一对每条政策中所包含的产学研协同创新文本进行编码，建立基于主题关键词的自由节点。NVivo10具有多人同时编码的功能，对于不一致的编码，回溯原文本并经小组讨论，进行重新编码。对同义但不同名的主题关键词进行合并，如将产业技术联盟、产业技术创新联盟、技术联盟、技术创新组织等合并为技术创新组织。在此基础上，共生成29个有效主题关键词节点，利用NVivo10的交叉分析特性生成主题关键词共词矩阵，将主题关键词间的关系以共现次数表示。

2.2 研究方法与工具

本文主要借助社会网络分析法研究政策主题关键词的共现关系，探索政策主题如何演进。关键词共现分析是一种内容分析技术，通过分析关键词共现频率发掘相似词组间的关系（Yoon, et al., 2010）。社会网络分析法是源于图论的一种分析方法，运用定量指标从微观角度研究个体之间互动的关系及其发展变化过程，既可反映整个网络结构的特性，也可反映个体对象在网络中的位置（王凤彬，朱超威，2007）。关键词共现社会网络以知识图谱的形式将“知识”和“关系”清晰地可视化呈现，凸显具有相似特性的知识，能够识别分析对象的主题、趋势和结构特征（Lee, Jeong, 2008）。本研究中利用社会网络分析工具ucinet6.0的可视化功能以知识图谱的形式展现主题关键词共现关系。

3. 政策的基本情况

3.1 政策文件的时间分布

中国产学研协同创新政策的数量在波动中不断上升，出现1996年、2001年的峰值点以及2006—2007年、2011—2012年两个高增长幅度（见图1），结合发展规划、全国科学技术大会与发展战略等标志性事件，并参考有关专家的研究，本文将中国产学研协同创新政策的演进历程划分为起步探索期、缓慢发展期、快速发展期和重点突破期4个阶段。

3.1.1 起步探索期（1978—1995年）

1978年全国科学大会明确提出科学技术是第一生产力，自此迎来了科学的春天（方新，2012）。在本文的检索标准下，1978—1980 年并未检索到产学研的相关政策。中国政府关注产学研协同创新始于 20 世纪 80 年代初，但 1981—1991 年政府政策中并未出现产学研这一术语，政府在该时段通过科技体制改革、宏观经济体制改革等措施引导科研院所、高校和企业联合，激发了民间产学研合作的活力。直到 1992 年“产学研联合开发工程”的实施，产学研这一术语在政策层面才广泛出现。1994 年 6 月 27 日，国家经济贸易委员会、国家教育委员会、中国科学院、财政部等部门共同成立了产学研联合开发工程领导小组，标志着产学研合作正式由民间进入官方领域（李世超，蔺楠，2011）。这一时期发布的政策数量较少，共有 65 条，占总量的 4.27%。

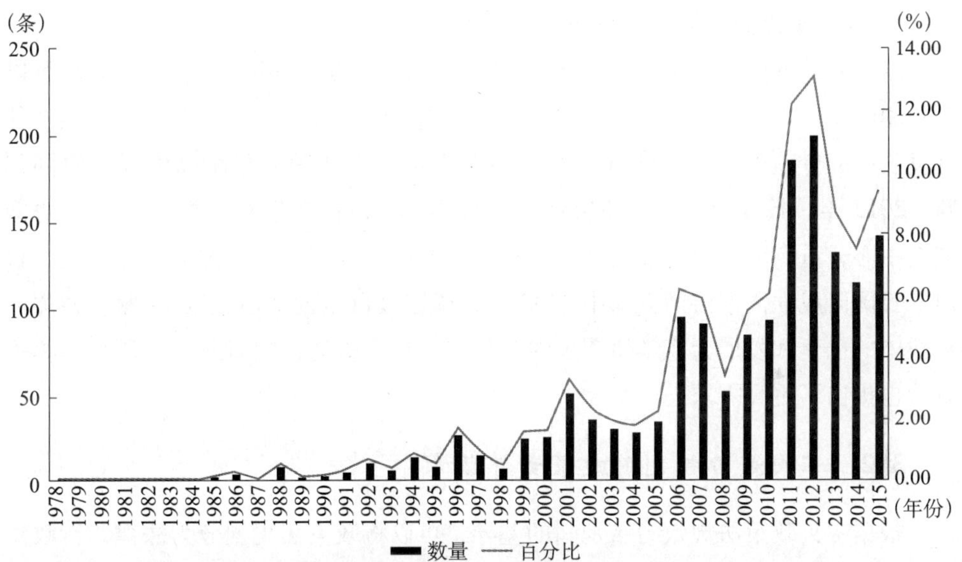

图 1　1978—2015 年政策的时间分布

资料来源：北大法律信息网。

3.1.2　缓慢发展期（1996—2005 年）

1995 年，全国科学技术大会上“科教兴国战略”的提出标志着中国科技事业发展进入新阶段。1996 年，产学研这一术语在国家规划中首次出现，即国务院将建立以企业为主体、产学研相结合的技术创新体系作为“九五”期间深化科学技术体制改革的发展目标之一。产学研这一术语在该时期的政策文本中呈渐增趋势，产学研合作创新在学术界得到系统性研究。该时期产学研政策的定位相对明确，涉及领域逐渐增多，推动市场经济体制下的产学研合作机制向以企业为主体的产学研合作机制转变，并积极探索适合我国国情的产学研合作运行模式。

这一时期发布的政策数量是273条，占总量的17.95%。

3.1.3 快速发展期（2006—2010年）

经过近30年的产学研合作实践，《国家中长期科学和技术发展规划纲要（2006—2020）》及其配套政策、国家“十一五”规划均强调了产学研合作的重要性，国务院及各部委为实现国家的发展目标出台了一系列的政策推动产学研多形式协作。这一时期的政策数量相比前两个时期明显增多，为411条，占总量的27.06%。该时期的产学研政策以自主创新为主线，建立国家工程实验室、国家工程技术研究中心、国家重点实验室、产业技术创新联盟及产学研战略联盟等多种创新平台，全面推进国家创新体系建设。

3.1.4 重点突破期（2011年至今）

这一时期的政策数量最多，为772条，占总量的50.82%。该时期的政策以创新驱动发展、创新能力提升为出发点，注重产学研深度融合，着力解决经济社会发展中的专项难题。2011年，胡锦涛总书记首次从国家战略高度提出协同创新。2012年，教育部和财政部启动“2011计划”，旨在建立一批“2011”协同创新中心，重点突破科学前沿、文化、行业产业、区域发展中的关键性问题。目前，我国已成立国家协同创新中心38个，国家级自主创新示范区14家。各类创新载体的创建和发展为产学研深度融合提供了更多机遇，同时对产学研合作相关政策也提出了更高需求。

3.2 不同效力级别的政策文件数量

根据中央政策法规效力级别间的差异，可以将政策法规划分为法律、行政法规、部门规章、司法解释、团体规定与行业规定。法律由全国人民代表大会审议通过，效力级别最高；行政法规由国务院制定，级别仅次于法律；部门规章一般由国务院下属的各部委制定，在一定范围内有效，级别次于法律法规；司法解释、团体规定、行业规定的级别相对较低。为考察产学研协同创新政策受重视程度，我们将收集到的1521条政策按不同的效力级别进行分类统计（见图2），部门规章占比最大，占总数的78.11%，由此可知国务院下属各部委是产学研协同创新政策的主要制定部门。行政法规占比次之，为17.09%，国务院是发文的主体，对产学研协同创新政策的实施进行总体规划。法律、司法解释及团体规定发文量较少，落实到具体行业规定的发文量为零，可知与此相关的政策制定应予以加强。

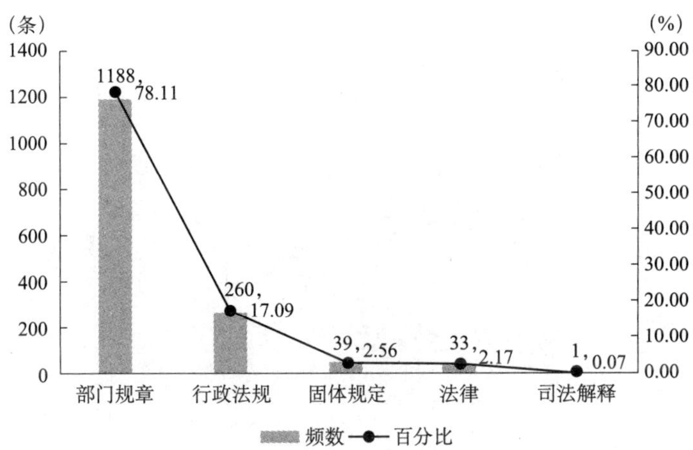

图2　不同效力级别的发文数量

资料来源：北大法律信息网。

3.3　政策发布的主体构成与部门分布

从政策颁布主体发文的数量来看（见图3），由单一主体制定发布的政策文本占政策总数的77.16%，两个主体发文量占政策总量的13.02%，3个及3个以上主体联合发文的数量占政策总数的9.81%。从整体结构上反映出中国产学研协同创新政策的制定以单一主体发文为主，多主体协作联合发文为辅的基本特征。

在政策文本制定的部门中（见图4），以科学技术部、教育部、国家发展和改革委员会、国务院为主，分别占政策文本数量的17.29%、15.06%、12.05%和12.12%；其次是农业部、工业和信息化部、财政部、国务院办公厅、商务部，分别占比是10.74%，9.82%，8.19%，7.20%和3.67%，它们是政策制定的主力军，为产学研协同创新的推进提供政策保障。

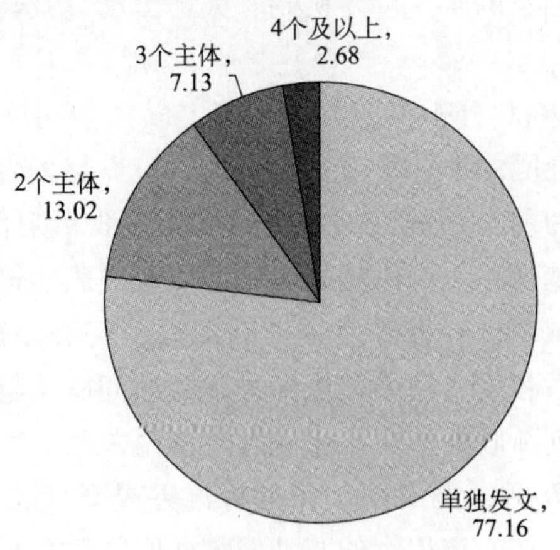

图3　政策颁布的主体构成（%）

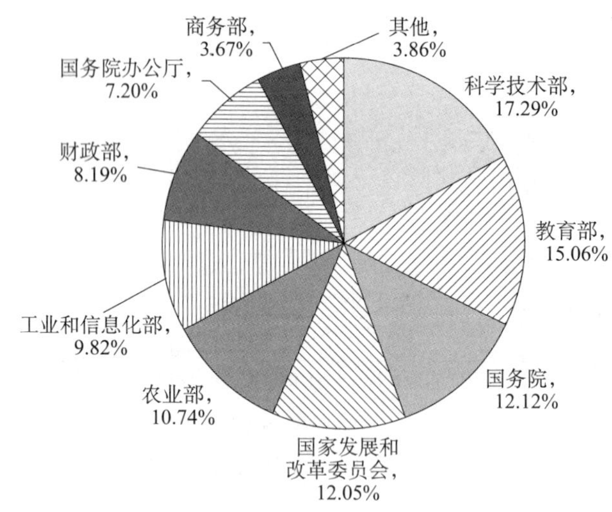

图4　政策颁布的部门分布

4. 政策文本的主题关键词分析

4.1　政策文本的主题关键词及其关系

在对1521条政策中包含产学研协同创新内容分析的基础上，采用Nvivo10的精度编码方式提取29个政策主题关键词，分别是平台建设、科技成果转化、技术创新、创新体系、人才培养、产业发展、技术创新组织、基础建设、协同创新、区域发展、合作路径、科技创新中介、自主创新、激励机制、行业发展、管理体制、知识创新、利益分配、金融支持、研发投入、创新创业、服务体系、知识产权、技术标准、创新网络、创新机制、人才流动、共建经济实体、职业教育改革。

本研究利用Ucinet6.0分析主题共词矩阵，以社会网络的形式展现主题关键词的共现关系。在社会网络中，节点为关键词，节点越大表明关键词出现的频次越高；节点之间连线为两个关键词的共现关系，连线粗细代表联系的紧密程度，连线越粗两词相关性越强，关键词越处于中心位置则表示该关键词是网络中的重要节点，亦即在该领域中占有重要地位（叶江峰，任浩，甄杰，2015）。网络密度指主题间彼此的联系程度，网络密度越大，主题间联系越紧密。图5反映了35年来中国产学研协同创新政策的文本主题及其网络关系。在关键词网络中，共词网络的整体密度是0.7069，网络中关系的标准差是0.4552，可见该网络密度一般，主题关键词之间存在一定程度的互动但彼此间的联系仍需加强。此外，共词网络中排名前10位的主题关键词分别是：平台建设、科技成果转化、技术创新、基础设施建设、产业发展、协同创新、人才培养、技术创新组织、区域发展、科技创新中介。它们在图中不仅节点大，而且占据核心位置，且彼此之间的联系较强，表明35年来中国产学研协同创新的政策文本内容比较集中的触及这些层面。

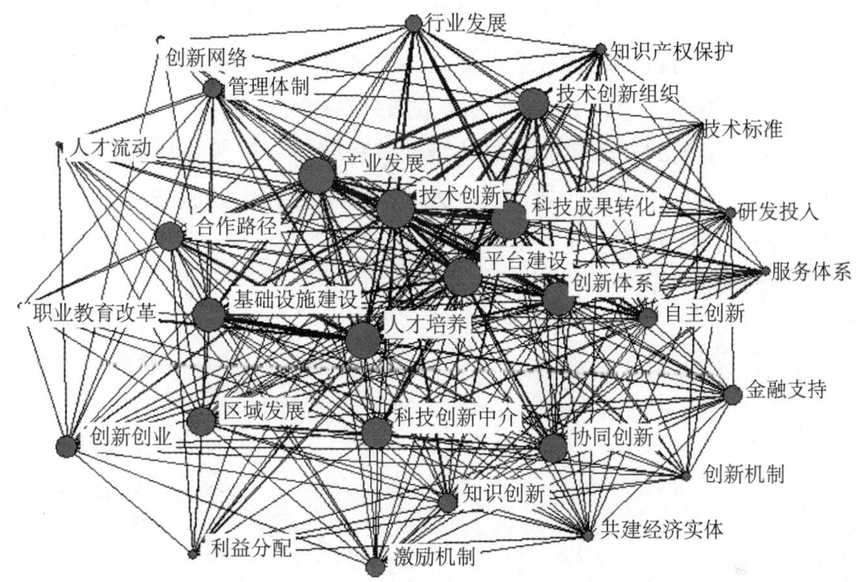

图5　产学研协同创新政策的主题及其关系

4.2　政策文本的关键词解读

从政策主题关键词及其具体内容来看，表现为自主创新、知识创新、技术创新、研发投入、创新体系、协同创新的相关政策比较关注科技创新，注重创新驱动系统的构建，是产学研协同创新的源动力；职业教育改革、人才培养、管理体制、激励机制比较关注人才培养，注重知识增值，是产学研协同创新的核心；平台建设、技术创新组织、基础设施建设、合作路径、共建经济实体、创新机制、知识产权比较关注创新发展，注重创新合作的有效性，是产学研协同创新的保障；服务体系、创新网络、人才流动、科技创新中介比较关注公共创新服务，注重产学研一体化发展，是产学研协同创新的支撑条件；利益分配、创新创业、行业发展、区域发展、产业发展、科技成果转化、技术标准、金融支持比较关注经济社会发展，注重创新绩效，是产学研协同创新的根本目的。可见，本文涵盖的29个主题关键词可划分为创新发展、科技创新、经济社会发展、人才培养、公共创新服务 5 个方面。

政策主题关键词涵盖的 5 个方面在不同阶段的变化趋势各异（见图 6），但总体上呈动态变化的增长趋势。创新发展、科技创新与经济社会发展三个方面是关注的重点，政策数量分别占政策总数的 28%、26.94%、26%，创新发展、经济社会发展的增长波动较大，科技创新处于稳定增长的趋势。近年来，创新发展、科技创新是政策的关注的热点。政策对人才培养方面的关注虽持续增长，但与创新发展、科技创新、经济社会发展三个方面相比，增速较慢，政策数量占比例较低，是 14.49%。公共创新服务方面的政策数量最少，仅占政策总数的 4.57%，在不同阶段的波动较大，总体增长趋势缓慢。政策主题关键词的变化是创新发展、科技创新、经济社会发展、人才培养与公共创新服务动态波动的主要原因，将不同阶段的政策主题关键词以可视化的形式显示，可揭示研究对象的关注热点及变化规律。

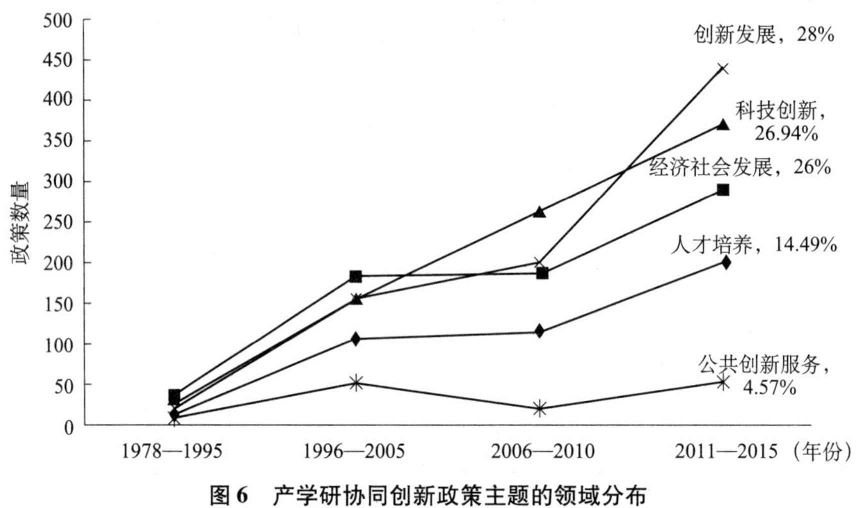

图 6　产学研协同创新政策主题的领域分布

5. 不同阶段的政策文本主题关键词分析

5.1　起步探索期（1978—1995 年）

从图 7 可知，起步探索期的政策主题关键词主要集中在科技成果转化、基础设施建设、技术创新和合作路径四个方面。1978 年是全面改革开放的初始阶段，经济建设工作是中国的战略中心。针对这一发展战略，国家采取了金融、税收、人才等优惠政策鼓励企业加强与科研机构和高校多形式合作，加快技术创新和科技成果的转化，实现区域发展与产业发展。

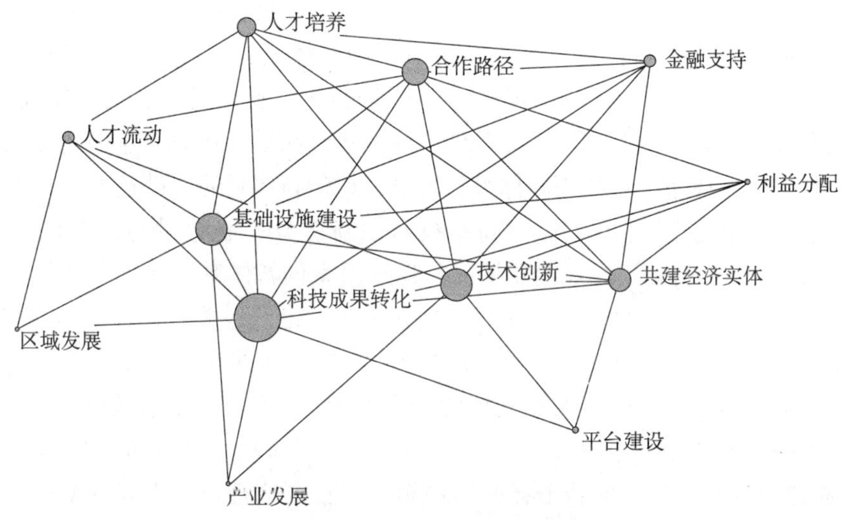

图7　起步探索期政策主题及其关系

从具体的政策看，国务院及各部委就科技成果转化、合作路径、技术创新方面制定了相关法律法规，以促进产学研合作起步探索期的建设和发展。在科技成果转化方面，重点解决科技与经济“两张皮”的问题。如1985年3月，中共中央《关于科学技术体制改革的决定》指出，大力加强企业的技术吸收与开发能力、技术成果转让为生产能力的中间环节，促进研究机构、设计机构、高等学校、企业之间的协作和联合。在合作路径方面，强调多形式合作。如1988年5月，国务院《关于深化科技体制改革若干问题的决定》中明确提出，“科研机构可以和企业互相承包、租赁、参股、兼并，实行联合经营，或进入企业、企业集团，或发展成科研型企业等；鼓励科研机构、高等院校和企业之间人员互相兼职，合建共用设施。”1992年，国家教育委员会《关于加快教育改革和发展的若干意见》中提出，实施国家“产学研联合开发工程”。1995年，中共中央、国务院《关于加速科学技术进步的决定》进一步提出，继续推动产、学、研三结合，鼓励科研院所、高等学校的科技力量以多种形式进入企业或企业集团。在技术创新方面强调技术开发、技术协同的重要性。如1993年《中华人民共和国科学进步法》提出，鼓励企业与研究开发机构、高等院校联合和协作，增强研究开发、中间试验和工业性试验能力。这一时期的政策不仅数量少而且比较单一，科技创新与经济社会发展是重心。

5.2 缓慢发展期（1996—2005 年）

从图 8 可知，缓慢发展期的政策主题关键词除了科技成果转化、基础设施建设、技术创新、合作路径之外，主要集中在创新体系、平台建设、产业发展方面，同时，该时期首次提出知识产权、自主创新等主题关键词。从具体政策看，该时期在起步探索期的基础上更注重创新体系建设和平台建设。在创新体系建设方面，技术创新体系、科技创新体系、国家知识创新体系的建设是重点。如 2000 年，国家科学技术部《关于加快高新技术创新服务中心建设与发展的若干意见》；2001 年，“十五”规划纲要提出，建立国家创新体系，促进大学与科研机构联合。在平台建设方面，研发平台、创新平台的建设是重点。如 2001 年 1 月，中共中央、国务院《关于做好 2001 年农业和农村工作的意见》中提出，合理配置国家农业科研机构和高等农业院校的研究力量，建设一批国家级重点实验室、重点研究中心和农业工程中心。2001 年 12 月，国家科学技术部、国家经贸委《关于推进行业科技工作的若干意见》中提出，在国家行业技术开发基地、国家工程技术研究中心组建完善过程中，积极推动企业与大学、企业与院所联合建立专业或综合性的行业工程技术中心。2002 年 1 月，国家科学技术部《关于进一步支持国家高新技术产业开发区发展的决定》中提出，鼓励大学、科研机构与高新区联办科技园（或创业园），发挥高等院校、科研机构的智力资源在高新区创业活动中的重要作用。

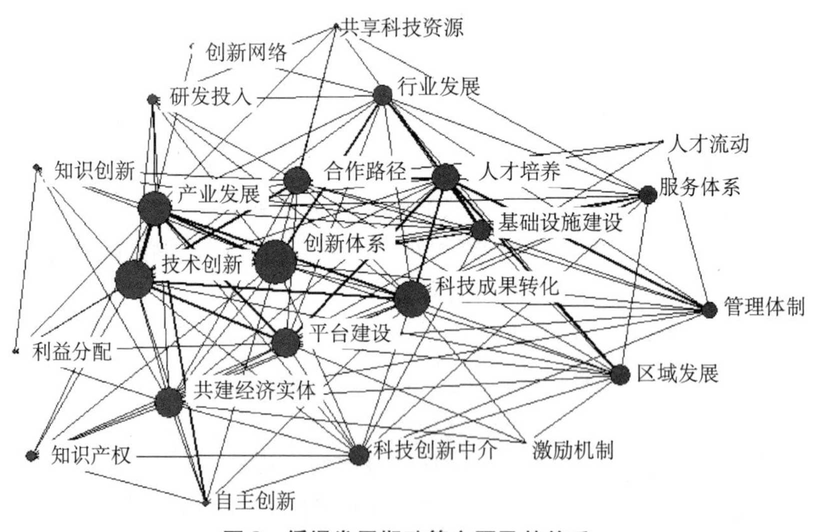

图 8　缓慢发展期政策主题及其关系

5.3 快速发展期（2006—2010年）

从图9可知，快速发展期延续了科技成果转化、基础设施建设及平台建设等政策，同时，突出了创新体系、自主创新、人才培养、技术创新组织等是该时期政策支持的重点。在创新体系政策方面，主要集中在国家创新体系、区域创新体系方面。在创新发展方面，自主创新是贯穿该时期发展的主线。例如《国家中长期科学和技术发展规划纲要（2006—2020年）》提出，建设以企业为主体、产学研相结合的技术创新体系，是全面推进国家创新体系建设的突破口。2008年，国家发展和改革委员会发布实施《珠江三角洲地区改革发展规划纲要（2008—2020）》提出，完善自主创新的体制机制和政策环境，构建以企业为主体、以市场为导向、产学研结合的开放型区域创新体系。党的十七大报告强调，提高自主创新能力、建设创新型国家是我国当前的核心战略。

在人才培养方面，主要集中在人才培养模式、共建实训基地、专业人才培养、创新创业人才培养、管理体制方面，以加快实施我国的人才强国战略。2007年，《中华人民共和国科学技术进步法》明确提出，国家鼓励企业同科学技术研究开发机构、高等学校、职业院校或者培训机构联合培养专业技术人才和高技能人才。2007年，《国务院批转教育部国家教育事业发展"十一五纲要的通知》提出，坚持以就业为导向，积极开展订单式培养，大力推行校企合作、工学结合、半工半读的人才培养模式。2009年，国务院办公厅《关于印发促进生物产业加快发展若干政策的意见》提出，"鼓励科研机构、企业与高校联合建立生物技术人才培养基地，加强创新型人才和高级实用型人才培养。"此外，教育事业倾向于将职业教育改革作为人才培养的重点，有关高等教育与创新创业教育的政策匮乏。例如，2006年，教育部《关于在部分职业院校开展半工半读试点工作的通知》；2008年，《教育部关于进一步深化中等职业教育教学改革的若干意见》。产业技术创新联盟、区域创新联盟、产学研战略联盟等是该时期主要的技术创新组织，组织协同为产学研协同创新提供平台支撑。例如，2007年，科学技术部《关于印发国家高新技术产业化及其环境建设（火炬）和国家高新技术产业开发区十一五发展规划纲要的通知》提出，"积极培育和发展技术联盟、产业联盟、产学研联盟等创新联盟组织，引导联盟组织推动创新集群的形成和发展。"2008年6月，科学技术部出台《国家科技计划支持产业技术创新战略联盟暂行规定》；2009年8月，科学技术部出台《关于大力推进农口产业技术创新战略联盟构建的通知》等。可见，这一时期中国发展战略把产学研协同创新提升到了建立国家创新体系的突破口和建设创新型国家的攻坚战高度，全方位促进产学研协同创新的快速发展。

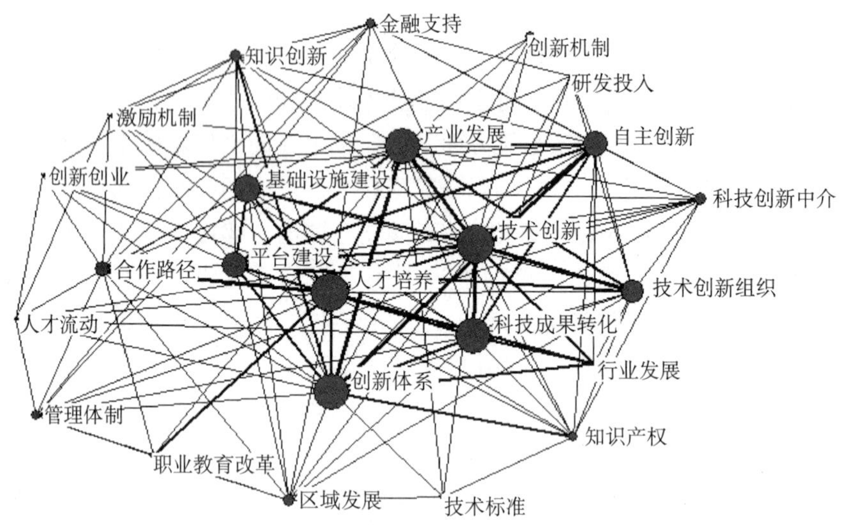

图9　快速发展期政策主题及其关系

5.4　重点突破期（2011 年至今）

从图 10 可知，重点突破期延续了科技成果转化、平台建设、创新体系及人才培养等政策，同时，突出了产学研协同创新、科技创新中介等是该时期政策支持的重点，并意识到政产学研用深度融合的重要性。产学研深度融合主要借助协同创新平台、协同创新联盟等平台或组织，探索多种形式的协同创新模式，以形成良好的协同创新运行机制。2011 年4 月，胡锦涛在清华大学建校一百周年大会上首次提出，“要积极推动协同创新，通过体制机制创新和政策项目引导，鼓励高校同科研机构、企业开展深度合作，建立协同创新的战略联盟，促进资源共享，联合开展重大科研项目攻关，在关键领域取得实质性成果，努力为建设创新型国家做出积极贡献。”这也是第一次从国家战略的高度提出协同创新。2012 年5 月，教育部和财政部启动实施《高校创新能力提升计划》，即“2011 计划”，旨在建立一批“2011 协同创新中心”，重点发展面向科学前沿、面向文化传承创新、面向行业产业、面向区域发展四种类型的协同创新。截至 2015 年，国家共批准协同创新中心 38 个，对国家发展面临的重大关键性问题进行重点突破，并取得一定成效。公共创新服务在该时期开始受到关注，国家出台多项政策推动科技孵化器、科技创新中介、中介服务机构、技术创新服务平台等创新中介的成立，发挥它们在科技资源配置、科技成果转化方面的重要作用。如 2012 年，国务院关于印发《服务业发展“十二五规划”的通知》提出，强化产学研合作过程中的技术成果中试和熟化服务，提升技术市场网络化、信息化、国际化水平。2013 年，科学技术部关于印发《国家高新技术产业开发区创新驱动战略提升行动实施方案的通知》提出，健全产学研合作公共信息服务平台，完善为产学研合作提供服务的科技中介体系，加大对产学研合作的财政和金融支持。这一时期的政策导向性比较强，针对具体问题进行专项突破。

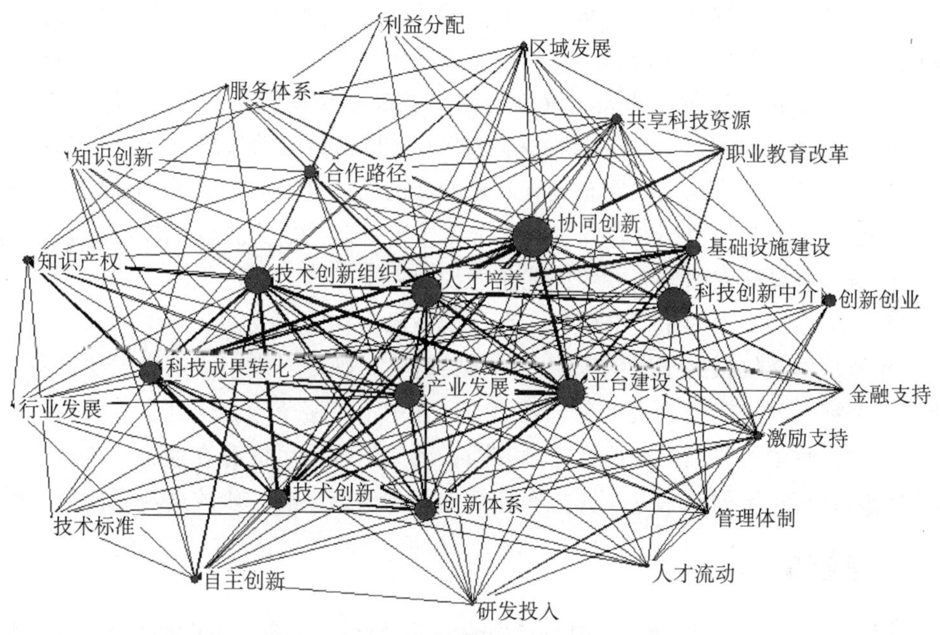

图 10　重点突破期政策主题及其关系

6. 结论

在政策基本情况分析的基础上，本研究采用 NVivo 将 1978—2015 年国家层面颁布的 1521 条产学研协同创新政策的文本量化处理，运用 Ucinet6. 0 绘制政策主题与演进的知识图谱，以可视化的形式剖析中国的产学研协同创新政策，得出以下结论。

（1）从政策文本的内容看，产学研协同创新政策的主题涉及创新发展、科技创新、经济社会发展、人才培养和公共创新服务 5 个方面，具体表现为 29 个政策主题关键词，其中前 10 位关键词分别是平台建设、科技成果转化、技术创新、基础设施建设、产业发展、协同创新、人才培养、技术创新组织、区域发展、科技创新中介。

（2）从政策文本演进的趋势看，产学研协同创新政策的内涵已得到极大的丰富和深化，科技成果转化、技术创新、产业发展、平台建设、人才培养、合作路径等政策都保持了很好的延续性。不同发展阶段的政策重心各异，起步探索期的政策主题关键词主要集中在科技成果转化、基础设施建设、技术创新、合作路径方面；缓慢发展期主要集中在创新体系、平台建设、产业发展方面；快速发展期以自主创新为主线强调创新体系、自主创新、人才培养、技术创新组织建设；重点突破期聚焦于产学研协同创新和科技创新中介等。

（3）将政策不同阶段的关注重心与国家发展战略即科教兴国战略（1995）、人才强国战略（2000）、自主创新战略（2006）与创新驱动战略（2011）的提出阶段相比，发现具体政策的颁布具有明显的滞后效应且滞后期具有逐渐缩短的趋势，政策颁布的时间协同性仍需加强。如人才培养政策成为关注的重心是在快速发展期与重点突破期而非人才强国战略的提出后即刻成为关注重点；协同创新作为创新驱动战略实施的重要突破口，在该阶段已得到重点关注。

此外，本文仅收集了对国家层面的相关政策，缺乏对省市级产学研协同创新政策的考察，因此在政策文本量化处理的过程中不可避免地会受到主观因素的影响。同时，政策的收集过程检索范围有限，政策的收集可能存在遗漏。因此，本文的研究具有一定的局限性，并将在后续的相关研究中进一步改进与完善。

参考文献

[1] 白庆华，赵豪迈，申剑．产学研合作法律与政策瓶颈问题分析［J］．科学学研究，2007，25（1）：62－68.

[2] 陈劲，杨银娟．协同创新的理论基础与内涵［J］．科学学研究，2012，30（2）：161－164.

[3] 蔡嘉伟．改革开放以来我国产学研合作政策的演变研究（D）．广州：华南理工大学，2013.

[4] 方新．深化科技体制改革加快国家创新体系建设［J］．科学学研究，2012，30（10）：1441－1448.

[5] 何郁冰．产学研协同创新的理论模式［J］．科学学研究，2012，30（2）：165－174.

[6] 洪银兴，等．产学研协同创新研究［M］．北京：人民出版社，2015.

[7] 胡锦涛．在庆祝清华大学建校100周年大会上的讲话［N］．人民日报，2011－04－25.

[8] 李廉水．中外产学研合作创新政策比较［J］．机电国际市场，1998

(Z1): 48 - 50.

[9] 李世超，蔺楠．我国产学研合作政策的变迁分析与思考 [J]. 科学学与科学技术管理，2011，32 (11): 21 - 26.

[10] 鲁若愚，罗利，杨刚．国际产学研合作中的政府作用及政策 [J]. 软科学，1998 (1): 8 - 11.

[11] 戚湧，王静．基于社会网络分析的产学研协同创新网络研究 [J]. 中国科技论坛，2015 (11): 11 - 17.

[12] 宋健，陈士俊．国外产学研政策的经验及启示 [J]. 现代管理科学，2008 (7): 36 - 38.

[13] 王凤彬，朱超威．社会网络与组织 [M]. 北京：中国人民大学出版社，2007.

[14] 汪洁，唐震，樊珍．基于内容分析法的江苏产学研合作政策研究 [J]. 科技管理研究，2015 (6): 31 - 35.

[15] 辛爱芳．我国产学研合作模式与政策设计研究 [D]. 南京：南京工业大学，2004.

[16] 叶江峰，任浩，甄杰．中国国家级产业园区 30 年发展政策的主题与演变 [J]. 科学学研究，2015，33 (11): 1634 - 1640.

[17] 张炼．我国产学研合作教育的政策分析 [J]. 中国高教研究，2010 (5): 10 - 12.

[18] 张绍丽，于金龙．产学研协同创新的文化协同过程及策略研究 [J]. 科学学研究，2016，34 (4): 624 - 629.

[19] 张学文，陈劲．面向创新型国家的产学研协同创新：知识边界与路径研究 [M]. 北京：经济科学出版社，2014.

[20] 朱桂龙，程强．我国产学研成果转化政策主体合作网络演化研究 [J]. 科学学与科学技术管理，2014，35 (7): 40 - 48.

[21] 朱桂龙，张艺，陈凯华．产学研合作国际研究的演化 [J]. 科学学研究，2015，33 (11): 1669 - 1686.

[22] Etzkowitz H., Leydesdorff L. The triple helix-university-industry-government relations: A laboration for knowledge based economic development [J]. East Review, 1995 (14): 14 - 19.

[23] Lee B., Jeong Y. I. Mapping Korea's national R&D domain of robot technology by using the co-word analysis [J]. Scientometrics, 2008, 77 (1): 3 - 19.

[24] Lincoln T. Problems and rewards in university-industry cooperative research

[J]. Environmental Sciences, 1966 (12): 452 – 455.

[25] Lyn Richards. Using NVIVO in Qualitative Research [M]. London: Sage Publications, 1999.

[26] Teixeira A., Mota L. A bibliometric portrait of the evolution, scientific roots and influence of the literature on university-industry links [J]. Scientometrics, 2012, 93 (3): 719 – 743.

[27] Varga A. University research and regional innovaion [M]. Boston: Kluwer Academic Publishers, 1998.

[28] Yoon B., Lee S., Lee G. Development and application of a keyword-based knowledge map for effective R&D planning [J]. Scientometrics, 2010, 85 (3): 803 – 820.

校企合作创新网络发展对策研究

沙德春　王文亮*

校企合作创新网络是国家创新系统的重要组成部分，是实现创新型国家建设的重要路径。为强化校企合作创新，发展具有实质意义的合作创新网络，需要从网络发展理念、发展目标、发展形态、发展路径等多个方面进行努力，形成有助于网络构建、运行、持久与优化的发展环境。在发展理念上，应适应时代发展主题，深化协同创新思想；在发展目标上，应主动承担创新型国家建设的重任，成为国家创新系统的核心网络；在发展形态上，依据创新理论与实践发展范式的转变，实现创新网络向创新生态网络转变；在发展路径上，应紧密结合技术创新活动的时代特征及地区技术经济发展需求，采取开放式的道路模式。

1. 校企合作创新网络理论与实践发展现状

随着创新对人类生产生活影响的深入与全面，关于创新活动的认识逐渐深化，对创新环境与创新网络的关注也日益突出。早期的创新理论以熊彼特的创新概念为代表，形成了线性技术创新理论模式。这种模式突出企业家的个人以及企业自身的作用，认为整个创新过程都是在企业内部完成。20 世纪 60 年代中期开始，线性创新模式受到人们的质疑，越来越多的学者将关注视野从单个企业转向企业与其外部环境之间的互动。70 年代以来，美国学者尼尔森和涅特尔（Nelson & Winter）从共同演化的视角论述了技术创新与制度创新的关系，从而引发了学术界基于系统观点对创新活动本质及创新过程机制的广泛讨论。80 年代末，弗里

* 沙德春、王文亮，河南农业大学信息与管理科学学院。本文发表于《技术经济与管理研究》2014 年第 8 期。

曼和朗德沃尔（Freeman & Lundvall）等学者开创了以国家创新系统为代表的第三代技术创新理论，产学研结合的思想和原理逐渐在科技管理实践中得到推广和应用（何郁冰，2012）。90 年代中期，欧洲创新环境研究小组（GREMI）指出企业与其所处环境结成的网络对企业发展具有重要作用，这种网络既包括同一产业或相关链条上的企业之间正式的产业和经济网络，又包括企业与当地大学、研究机构、行会等中介服务组织以及地方政府等公共组织机构基于合作而结成的各种关系网络（盖文启，2002）。新世纪初期，美国学者切斯布洛（Chesbrough，2003）提出了“开放式创新”概念，认为企业应实施开放式创新模式，与大学等外部知识源进行广泛合作。三螺旋理论重要创始人亨利埃茨科恩（Henry Etzkowitz，2008）认为，校企合作构成现代大学的“第三使命（the third mission）”。国内，自 20 世纪 90 年代以来，在“产学研联合开发工程”促发下，形成了大量有关校企合作动因、合作模式、治理机制、合作效果评价等方面的研究。

实践中，在政府推动协调下，我国校企合作取得了初步成就，呈现合作形式不断创新、合作趋向更加市场化、合作路径更加多样化的发展特征，并形成了联合开展科技攻关、合作创办科技园区、共同建立研发平台、构建产业技术创新战略联盟等主要合作模式（夏静，吴江龙，2012）。然而，由于历史与现实的多种原因，我国校企合作还存在一些亟待解决的问题，如产学研合作的层次不高、产学研合作的深度不够、产学研合作的资金不足、产学研合作的动力不够、产学研脱节现象仍然存在。高校与企业在创新的价值目标上存在一定差异，知识创新与技术创新成果数量可观，但成果商业化产业化的程度依然较弱。根据有关部门统计，我国每年的科研成果数量规模庞大，达到省部级以上的就有 3 万多项，但是成果转化率却只有 25% 左右，而真正能实现产业化的不足 5%，科技进步对经济增长的贡献率不足 40%，远没有达到科学技术是第一生产力的目标。相比之下，发达国家的科技成果转化率高达 60% 以上，如日本、美国科技成果转化率已达到 80%，英国、法国、德国等国家的科技成果转化率达到 50% 以上（甄红线，贾俊艳，2013）。

尤其是 21 世纪以来，科技经济一体化的趋势更加明显，突破单个创新主体，实现多主体、多层次网络化创新的要求日益加强。对于打破对外技术依赖、实施“自主创新”战略的我国现阶段来说，构建多元节点参与的校企合作创新网络尤为重要。校企合作创新网络是由基本创新主体、辅助主体及外部环境构成的开放式系统，即以大学和企业为基本创新主体，以政府、金融机构、中介机构等为辅助主体，各主体以共同利益为基础，以资源共享或优势互补为前提，在技术创新的全过程或某些环节共同投入、共同参与、共享成果、共担风险，通过与外部环境的交互作用，实现技术研发、成果转化、咨询服务等创新活动的组织形态（Wang，Liu，2010）。作为国家创新系统的重要组成部分以及实现创新型国家建设的重要路径，如何进行合理引导以实现校企合作创新网络持久健康的发展是一项紧迫而又深具现实意义的研究课题。本文主要从发展理念、发展目标、发展形态、发展路径等方面，对校企合作创新网络的发展策略进行初步探讨。

2. 校企合作创新网络发展的相关对策

2.1 深化“协同创新”网络发展理念

随着技术创新复杂性的增强、技术更替速度的加快以及全球化的深入发展，当代创新模式呈现出非线性、多角色、网络化、开放性的特征，并逐步演变为以多元主体协同互动为基础的协同创新模式。协同创新已经成为创新型国家和地区提高自主创新能力的全新组织模式（李兴华，2011）。在实践中，以协同方式建构校企合作创新网络，推动知识、技术与产业结合，实现科技与经济“两张皮”的高度融合的政策模式最先产生自国外，尤其以20世纪50年代初美国斯坦福研究园的创建发展最为典型。斯坦福研究园将大学人才、知识、技术、企业资金等生产要素集聚在有限的地理空间中，形成了校企合作创新的有利氛围，创造了发展高新技术产业的局部优势环境，成为高新技术创新的源泉、培育高新技术企业的孵化器、转化高新技术成果的加速器以及风险资本的集中地（陈益升，2008）。经过20多年的发展便创造了享誉世界的“硅谷奇迹”。斯坦福研究园以促进校企合作创新网络构建的方式为高新技术产业成长提供了近乎完美的发展模式。这种由美国兴起的以高科技园区为空间载体、以构建校企合作创新网络为路径发展高新技术产业的模式很快超越了国界，向世界各地扩散。

对于我国来说，以校企合作创新网络模式推动科技与经济结合兴起相对较晚，同时也是一个政策学习与追赶的过程。20世纪80年代中期前后，面对新一轮技术革命的冲击，我国政界和学界进行了深入的探讨。1983年11月—1984年3月，国务院先后两次召开“世界新的技术革命与我国对策”讨论会，部分参会学者受到硅谷等国外科学城的启示，提出“充分开发中关村地区智力资源，发展高新技术密集区”的建议。1985年颁布的《中共中央关于科技体制改革的决定》指出，“为加快新兴产业的发展，要在全国选择若干智力资源密集的地区，采取特殊政策，逐步形成具有不同特色的新兴产业开发区”，从而为我国校企合作创新网络的构建与发展提供了政策依据，也为高新区、大学科技园的未来发展指明了方向。1992年4月，国务院经贸办、国家教育委员会、中国科学院开始组织实施“产学研联合开发工程”，有力地推动了我国校企合作，促进了科技与经济的结合。21 世纪初期，《国家中长期科学和技术发展规划纲要（2006—2020）》提出，将中国特色国家创新体系打造成“以政府为主导、充分发挥市场配置资源基础性作用、各类科技创新主体紧密联系和有效互动的社会系统”。2011 年 4 月，胡锦涛总书记在清华大学建校一百周年大会上进一步指出，“要积极推动协同创新，通过体制机制创新和政策项目引导，鼓励高校同科研机构、企业开展深度合作，建立协同创新的战略联盟。”这些论述一方面对我国校企合作创新提出了更高的要求，另一方面也为合作创新指明了新的发展方向。协同创新成为当时引导我国校企合作创新的重要思想理念。

协同创新是把协同的思想引入创新过程，各创新要素在发挥各自作用、提升自身效率的基础上，通过机制性互动产生效率的质的变化，带来价值增加和价值创造（饶燕婷，2012）。美国麻省理工学院斯隆中心研究员彼得·葛洛（Peter Gloor）最早给出定义，即“由自我激励的人员所组成的网络小组形成集体愿景，借助网络交流思路、信息及工作状况，合作实现共同的目标”（张力，2011）。产学研协同创新是指企业、大学、科研院所（研究机构）三个基本主体投入各自的优势资源和能力，在政府、科技服务中介机构、金融机构等相关主体的协同支持下，共同进行技术开发的协同创新活动。这种创新活动是在产、学、研、政、介、金协同下完成的，其核心是产学研三方合作进行技术开发，政府通过法规、政策进行引导和鼓励，科技服务中介机构提供相关信息服务，金融机构提供资金支持，共同完成技术开发和技术创新活动（严雄，2007）。协同创新通过跨组织的思想、知识、专门技术和机会的共享，能够保持个体组织持续创新，增补组织创新力量，从而使个体组织弥合已有创新水平和所需创新水平之间的差距（Ketchen，et al.，2007）。与传统创新模式相比，协同创新更具整体性、动态性特征（陈劲，阳银娟，2012）。

以高校、企业为关键主体，包括政府、金融、中介等其他机构在内的校企合作创新网络是国家创新体系的核心组成部分，是提高国家自主创新能力的重要路径，同时也是推动创新型国家建设的重要载体，因而应积极、自觉地将协同创新思想理念作为网络发展的精神指引。另外，由于校企合作创新网络是由基本创新主体、辅助主体及外部环境构成的开放系统，是包括核心创新网络、辅助创新网络和外部环境网络的复杂网络，网络的多层次性、多主体性内在要求以协同创新的思想作为发展理念。为促进校企合作创新网络构建发展过程中进一步深化协同创新思想理念，需要将协同思想具化为特定的网络行动，并形成具有一定稳定性的协同发展机制，包括动力协同机制、路径协同机制、知识管理协同机制等多个方面（王进富 等，2013）。同时需要在网络合作目标、创新资源、创新行动等各层次上实现协同发展。在目标层面上，应实现任务分配协调、运营目标协同与战略协同；在资源层面上，实现人力资源、财力资源、物力资源与信息资源的协调；在行动层面上，实现研发协调、交易协调与成果分配的协调（邱栋，吴秋明，2013）。

2.2 将校企合作创新网络发展为国家创新系统的核心网络

校企合作创新网络是国家创新系统的一部分，与国家创新系统中的其他网络，如高校合作创新网络、企业合作创新网络、风险投资网络等有所不同的是，校企合作创新网络突出的是以高校、企业为关键主体，同时包含政府、金融机构、中介机构等多元主体基于创新活动形成的复杂网络。校企合作创新网络在理论渊源与政策实践上，都与国家创新系统有着密切关系。而且，基于校企合作创新网络的独特性，应当确立其在国家创新系统理论发展与政策实践中的特殊位置。

国家创新系统理论于20世纪80年代末由弗里曼等人最早提出。是指“存在于公共和私人部门中的机构网络，这些部门的活动与交互作用激发、引入、改进和扩散新技术”（Freeman，1987）。朗德沃尔从更具微观特征和更有理论导向的视角提出对国家创新系统的理解，通过将互动学习、用户—生产商互动和创新置于分析的中心，力求发展一种不同于新古典经济学传统的新研究范式。尼尔森等人更加关注案例的实证研究而非理论建构。英国卡迪夫大学的菲利普·库克教授将创新系统理论扩展到区域层次，提出了区域创新系统概念（Cooke，1992）。国内学术界自20世纪90年代末也逐渐开始关注国家创新系统。21世纪初期，国家创新系统理论逐渐走进我国政策实践领域，成为最高决策层制定国家长期发展战略的理论指引。随着建设“创新型国家”上升为国家发展战略，国家创新系统理论与实践在我国发展中的地位更加突出。党的十八大明确提出，深化科技体制改革，推动科技和经济紧密结合，加快建设国家创新系统，着力构建以企业为主体、市场为导向、产学研相结合的技术创新系统。培育、增强国家自主创新能力，构建有中国特色的国家创新系统是实现创新型国家发展目标的关键路径。校企合作创新网络因其结构特征的独特性，从而形成与国家创新系统的特殊关系以及在国家创新系统中的特殊位置。

2.2.1 校企合作创新网络与国家创新系统构成“面”和“体”的关系

国家创新系统包含多个创新网络，如企业合作创新网络、高校合作创新网络、校企合作创新网络、风险投资网络、中介服务网络等，各个创新网络立体化、复杂性的交织联结构成了国家创新系统。因而，一定意义上，国家创新系统是一个国家创新活动、创新关系的“综合体”，校企合作创新网络则是这个“综合体”的“截面”。校企合作创新网络与其他创新网络既有交织，又有区别。校企合作创新网络中的主要节点——企业和高校，分别是企业合作创新网络、高校合作创新网络的关键节点，校企合作创新网络中的其他节点——政府、金融机构、中介机构等，又分别构成辅助性创新网络的主体要素。各网络节点具有一定独立性，同时又相互嵌入、彼此交织，共同构成完整的国家创新系统。

2.2.2 校企合作创新网络是一种高度异质性的创新网络

国家创新系统由企业—企业合作创新网络、高校—高校合作创新网络、高校—企业合作创新网络、风险投资网络、中介服务网络等多个分支创新网络相互交织、彼此嵌构而成。在各分支网络中，如企业合作创新网络、高校合作创新网络、金融投资网络主要由同类主体构成，网络节点具有一定的同质性。相比较而言，校企合作创新网络是以高校和企业为关键节点，同时包含政府、金融机构、中介服务机构等其他行动主体的创新网络，体现出网络节点类别上的跨主体性和网络构成的层级性，是一种具有高度异质性的创新网络。这种异质性一方面为行动主体之间价值目标、行动取向的协调提出更高要求，另一方面也为网络规模的扩展、网络知识吸收扩散渠道以及网络整体创新能力的增强提供了更广泛的空间，从而成为国家创新系统中既具有高度异质性又深具创新活力的创新网络。

2.2.3 校企合作创新网络具有发展为国家创新系统核心网络的潜质

校企合作创新网络中的主要节点——企业和高校，是国家创新系统的关键主体要素。国家创新系统主体要素包括企业、大学、研究机构、政府、金融机构、服务中介机构等，各主体围绕创新活动形成的多元交互关系构成了国家创新系统。由于资源禀赋、社会功能的差异，不同主体要素在创新系统中的功能地位有所不同。其中，企业担当产品技术创新、工艺流程创新的主要职责，高校、科研机构承载了知识创新与创造的主要功能，金融、中介机构主要提供知识技术创新服务功能，因而在国家创新系统建设实践中，更多地强调建设以企业为主体的技术创新系统，以高校科研机构为主体的知识创新系统，以政府、金融机构、中介机构为主体的创新服务系统。由于国家创新系统是以培育、增强国家自主创新能力为核心任务的发展系统，因而以高校（包括科研机构）、企业为关键主体的校企合作创新网络在国家创新系统中占据特殊位置，理应发展为国家创新系统的核心网络。

可见，一方面，网络节点的高度异质性形成了校企合作创新网络巨大的创新潜能；另一方面，形成了基于关键网络主体的独特性以及与其他创新网络相互嵌入、彼此交叠的复杂关系。这两方面确定了校企合作创新网络在国家创新系统中的特殊地位。因而，在推动校企合作创新网络构建发展过程中，应明确网络发展目标，配置优势资源，努力将校企合作创新网络发展为国家创新系统中的核心创新网络。

2.3 推动“创新网络”向“创新生态网络”转变

我国校企合作创新网络建设已取得一定成就，但网络主体间合作关系具有偶然性、短期性与不可持续性，往往随着合作项目的结束走向了网络生命周期的终结，缺乏有力的长效机制和发展动力。这些问题的存在，影响了校企合作创新网络的生命力与延展能力。21 世纪以来，创新理论中“创新生态”思想为校企合作创新网络的构建形成具有一定的启示和借鉴。

随着创新环境的急剧变化，复杂性、不确定性和模糊性的日益增加，传统的创新发展理论与创新管理思想遭遇越来越多的困境与挑战。在一定意义上，我们已经步入了“创新生态系统”时代（王钦，赵剑波，2013）。2004 年 12 月，美国竞争力委员会发布《创新美国——在充满挑战和变革的世界中繁荣昌盛》的研究报告指出，21 世纪以来，创新主体、创新模式以及创新环境都出现了一些巨大变化，一度被认为彼此对立的关系现在正日益演变成互补的，甚至是共生的关系。基于创新活动发生的新变化，报告认为，创新不是一个线性或机械的过程，而是一个生态系统，在这个生态系统中，影响创新的各要素之间存在多方的互动关系（罗晖，程如烟，侯国清，2005），从而明确提出“创新生态系统”概念。创新本身性质的变化和创新者之间关系的变化，需要新的构想、新的方法，企业、政府、教育家和工人之间需要建立一种新的关系，形成一个 21 世纪的创新生态系统（贺团涛，曾德明，张运生，2008）。

作为一个有生命力的生态系统，创新生态系统是由诸多参与创新的主体构成的。2008 年，美国总统科技顾问委员会产学研究伙伴关系分会发布的《创新生态中的大学与私人部门研究伙伴关系》的研究报告指出，创新生态系统包括学术界、产业界、基金会、科学和经济组织和各级政府的一系列的行动者（PCAST，2008）。作为创新系统重要主体的企业之间、企业与大学之间展开的多种形式的合作犹如自然生态系统中的生态链，任何一个链条都关系着整个系统的运行和绩效。当创新系统因遇到强烈的外部干扰偏离平衡临界点而失去或削弱自组织功能时，需要有平衡力量的出现，以使创新系统重新回到平衡状态，从而化解创新系统的风险（孙福全，2012）。创新生态系统更加突出了创新系统的动态演化性，凸显了创新系统的自组织生长性。创新生态系统是系统中科技创新序参量主导的演化系统，是不断演化和自我超越的系统，是创新全要素资源，包括政产学研用结合、“科技+X”（产业、金融等）的协调系统。创新生态系统概念的提出体现了创新研究范式的转变，由关注系统中要素的构成向关注要素之间、系统与环境之间的动态过程转变，从关注创新系统内部的相互作用转到关注系统与外部环境之间的相互作用（曾国屏，苟尤钊，刘磊，2013）。创新生态系统对于国家、地区以及企业保持创新活力和动力乃至在全球经济中的地位具有重要意义。美国总统科技顾问委员会在《维护国家的创新生态系统》的报告中指出，美国的经济繁荣和在全球经济中的领导地位得益于一个精心编制的创新生态系统。我国改革开放30年来，经济快速发展的本身就是一项伟大的创新。然而，中国的创新生态过多地依赖政府构建的“人工生态”，而不是依托市场自发形成的“自然生态”，创新系统有一定脆弱性，需要进一步的改革发展提高创新的质量和内涵（《科技日报》，2012）。

校企合作创新网络是国家创新系统的核心组成部分，因而在从创新系统向创新生态系统范式转变时，迫切要求校企合作创新网络在理论范式和发展形态上做出相应转换。与创新生态系统相适应，校企合作创新网络在理论内涵、运行机制、发展形态等方面应充分体现出生态特征，培育创新网络自组织、自适应、自调节能力，形成相应的反馈机制与调节机制，提升创新网络自我繁殖空间，延展网络生命周期，实现涨落有序，动态开放的生态型创新网络发展形态。校企合作创新生态网络由知识生产者、技术生产者、知识技术使用者和分解者通过物质循环和能量流动形成网络种群。网络种群中各个结点形成复杂的相互关系，企业是主体，高校和科研院所等技术产出单位是依托，技术开发机构是孵化器，通过区域内技术的研究与开发，最终形成可供企业生产的成熟的工业化生产技术。在技术生态系统中的市场、信息、服务、保障等服务性经营机构的支持帮助下，向国内外市场辐射，实现技术开发成果的转移和扩散，不断地推出衍生技术产品，并以此吸引或联合一大批强有力的企业群，参与引导区域内技术的研究与开发。营造良好的制度支持软环境、提供持续的营养供给、注重外部激励作用、形成相互依存的网络系统是构建创新生态网络的重要路径（李丽君，龙天炜，2007）。生态型合作创新网络既包括网络内生态，又包括网络外生态。网络内生态主要是指创新网络内部各网络节点之间形成的自组织、自适应、自调节机制能力状况以及各子网络之间涨落变化、动态平衡关系。网络外生态是指校企合作创新网络与其他创新网络以及网络环境之间互动、适应、调节、涨落关系。校企合作创新网络向创新生态网络的转变，需要构建一系列的支持机制，包括信任机制、利益分配机制、激励机制与反馈协调机制等。

2.4 践行开放式创新（open innovation）的网络发展路径

随着现代信息技术的快速发展和知识型员工的加速流动，开放式创新逐渐成为一种重要的创新范式在区域发展、企业成长等实践领域中得到盛行。作为世界高新技术产业发展重要发源地之一的美国硅谷，很早就认识到，仅依靠公司进行国外生产以及保持与供应商的合作是远远不够的，为保持长久发展的动力，应该建立起基于全球的创新网络（Hagel，Brown，2005）。中国台湾新竹科学工业园、新加坡裕廊工业园以及北京中关村、上海张江等高新技术园区都呈现出打破地理边界限制，施行开放式创新发展范式的趋势。此外，在开放式创新范式影响下，企业创新活动的边界也日趋模糊，开放式创新逐渐成为更多企业的选择。OECD对12个国家59家企业的一项调查研究表明，有51%的企业将5%的研发预算用于支持外部研发，有31%的企业外部研发比例超过10%（张峰，2012）。日本丰田公司在2004年申请的专利中，近四成是和其他公司共同拥有（Bowonder，et al.，2005）。开放式的创新投入与创新成果共享模式对创新主体行为方式的影响日益突出。

开放式创新作为一种学术思想，最初由哈佛商学院技术管理中心主任亨利·切斯布洛教授（Henry Chesbrough）于21世纪初期提出。切斯布洛教授通过多年研究发现，世界上许多深具创新能力的大公司却未能从自身的创新活动中大受益处，究其原因，主要在于这些大公司过于重视对创新活动的控制，缺乏与公司外部的创新互动，导致大量创新成果长期“沉睡”在公司档案库内。基于这些认识，切斯布洛教授在《开放式创新：从技术中获利的新策略》一书中提出并论述了开放式创新的概念，认为企业在创新过程中应该改变原有的机械的思维方式，将外部的和内部的技术有机地结合成一个系统，这个系统一方面使企业能够通过技术许可，从外部获得企业需要的技术成果；另一方面激活在封闭的创新环境下可能被抛弃的某些企业技术，从而获益（杨武，申长江，2005）。开放式创新包括创新环境的开放性、创新主体的开放性、创新资源的开放性、创意开发的开放性。开放式创新是针对传统的封闭式创新而言的，在封闭式创新范式下，通常会导致一些不利的后果，如，无力承担高额研发投入的企业将处于竞争劣势；企业无视外部创新成果实行“闭门造车”；无法有效应付快速变化与新兴的市场等（West，Gallagher，2006）。开放式创新有助于弱化封闭式创新的上述弊端，并能有效克服“创新者困境”（Christensen，1997）。此外，在开放式创新系统下，能有效避免知识创新重复，节约创新成本；能缩短知识创新周期，并分散创新风险。

作为由高校、企业等多元创新活动主体形成的校企合作创新网络，自身就是开放式创新范式发展的产物，其本质是要超越创新主体边界，推动创新行为相互嵌入，促进创新思维高度融合，实现创新资源的优势互补。在开放式创新知识网络中，不同的网络成员往往拥有不同属性的知识，顾客更倾向于拥有市场知识，竞争者拥有互补的技术知识，而高校院拥有适用于技术突破的科学技术知识，不同伙伴成员知识的局部性、碎片化与过程性形成了它们各自知识的异质性（张永成，郝冬冬，2011）。然而，由于创新主体成长的惯性与价值目标的差异等原因，开放式创新的发展范式在我国校企合作创新实践中尚存很大的发展空间，企业、高校等没有真正走出传统角色的藩篱，创新主体之间缺乏实质性的互动机制，创新网络内部以及创新网络与外部环境之间没有形成长久有效的互动协调机制。在交流、开放、互动、合作的时代背景下，开放式创新发展路径对区域发展、单一主体创新以及多元主体的合作创新的意义更加突出。

为适应创新管理新的发展范式，推动校企合作创新网络拓展与绩效提升，需将开放式创新发展路径贯穿核心创新网络、辅助创新网络层与外部环境网络之中，促进各层次网络内部主体之间、网络与网络之间、网络与外部环境之间高效、便捷的物质、能量、信息交换。

参考文献

[1] 陈劲，阳银娟．协同创新的理论基础与内涵［J］. 科学学研究，2012（2）：161－164.

[2] 陈益升．高科技产业创新的空间——科学工业园区研究［M］. 北京：中国经济出版社，2008.

[3] 盖文启．创新网络——区域经济发展新思维［M］. 北京：北京大学出版社，2002.

[4] 贺团涛，曾德明，张运生．高科技企业创新生态系统研究述评［J］. 科学学与科学技术管理，2008（10）：83－87.

[5] 何郁冰．产学研协同创新的理论模式［J］. 科学学研究，2012（2）：165－174.

[6] 王春．中国急需打造完备的创新生态系统［N］. 科技日报，2012－11－05（001）.

[7] 李丽君，龙天炜．自主创新战略下的技术生态网络模式探析［J］. 中国科技论坛，2007（6）：26－30.

[8] 李兴华．协同创新是提高自主创新能力和效率的最佳形式和途径［N］.

科技日报，2011－09－22（001）.

［9］罗晖，程如烟，侯国清．优化整个社会 建设创新经济——《创新美国——在充满挑战和变革的世界中繁荣昌盛》述评［J］. 中国软科学，2005（5）：156－158.

［10］邱栋，吴秋明．产学研协同创新机理分析及其启示［J］. 福建论坛：人文社会科学版，2013（4）：152－156.

［11］饶燕婷．“产学研”协同创新的内涵、要求与政策构想［J］. 高教探索，2012（4）：29－32.

［12］孙福全．创造有生命力的创新生态系统［N］. 经济日报，2012－02－01.

［13］王进富，张颖颖，苏世彬，刘江南．产学研协同创新机制研究——一个理论分析框架［J］. 科技进步与对策，2013（16）：1－5.

［14］王钦，赵剑波．步入“创新生态系统”时代［N］. 中国社会科学报，2013－07－31.

［15］夏静，吴江龙．大力加强产学研协同创新［N］. 光明日报，2012－03－11.

［16］严雄．产学研协同创新 五大问题亟待破解［N］. 中国高新技术产业导报，2007－03－19.

［17］杨武，申长江．开放式创新理论及企业实践［J］. 管理现代化，2005（5）：4－6.

［18］曾国屏，苟尤钊，刘磊．从“创新系统”到“创新生态系统”［J］. 科学学研究，2013（1）：4－12.

［19］甄红线，贾俊艳．产学研协同创新的科学内涵与实现路径［J］. 金融教学与研究，2013（2）：35－41。

［20］张力．产学研协同创新的战略意义和政策走向［J］. 教育研究，2011（7）：18－21.

［21］张峰．开放式创新实证研究述评与未来展望［J］. 外国经济与管理，2012（5）：52－59.

［22］张永成，郝冬冬．开放式创新网络中的知识共享策略［J］. 情报理论与实践，2011（12）：74－77.

［23］Bowonder B.，et al. R&D spending patterns of global firms［J］. Research Technology Management，2005（5）：51－59.

［24］Chesbrough H. Open innovation：the new imperative for creating and profiting for technology［M］. Harvard Business School Press，Cambridge，MA，2003.

［25］Christensen C. The innovator's dilemma［M］. Boston：Harvard Business

School Press，1997.

[26] Cooke P. Regional innovation systems：competitive regulation in the new Europe [J]. Geoforum，1992，23 (3)：365 -382.

[27] Etzkowita H. The triple helix：University-industry-government innovation in action [M]. London and New York：Routledge，2008.

[28] Freeman C. Technology policy and economic performance：lessons from Japan [M]. London：Pinter Publishers，1987.

[29] Hagel J.，Brown J. S. The only sustainable edge. why business strategy depends on productive friction and dynamic specialization [M]. Boston Harvard Business School Press，2005.

[30] Ketchen D.，Ireland R.，Snow C. Strategic entrepreneurship，collaborative innovation，and wealth creation [J]. Strategic Entrepreneurship Journal，2007 (1)：371 -385.

[31] Papermaster，S.，G.，Proenza，L.，M. University Private Research Partnerships in the Innovation Ecosystem [R]. Washington：Executive Office of the President，President's Council of Advisors onScience and Technology，2008.

[32] Wang Wenliang，Liu Yan. The analysis and implementation strategies on structure model of university-enterprise cooperative innovation network [A]. Proceedings of Shanghai Conference on Management of Technology，2010：193 -197.

[33] West J.，Gallagher S. Challenges of open innovation：the paradox of firm investment in open-source software [J]. R&D Management，2006 (3)：319 -331.

研发产业的生命周期特征及发展策略分析

王文亮　王丹丹*

结合研发产业的相关理论研究，依据研发产业的特征分析和产业生命周期理论，把研发产业的生命周期分为四个阶段，分析了各个阶段的特点，并从企业和政府两个层面给出了促进研发产业健康发展的策略。

产业是具有某种共同特性的企业构成的集合或系统，产业的发展是相关企业及产品发展的集中体现（芮明杰，2005）。研发（research and development, R&D）产业是一种新的产业类型，是随着研发活动外部化、市场化的结果而出现的（黄鲁成，2005）。作为创新型服务业的组成部分，研发产业在知识经济时代发挥着越来越重要的作用，已引起学术界的极大关注。产业生命周期理论是产业演进理论中有关整个产业从产生到成熟过程中，产业内企业数目、市场结构、产品创新动态变化的理论。当前对研发产业的研究主要关注研发外包、研发产业组织国际化和研发产业范围外延化，对研发产业的生命周期方面的研究不多。从研发产业的演进过程来看，研发产业的产生和发展是经济发展的必然结果。结合当前关于研发产业的理论研究，依据研发产业的特征分析和产业生命周期理论，本文把研发产业成长的生命周期分为了四个阶段，分析了各个阶段的特点，最后从研发主体和政府两个层面给出了促进研发产业健康发展的策略。

1. 研发产业的形成与特征

1.1　研发产业的演进过程

研发产业是一个新兴的产业，也是一个具有与现有产业不同特点的新型产

---

* 王文亮、王丹丹，河南农业大学信息与管理科学学院。本文发表于《技术经济》2008 年第 3 期。

业。作为新兴产业，研发产业是指从事研发经营活动（为增加知识的总量，包括有关人类、文化和社会的知识，以及运用这些知识创造新的应用所进行的系统的、创造性工作）并提供产品或服务的组织和企业的集合（黄鲁成，2005）。从企业内部开始设立研发机构到企业研发的外部化的发展历程，以及当前政府的研发投入不断加大，研发产业的从业人数日益增多的趋势来看，研发产业的产生和发展是经济和社会发展的必然（马林，2005）。

19 世纪后期，德国的合成染料工业最早成立企业内部研发机构（薛求知，王辉，2004），这标志着企业内部开始设立专职研发机构。此时内部的研发部门是企业唯一的技术来源。从 20 世纪 80 年代开始，为了降低企业研发活动的风险，提高研发效率，企业内部的研发活动逐渐呈现外部化趋势（马林，2005），通过与企业以外的大学、研究机构及其他企业等研发力量进行合作以及外包成为企业获取技术的重要方式。企业研发的外部化是研发产业形成与发展的重要因素。与此同时，一些学者开始注意到研发外部化的趋势，从不同的角度研究了研发外部化的问题（Chiesa，2004；Liu，2005；Rizzuto，Cook，1989；Veugeleesr，1998）。

目前，研发产业作为各国提高经济竞争力和增长潜力的重要措施，在发达国家日益受到重视，已进入快速发展阶段。从 1981—2004 年美国的政府研发投入已增长了 3.6 倍，研发服务业产值达到 658 亿美元，年增长 9.9%。日本的研发投资占 GPD 的比例已经从 1996 年的 2.78% 增至 2003 年的 3.15%，研发服务企业与从业人员均增长率分别为 3.8% 和 2.9%，欧盟也提出要在 2010 年前，将研发投入占 GDP 的比例提高到 3% 的目标。我国最近几年对研发的投资也在不断增加，1996 年我国政府的研发投入占 GDP 的比重为 0.60%，2003 年已增加到了 1.31%。在北京、上海等地，研发产业已成主导产业，2004 年北京研发经费支出 332.6 亿元，成交技术合同 35549 项，交易总额突破 600 亿元（杜德斌，周天瑜，2007）。2005 年上海研发经费支出占 GDP 比重 2.3%，技术交易额达 232 亿元。

1.2 研发产业的主要特征

研发产业的发展是随着企业对技术需求的多样性、动态性和广泛性而发展的。在以知识经济和信息技术为主导的今天，为了获得更多的创新来源，研发活动正在朝着国际化、全球化的方向发展。

研发产业从事的是一种专业性的知识创新工作。与其他产业不同，具有一些属于自身的特征，结合研发产业的定义和研发产业的演进历程，以及诸位学者

(马林，2005；覃睿，田先钰，2007）的研究成果，本文认为研发产业的特征有以下几点：研发产业的主要服务内容是提供智力成果，智力成果具有更新频繁、更新周期短的特点；产业发展以知识密集为基础，需要不断地吸取新技术和新知识；以高交互程度和个性定制为主要服务方式，根据用户的需求变化，不断开发出新的信息处理和分析方法，创作出适合科学技术和管理变革新要求的新知识和新的应用模式；产业活动具有很强的风险性和不可重复性。

2. 研发产业成长生命周期阶段特点

新兴产业的生命周期是随着产业技术的形成、不断发展和完善而发展的，每一种技术的发展也经历了产生到衰退的过程，电子计算机也是随着显示装置和键面设计的不断改善和芯片等技术的不断发展而成长起来的，结合厄特巴克（Utterback，1999）依据企业数量变化而得出的美国电子计算机业发展的生命周期曲线和产业生命周期的普遍理论，我们依据产业规模把研发产业的生命周期划分为育成期、成长期、成熟期、衰退期四个阶段（见图1）。与一般产业生命周期相比，研发产业生命周期的育成期和成长期较长，成熟期和衰退期短暂。另外从研发产业的特征来看，其产出产品具有更新频繁、更新周期短、升级换代慢的特点，依据郑声安关于产品更新换代的速度与产业生命周期特性的研究（郑声安，2006），本文认为研发产业的生命周期曲线为无限，所以研发在经过衰退期后，会进入另一轮生命周期。

2.1 研发产业育成期特点

产业生命周期的育成阶段实际上是一个产业技术的早期探索和市场导入期。研发产业的育成期较长是由两个原因引起的：一是漫长的探索阶段，研发产业的产品大多属于高新技术产品，在产业形成初期对研发产品的研究一般处于实验室和学术研讨中，需要经历漫长的探索阶段。如早在20世纪60年代，著名的诺贝尔奖获得者伏尼曼（Feyneman）就预言了纳米技术的广阔前景，从那时起人们开始有意识地研究纳米粒子系统，但是直至1982年扫描隧道显微镜发明，纳米科技才正式可以以0.1～100纳米长度作为研究对象，这期间经历了20年左右的探索期（蔡宁，李刚，高珊，2002）。二是艰难的市场导入期，这是在新的产业技术成为现实生产力过程中，由经济体制不相适应、技术人才缺乏、市场成熟度低等诸多因素引起的。研发产业是现代服务业发展的新型业态，是决定技术创新能否实现的关键环节，其形成和发展关系到国家或区域的发展战略，所以研发产业具有巨大的发展潜能。研发产业的外部环境优势非常明显，常常受到政府的重视，政策倾斜优势往往非常明显，比如宽松的金融、政策、低廉的税收等。早期技术的研发阶段主要集中在实验室，无法产生经济效益，随着政府的鼓励和扶持，受市场利润的诱惑进入产业的企业数量从无到有，进入者主要是一些看到市场发展前景的企业，但大多属于试探性投资，由于每个企业的产品创新技术各不相同，生产规模都不大。

处于育成期的研发产业的发展风险：研究开发产业主体是各类有研究开发活动的企业、研究开发机构、高校和从事合同研发的公司。在育成期，产业技术还在不断探索和改进过程中，产业技术或工艺不稳定，市场不确定因素大。企业内的研发部门和独立的研发机构的基础设施尚不健全，配套服务体系不完善。产学研相结合的研发模式处于探索期，从事合作研发的公司也仅有合作的动机，没有转化为具体的行动。加上研发初期要投入大量的有相关专业知识的人力、物力及财力，以及研发产品的时效性导致的研发产业的不可重复性，研发前景无法预知，风险较高。

2.2 研发产业成长期特点

研发产业的成长期较长。研发产业的产品一般是附加值高的新型产品，初始定价高，产品的设计和制作过程比较复杂，消费者由于对新技术的认知能力有限或受传统固有消费观念的影响，需要较长时间才能认识和接受该产品、做出购买决策，导致市场需求在这一时期增长缓慢。另外，许多研发产业的技术受专利保护，前期产品的开发和生产需较高的投入成本，行业壁垒高，产业规模成长缓慢。在研发产业的成长期，随着产业技术的不断改进和完善，投资风险较大程度地降低，大量投资者开始进入该产业，产业规模和数量不断扩大。但此时只有少数厂商掌握了先进技术，扩大生产，依靠规模经济获取利润，大部分厂商只能获取平均利润。在研发产业的成长期，产品逐渐为消费者熟悉，但产品的主导设计尚未形成，为了争夺市场主流技术，企业的创新行为在这一阶段极为活跃。另外随着技术标准的不断成熟，产品质量不断提高。

研发产业成长期风险：产品虽然日益被消费者认识，但稳定的顾客群还未形成。另外，由于研发产业成长期依然需要大量资金投入，此时依然会出现资金短缺问题。在研发产业成长期，产业的发展前景逐渐明朗，从事合作研发的公司间为了争夺利润，容易出现合作关系破裂，由于研发产业的核心竞争力主要来源于合作双方在研发过程中的隐性知识的积累和挖掘，在研发的过程中需要合作双方知识的高度结合来保证产品的质量，因而，一旦出现纷争，合作者之间的隐性知识难以传递，产品质量无法保证。另外难以在短期内找到其他合适的合作者，易引起合作项目的夭折。

2.3 研发产业成熟期特点

研发产业成熟期短暂。随着产业技术和市场成熟度的逐步完善，行业垄断被打破，受利润的驱动，进入者不断增多。但受市场容量的限制，厂商间的竞争日渐激烈，部分企业难以适应竞争环境，只有退出该产业。由于总进入数大于总退出数，因此总的产业规模依旧在不断增长（盖翊中，2006）。而且在研发产业成熟期，主导设计已经形成，拥有主导设计的厂商逐步出现。因为主导厂商往往是实力雄厚的大厂商，在技术研发和资金方面相比小厂商都具有一定优势，因此大厂商的规模增大较快，并不断通过内部扩张和外部兼并的方式扩大规模，产业规模达到最大。

研发产业成熟期风险：主要是由于技术创新不断发展，研发主体在研发过程中已经积累了较完备的技术体系，在产品的功能上不断变革。新产品上市不久就将面临更新产品上市的挑战，加上其他企业通过技术购买、技术转让等方式购得研发成果进行生产和销售，打破了技术垄断的局面，产品价格开始下降。

2.4 研发产业衰退期特点

研发产业的衰退期短暂。研发产业成果化后的产品一旦进入衰退期，一方面是现有用户群的不断减少和转移，另一方面是层出不穷的新产品的巨大冲击，现有产品在极短时间内便被市场淘汰出局。在研发产业发展的衰退期，市场内竞争更为激烈，大量企业退出产业发展或被大企业兼并，留在产业内的多数厂商有了自己稳定的目标市场、销售渠道和生产规模，产业技术的性能已趋于成熟，新企业很难进入这个市场与之抗衡，产业规模开始下降。另外，关于该产业产品的技术创新活动逐渐减慢直至停滞，在产业内部对于更高层次的产品更新研究开始兴起。

研发产业衰退期风险：研发产业成果化后的产品一旦进入衰退期，一方面是现有用户群的不断减少和转移，另一方面是层出不穷的新产品的巨大冲击，则现有产品在极短时间内便被市场淘汰出局，处于产业衰退期的企业大多生产规模大、企业的组织刚性大，不利于企业的生产创新。此时企业如不能及时地采取市场退出战略，产业内生产能力就会大量过剩，市场供给大于需求，产品严重滞销，库存成品数量增加，资金无法回流。

研发产业在经过衰退期后，会进入另一轮生命周期，原因如下：第一，研发产业的产品不是单一的，而是系列的、差异的。产品的系列化、差异化保证了产业的生命力，支持了产业不会衰亡。第二，研发主体在先前的研发过程中已建立起一整套的知识体系，在研发过程中逐渐积累了在技术、人才、信息获取、研发项目市场化等方面的优势，为企业今后的研发活动提供了强力支撑。第三，研发产业对技术的依赖性较大，技术进步会促使新的产品不断产生，新的需求出现，促使产业升级。如从世界工业 100 家大企业和美国工业 100 家大企业可以看出，被托夫勒称作“夕阳工业”的汽车、钢铁、石油等产业在获得高新技术的改造之后，不仅没有衰落，而且持续增长（邓明然，段文平，2005）。见图 1。

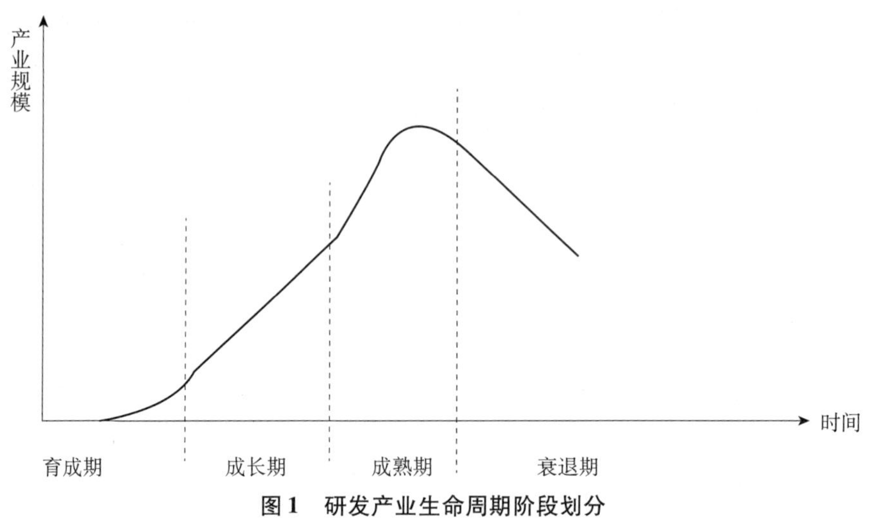

图 1　研发产业生命周期阶段划分

3. 研发产业成长生命周期不同阶段策略选择

3.1　研发产业育成期策略选择

处于研发产业育成期企业的策略选择。在此阶段，企业研发需要大量的资金与研发人力资本的投入，企业研发活动包括相关技术及市场需求信息的收集，购买研发所需的高精尖机器设备等。在研发项目的选择上，企业应选择那些既符合企业发展战略与市场需求，技术上又可行的项目。另外，由于研发产业具有的高风险性，以及研发初期企业的研发资金普遍不足、研发力量薄弱等缺陷，在这一时期企业之间应采取合作研发策略，可以分摊研发投入、共担风险，加快市场进入速度。随着研发的深入，其复杂化及开发难度将不断加大，研发结果的不确定性日益加剧，合作伙伴之间信息的充分交流有助于减少研发的不确定性，并提高资金的使用效率。另外，在选择合作伙伴时要慎重，避免在合作过程中造成知识在与合作方的交流中自然外溢，为了保证资源的有效利用，伙伴资源要具有互补性（夏杰长，尚铁力，2007）。

研发产业育成期政府的策略选择。由于研发产业的特征和处于这一阶段研发产业生命周期的特点，很多企业不愿主动进入研发产业。此时政府应不断落实产业优惠政策，激励企业加大研发投入力度。同时，针对研发初期资金投入大、收益却滞后的特点，政府在完善研发产业优惠政策的同时，也要做到财税政策落到实处，使研发企业真正得到实惠，激励企业加大研发投入力度，成为研发产业的主体。另外，要不断为企业与高校、科研院所的合作研发提供信息平台，促进产学研的研发模式的发展。

3.2 研发产业成长期策略选择

处于研发产业成长期企业的策略选择。研发产业生产的产品一般是附加值高的新型产品，在此阶段有必要刺激和引导消费者的潜在需求，因为许多消费者由于受传统或固有观念的影响，往往需要较长时间才能认识和接受该产品，做出购买决策。在这一阶段，研发的主体要不断关注外部需求和技术的变化。另外，要对研发过程中的信息建立档案，避免在研发过程中由于人才流失而造成信息断层。要对研发小组成员进行培训，使研发团队能接触到最新的技术源。对于合作研发的企业，要保证合作双方的知识共享，但也要避免在合作中由于企业与合作方之间研发人员的往来导致自身知识发生泄露。

研发产业成长期政府的策略选择。保持政府的资金投入规模，调整政府投入机制。政府投入资金结构的矛盾在很大程度上制约了政府资金的使用效率。根据研发产业的性质，保持一定比例的政府投入是必需的，但需要建立科学的资金配置机制，将投入重心逐步转移到基础研究上来，并要建立研发资金使用绩效考核机制，强化微观执行主体预算约束，提高政府研发资金使用效率。制订产业远景发展规划，使研发产业与其他产业协调发展。加强知识产权保护，建设有利于研发产业发展的技术市场环境。

3.3 研发产业成熟期策略选择

处于研发产业成熟期企业的策略选择。在这一阶段，产品技术不断成熟，研发人员对技术了解深入、对造型操作有了更大的自由度。由于研发产业成熟期阶段较短，产品更新快，此时，一方面要积极开始对新技术的研发，另一方面企业可以在成本变动不大的基础上嫁接其他技术提高产品的性能，这样不但可以满足消费者图实惠的心理，还可以通过品质的改良来提高产品的竞争地位。

研发产业成熟期政府的策略选择。成熟期主导设计已经形成，政府在此时应出台一些行业法规来加强一个标准并确定出主导设计。如，美国通信委员会对美国无线电公司电视广播的批准促进了美国无线电公司将自己的设计作为刚刚出现的电视行业的标准。另外，随着国际研发资源竞争形势的不断加剧，政府在此时要关注国际研发资源的流向。在不断推出优惠政策鼓励研发企业自主创新的同时，还应完善与研发相关的人文环境、信息环境、交通环境等环境建设，吸引国际研发资源的注入。

3.4 研发产业衰退期策略选择

处于研发产业衰退期企业的策略选择。在衰退期，研发企业要面临市场萎缩、产品老化的问题，应把主要精力放在争取产品、市场、企业形态的成功转型上。

研发产业衰退期政府的策略选择。衰退产业的出现，是产业结构演进过程的必然结果，为了缓解产业衰退过程中出现的产业间的过度竞争以及由此而引起的一些消极影响，促进社会资源的有序转移，政府必须为衰退产业的退出出台一定的政策：①出台有效的撤让政策。由于生产技术的特点，在一个产业处于衰退期时，必然有许多企业退出这个产业，引起大量生产资料由于难以转移到新的产业领域，从而产生大量的社会沉没成本。如果仅依靠市场机制的调节，则由于退出壁垒的存在，产业在撤让过程中会产生巨大的社会成本。如果政府出台有效的撤让政策，就可极大地降低产业撤让的社会成本。②出台一些帮助产业地区转移的政策，促进在一个地区内失去比较优势的产业转向具有比较优势的地区。如研发产业在我国区域间的资源禀赋差异大，可能在北京、上海、深圳等地区已成主导产业，但在我国中西部尚处于发展的初级阶段，这就为实现衰退产业的区位转移提供了现实基础。③政府通过协调专利与技术推广部门的工作，及时提供衰退产业转产新领域所需的技术和经营上的指导、咨询与援助，出台各种优惠政策，鼓励用先进技术改造和武装衰退产业，使之焕发新的生机。

4. 结论及局限性

研发产业的发展与其他产业一样，也受产业生命周期运行过程的影响，要经过产业育成期 、成长期、成熟期和衰退期，而且结合研发产业的特征分析，本文认为研发产业的生命周期特性为无限，在经过衰退期后会进入另一轮生命周期。与一般产业的生命周期相比，研发产业生命周期的育成期和成长期较长，成熟期和衰退期短暂。另外，为了促进研发产业的健康成长，本文从企业和政府两个层面给出了政策建议。但目前研发产业作为一个新兴产业，在大部分国家和地区还没有完成其产业化的过程，国内外学者对政府从产业层面构建促进研发产业发展的政策研究还处于探索阶段，因而本文从政府层面提出的促进研发产业健康成长的建议还不全面。

参考文献

[1] 蔡宁，李刚，高珊．纳米技术生命周期及其政策支持重点研究 [J]. 科学学研究，2002，20（2）：172－173.

[2] 邓明然，段文平．对我国纺织业发展的再认识 [J]. 经济经纬，2005（6）：30－31.

[3] 杜德斌，周天瑜．世界 R&D 产业的发展现状及趋势 [J]. 世界地理研究，2007，16（1）：3－4.

[4] 盖翊中．产业生命周期中产业发展阶段的变量特征 [J]. 工业技术经济，2006，25（12）：54－55.

[5] 黄鲁成．R&D 产业内涵、成因及意义 [J]. 科研管理．2005（9）：62－63.

[6] 马林．研发产业初论 [M]. 北京：北京科学技术出版社．2005：13－50.

[7] 覃睿，田先钰．研发产业的理论与经验性研究 [J]. 科学观察，2007，34（1）：71－72.

[8] 芮明杰．产业经济学 [M]. 上海：上海财经大学出版社，2005：171.

[9] 薛求知，王辉．西方企业 R&D 的演进及其启发 [J]. 研究与发展管理，2004，16（3）：28－29.

[10] 夏杰长，尚铁力．我国研发产业发展的实证分析与对策思路——以北京为例 [J]．浙江树人大学学报，2007，7（1）：24－30.

[11] ［美］詹姆斯·阿特拜克．把握创新 [M]. 高建，李明，译．北京：清华大学出版社，1999：41－59.

[12] 郑声安．产业生命周期特征与企业战略的关联分析 [J]. 经济论坛，2006（9）：70.

[13] 周珺，徐寅峰．企业间合作研发的发展趋势与动机分析 [J]. 重庆大学学报：社会科学版，2002，8（5）：27－28.

[14] Chiesa V. The externalization of R&D activities and the growing market of product development services [J]. R&D Management，2004，34（1）：66.

[15] Liu J. Outsourcing of R&D in the network age [J]. China-USA Business Review, 2005 , 4 (2): 47 -50.

[16] Rizzuto R. J. , Cook T. J. Relative importance of external R&D trends and motivations [J] . Technology Transfer, 1989, 14 (4): 25 -29.

[17] Veugelersr. Collaboration in R&D: An assessment of theoretical and empirical findings [J]. De Economist, 1998, 146 (3): 419 -443.

河南省研发产业发展环境分析与对策

王文亮　徐鹏飞*

为顺应2006年国务院发布的《国家中长期科学和技术发展规划纲要(2006—2020年)》和十六届五中全会提出的关于要把提高自主创新能力作为推动结构调整、转变经济增长的方式和提高国家竞争力的要求。河南省也制定了以培育建设战略支柱产业来加快河南经济发展的方针。战略支撑产业是竞争性大、成长性强、关联性高的当家产业、主导产业，是实现跨越式发展的基石。为实现河南“两大跨越”即经济大省向经济强省跨越、文化资源大省向文化强省跨越，必须加快培育战略支撑产业，建立现代产业体系，提升产业竞争力。研发产业作为新兴的现代服务业，以其高附加值、资源节约型、环境友好型、人才密集型的特点，在凝聚科技创新资源，优化产业结构，提升科技自主创新能力，发挥带动功能等方面将起到积极的作用。在北京、上海地区，研发产业已经发展成为支柱产业，而且也起到了主导、带动其他产业发展的作用。

1. 研发产业是竞争性大、成长性强、关联性高的服务业

选择战略支撑产业，最重要的是按照关联性、成长性、竞争性这“三性”标准来选择和培育。竞争性就是成本小，效益大，具有制高点；成长性就是市场前景广，发展潜力大，成长速度快；关联性就是联系紧密，带动能力强，能够纵向成链，横向成群。研发产业是指从事研究与开发经营活动（为增加知识的总量，包括有关人类、文化和社会的知识，以及运用这些知识创造新的应用，所进行的系统的、创造性工作），提供智力成果、技术服务和现代商务服务的组织的

* 王文亮、徐鹏飞，河南农业大学信息与管理科学学院。本文发表于《企业活力》2009年第4期。

集合。“组织”可以是独立的研发型企业，也可以是高校、科研院所、企业中从事研发活动的机构。其中，以实施合同研发的研发型企业是“组织”的主体。

1.1 研发产业是竞争性大的服务业

研发产业的行业特质决定了研发产业具有很强的竞争性。研发产业发展以知识资本密集为基础，高素质人才云集，人力资本充裕，知识资本占总资本的比重很高。因为研发活动对从业人员的知识结构、信息处理和整合能力、知识和信息的应用技巧等有很高的要求。研发产业所蕴含的高密集知识资本，使研发产业占据了竞争的制高点。

另外，研发产业是知识经济中的重要组成部分且处在知识经济的高端，具有高附加值、产出高的特点。其技术含量比一般行业的产品要高出很多。因而市场升值幅度大，获利高。企业要想在市场竞争中制胜，最终的竞争优势就是其市场竞争能力，这种能力决定了其获取附加值的能力。一个企业市场竞争能力的大小，取决于研发、销售、传播三个要素，以及这三个要素的统筹配置程度和与市场的重合程度。研发处于企业市场竞争能力三要素的基础地位，研发产品的高科技含量决定了发展研发产业必定能取得良好的经济效益。

1.2 研发产业是成长性强的服务业

研发产业外包市场需求的高速增长极大地促进了研发产业的发展，成为研发产业成长的主要原因。从 20 世纪 70 年代开始，特别是 20 世纪 80 年代以后，企业的研发活动越来越外部化，内部的研发活动不再是企业唯一的技术来源，研发活动也不再完全依赖自己的力量。通过与企业以外的研发力量（大学、研究机构及其他企业等）进行各种形式的合作以及外包，或通过并购、购买等手段从外部直接获得技术，越来越成为企业技术获取的重要方式。研发的外包成为一个企业获得竞争力的新趋势。

总体上看，在工业化国家，虽然内部研发活动仍然占主导地位，但是研发外部化的趋势已经相当明显，而且速度也越来越快。企业研发活动通过与企业以外的研发力量直接获取新技术。《全球外包 2005》表明有 2/3 的美国企业外包了他们的信息技术活动，而且这一比例还在增长。META 协会指出，2008 年，全球海外外包将达到 20% 的速度增长。外包市场迅猛发展，研发产业成为经济发展新的增长点。以 IT 业为例，据《中国 IT 外包市场年度综合报告 2005—2006》报告显示，2005 年中国 IT 外包市场规模为 31. 3 亿元。每年将以 21% 的复合年增长率高速增长，在 2009 年，IT 外包服务市场的总体规模将达到 74. 9 亿元。Diamond

Cluster 国际做的 IT 外包调研表明，中国将成为继美国、印度之后第三大研发外包所在国。连年研发产业外包市场需求的高速增长极大地促进了研发产业的发展，成为研发产业成长的主要原因。从目前外包需求连年高速增长的趋势来看，研发产业正处于成长的黄金期。研发产业以快速频繁的创新为特征，是社会科学技术的创新来源，产业的特殊性也决定了研发产业具有很强的成长性。

1.3 研发产业是关联性高的服务业

研发产业的溢出效应决定了研发产业是关联性高的服务业。研发产业的溢出效应主要体现在两个方面：一个研发型企业的活动有助于另一个企业技术的提高；一个行业的研发型企业的产出，可以促进相关产业的发展。研发产业的产出主要表现为以信息或知识为基础的产品/服务，具有非竞争性和非排他性，一旦被发现便会立即扩散并引起社会经济、技术和生产力的进步。

研发产业能够充分发挥在技术、人才、信息、市场等方面的优势，通过上下游企业之间的紧密协作，形成一个具备快速反应能力的知识型产业集群，并逐步发展成为集群式研发产业模式，进一步实现科研机构和科研人员的聚集。研发产业具有很高的关联度，通过前向关联和后向关联可以带动、衍生出一系列相关产业的发展，如教育、中介、会计、律师、房地产、旅游，等等。这一系列产业的发展直接带动了消费与投资的增长。研发产业从业人员一般属于高收入阶层，他们不仅贡献了大量的税收，而且还带来对教育、中介、商品房、汽车、高档消费品、旅游休闲的市场需求，这些消费活动基本上在当地发生，直接带动了当地的社会消费与新一轮投资。

2. 河南研发产业发展环境分析

研发产业的特征决定了研发产业是可以作为战略支柱产业来发展的。一个产业的良好发展，必须有适宜其发展的环境。产业的宏观环境主要包括四个方面：政治环境、经济环境、社会环境和科技环境。分析产业宏观环境的四个方面，有利于找到产业发展的机会和威胁。

2.1 河南研发产业发展政治环境分析

政治因素及其运行状况是企业宏观环境中的重要组成部分，政治因素给企业带来的影响异常巨大和明显，同时影响产业生存和发展的其他社会因素也都会因为政治条件及状况的不同而对企业产生不同的影响。研发产业属于典型的高技术产业，同时也属于典型的现代服务业，因此，现行的高技术产业及现代服务业政策对目前研发产业的发展有着重要影响。

河南在1991—2008年先后出台了一系列政策（见表1）来促进自主创新能力建设，这些政策从宏观层面上肯定了高新技术产业的重要地位，明确了政府对高新技术产业的态度，指明了高新技术产业大发展方向，同时建立了科研条件的社会化服务网络，这一系列政策的制定保障了研发产业活动所需资源的供给，为研发产业的发展和河南的经济发展提供了科技引擎。

表1　　河南省与研发产业发展有关的政策文件

年份	相关政策和协议
1991	《河南省关于〈国家高新技术产业开发区高新技术企业认定条件和办法〉的实施细则》 《河南省关于〈国家高新技术产业开发区若干政策的暂行规定〉的实施办法》
2003	《关于深化转制科研机构产权制度改革的意见》
2005	《关于加强科技创新，促进中原崛起的意见》 《关于深化科研机构管理体制改革的意见》 《关于深化省属社会公益及农业类科研机构管理体制改革的意见》 《河南省高新技术产品认定办法》 《河南省科技类民办非企业单位登记审查与管理暂行办法》 《关于省属科研机构企业化转制过程中资产剥离问题的通知》 《关于落实转制科研机构有关税收政策的通知》
2006	《河南省科技型中小企业技术创新资金项目管理办法》 《科技型中小企业技术创新基金若干重点项目指南》
2008	与中国科学技术协会签订了《关于联合开展若干高新技术产业发展战略研究的协议书》 与中国科学院签订了《关于联合实施科技成果转移转化行动的合作协议书》 与中国工程院签订了《合作协议书》 与中国农业科学院签订了《农业科技合作协议书》

2.2　河南研发产业发展经济环境分析

“十五”以来，河南大力实施科教兴豫和人才强省战略，积极推进科技创新，实施自主创新跨越发展战略。连续多年经济总量保持全国第五位，农业基础地位进一步巩固，工业发展势头强劲，工业总量位居全国第五位，规模以上的工业利润位居全国第四位。河南经济的高速发展在研发产业投入、研发成果转化、投融资渠道等方面对研发产业的发展起到了极大的推动作用。2018年上半年生产总值增幅达到13.7%，高于全国平均水平3.3个百分点。全省在建的128个重点项目2008年8月份当月完成投资45.8亿元；1—8月累计完成投资362.7亿元。在重大项目带动下，全省累计完成城镇固定资产投资5024.22亿元，同比增长33.6%，高于全国平均水平6.2个百分点，总量居全国第三位。最近5年，河南的服务业增加值翻了一番，2007年增速达到14.1%，创近20年来的最高水平，服务业进入了高速发展的通道。

随着国家对服务业发展的扶持力度越来越大，河南适时做出了把服务业打造成中原崛起新支柱的重大决策，在投融资、信贷、税收、价格、土地、市场准入等方面对服务业发展给予强力扶持，为处于服务业高端的研发产业提供了卓越的发展空间。

2.3 河南研发产业发展社会环境分析

当前，中国经济进入一个重要的转型期，在资源和环境的双重约束下，经济发展必须实现由依赖资源投入的粗放型向集约型和质量效益型的转型，走上依靠科技和创新、集约型发展的“新型工业化道路”，必然会产生对研发产业的巨大需求，同时国家自主创新战略的出台，对科技事业提出了更高的要求，必然会促使我国科技事业的极大发展，为推动发展研发产业提供了重要契机。

为加快河南开放，摆脱传统思想羁绊，河南已先后制订了一批吸引外资、加快开放的新举措，已兴建了各类高新技术开发区、改革实验区、科技园区等，河南正以更开放的姿态，大胆创新，稳步前进。植根于中原文化沃土的现代商品经济和现代文明迸发出极大的力量，推动着河南走向世界，并构建一种全新的，兼容东西方文明精华的思想价值观念和积极向上的社会文化环境。河南良好的社会环境孕育了鼓励创新的社会氛围，在中原崛起的时代背景下，河南的研发产业发展的前景良好。

2.4 河南研发产业发展科技环境分析

河南省的产业发展在空间布局和产业配套上，呈现出了较为明显的集群化趋势，形成了一批初具规模的产业集群，如食品集群、纺织服装集群，带动了相关产业的形成，促进了上下游产业和产品的发展。

研发产业发展以知识资本密集为基础。研发产业是高素质人才云集、人力资本充裕的产业，知识资本占总资本的比重很高。河南的产业发展集群趋势在科技资源布局、科技人才汇聚方面为发展研发产业提供了知识资本保障。河南现有的11个省级以上高新技术产业开发区，产业园区配套设施完善，相关优惠政策体系完备。通过提供设施齐全的孵化场地、投融资服务、发展咨询、技术支持等必要的服务，为科技成果转化和科技企业的培育成长营造了最佳的发展环境，从而降低了创业企业的创业风险和创业成本，促进了科技企业的发展和壮大。省内高校林立，分布了众多的科研院所，企业可以通过企业与高等院校、科研机构合作的方式，联合开展技术开发、技术引进、技术改造和产品研制，产学研各方优势互补、风险共担、利益共享、共同发展。

3. 河南发展研发产业的对策

通过以上关于研发产业特征和河南省研发产业发展的 PEST 分析，本文认为河南省已经具备了发展研发产业的能力，而且河南研发产业发展的前景广阔。今后政府还应加大对研发产业发展的引导，加快适宜研发产业发展的社会、体制、经济、服务环境建设，以促进研发产业的发展。

3.1 确立企业的研发主体地位，进一步促进产学研结合

企业作为市场的主体，不仅是商品的生产者和新技术的应用者，而且应该成为新产品、新技术的开发者。发展研发产业，首先在于确立企业在创新中的主体地位。企业只有不断地增强创新能力，才能在市场竞争中赢得主动。

为了确立企业的研发主体地位，政府在今后相当长的一段时间内应依托已经形成的产业优势，利用现有的高新技术园区的科技孵化器，为企业提供各种相关的政策服务。鼓励企业开展自主创新，扶持其开发新技术、新产品，引导企业加大研发投入力度。扶植企业建立技术研究机构，鼓励开展科技创业，营造良好的政策环境，完善风险投资机制，扶持科技人才的创新创业，支持民营科技企业做强做大，加快中小企业的发展，进一步确立企业的技术创新主体地位。鼓励企业与高等院校、科研机构合作，联合开展技术开发、技术引进、技术改造和产品研制，突破技术瓶颈的制约，提升技术水平和产品的竞争能力，实现经济与科技、教育的有机结合。

3.2 完善研发产业的科技服务中介体系，促进科技成果转化

科技创新的整个过程包括研发成果生产、研发成果交易和研发成果产业化三个主要环节。建立完善的科技成果转化服务机构，可以尽快地把科技成果转化为生产力，实现科技成果向经济收入的转变。

发展科技中介服务业，鼓励兴办民办科技机构，努力满足广大企业和科技人员创新创业的需要，引导服务机构向专业化、规模化、规范化方向发展。构建特色分明、功能完善的科技中介服务体系，要培育和发展一批面向自主创新的科技成果转化服务机构、科技信息咨询服务机构、知识产权服务机构和风险投资服务机构等各类科技中介机构，逐步完善创新服务门类，促进科技成果转化，实现科技资源优势向科技经济优势的转变。

3.3 营造有利于研发产业发展的社会环境，完善促进研发产业发展的激励政策

研发产业是一项具有很高外部经济性的创新活动，需要有支持创新、保护创新、崇尚创新的良好社会环境。完善促进研发产业发展的激励政策，主要是构建以下四个有利于研发产业发展的环境：一是法制环境。加大知识产权执法力度，依法打击侵权行为，切实保护发明者和投资者的合法权益。同时要制定和完善相关的地方法规规章，优化有利于研发产业发展的法制环境。二是体制环境。重点是转变政府管理和服务的职能，创新科技管理的体制机制，充分发挥政府在自主创新中的引导作用、企业的主体作用、高等院校科研机构的源头作用，以及中间机构的促进作用。三是文化环境。大力倡导崇尚竞争、敢闯敢试、脚踏实地、不骄不躁的创新精神，形成鼓励成功、宽容失败、宽松和谐的创新文化氛围。四是经济环境。立足降低创业、创新成本，完善鼓励支持自主创新的各项政策措施，在制定财税、金融、投资、产业等重大经济政策时，充分体现促进科技进步与创新的要求，尽快形成一批系统完善、相互衔接、相互配套的激励扶持政策，加大对企业研究开发投入的税收激励，特别是要完善促进高新技术企业发展的税收政策，推进对高新技术企业实行增值税转型改革。

3.4 及时掌握国内研发产业发展动态，分享科技成果

研发产业的发展在中国不同区域间处于不同的发展阶段，发展较好的地区为河南的研发产业发展提供了良好的借鉴。北京、上海地区研发产业的发展先进、快速，已经形成了大量的创新成果，其发展模式已经显现出“总部经济”模式形态，就是企业将总部布局在本地，把生产制造基地布局在外地，并在外地进行成果转化。河南的研发产业发展在时间上是相对落后的，但是可以发挥后发优势，积极借鉴先进地区的经验，吸纳国内外研发产业发展的先进成果，使河南的研发产业的发展走上快车道。